PROGRAMA DE SOCIOLOGIA JURÍDICA

O GEN | Grupo Editorial Nacional – maior plataforma editorial brasileira no segmento científico, técnico e profissional – publica conteúdos nas áreas de concursos, ciências jurídicas, humanas, exatas, da saúde e sociais aplicadas, além de prover serviços direcionados à educação continuada.

As editoras que integram o GEN, das mais respeitadas no mercado editorial, construíram catálogos inigualáveis, com obras decisivas para a formação acadêmica e o aperfeiçoamento de várias gerações de profissionais e estudantes, tendo se tornado sinônimo de qualidade e seriedade.

A missão do GEN e dos núcleos de conteúdo que o compõem é prover a melhor informação científica e distribuí-la de maneira flexível e conveniente, a preços justos, gerando benefícios e servindo a autores, docentes, livreiros, funcionários, colaboradores e acionistas.

Nosso comportamento ético incondicional e nossa responsabilidade social e ambiental são reforçados pela natureza educacional de nossa atividade e dão sustentabilidade ao crescimento contínuo e à rentabilidade do grupo.

SERGIO CAVALIERI FILHO

PROGRAMA DE SOCIOLOGIA JURÍDICA

16ª edição revista, atualizada e ampliada

- O autor deste livro e a editora empenharam seus melhores esforços para assegurar que as informações e os procedimentos apresentados no texto estejam em acordo com os padrões aceitos à época da publicação, e todos os dados foram atualizados pelo autor até a data de fechamento do livro. Entretanto, tendo em conta a evolução das ciências, as atualizações legislativas, as mudanças regulamentares governamentais e o constante fluxo de novas informações sobre os temas que constam do livro, recomendamos enfaticamente que os leitores consultem sempre outras fontes fidedignas, de modo a se certificarem de que as informações contidas no texto estão corretas e de que não houve alterações nas recomendações ou na legislação regulamentadora.

- Fechamento desta edição: *11.09.2024*

- O Autor e a editora se empenharam para citar adequadamente e dar o devido crédito a todos os detentores de direitos autorais de qualquer material utilizado neste livro, dispondo-se a possíveis acertos posteriores caso, inadvertida e involuntariamente, a identificação de algum deles tenha sido omitida.

- **Atendimento ao cliente:** (11) 5080-0751 | faleconosco@grupogen.com.br

- Direitos exclusivos para a língua portuguesa
  Copyright © 2025 by
  Editora Atlas Ltda.
  Uma editora integrante do GEN | Grupo Editorial Nacional
  Travessa do Ouvidor, 11 – Térreo e 6º andar
  Rio de Janeiro – RJ – 20040-040
  www.grupogen.com.br

- Reservados todos os direitos. É proibida a duplicação ou reprodução deste volume, no todo ou em parte, em quaisquer formas ou por quaisquer meios (eletrônico, mecânico, gravação, fotocópia, distribuição pela Internet ou outros), sem permissão, por escrito, da Editora Atlas Ltda.

- Até a 6ª edição, esta obra se intitulava *Você conhece Sociologia Jurídica?* (1ª edição – 1983)

- A partir da 15ª edição esta obra passou a ser publicada pela Editora Atlas.

- Capa: Fabricio Vale

CIP-BRASIL. CATALOGAÇÃO NA PUBLICAÇÃO
SINDICATO NACIONAL DOS EDITORES DE LIVROS, RJ

C368p
16. ed.

    Cavalieri Filho, Sergio, 1939-
        Programa de sociologia jurídica / Sergio Cavalieri Filho. - 16. ed., rev. e atual. - Barueri [SP] : Atlas, 2025.
        264 p. ; 24 cm.

    Inclui bibliografia
    índice alfabético-remissivo
    ISBN 978-65-5977-608-5

    1. Sociologia jurídica. I. Título.

24-92932
                CDU: 34:316.334.4

Gabriela Faray Ferreira Lopes - Bibliotecária - CRB-7/6643

SOBRE O AUTOR

Desembargador aposentado do Tribunal de Justiça do Estado do Rio de Janeiro, do qual foi Presidente no biênio 2005/2006. Diretor-geral da Escola da Magistratura do mesmo estado (EMERJ), no período de 2001 a 2004, da qual é professor emérito. Foi também Presidente do extinto Tribunal da Alçada Cível do Rio de Janeiro. É professor de Responsabilidade Civil e Direito do Consumidor. Procurador-geral do Tribunal de Contas do Estado do Rio de Janeiro, desde fevereiro de 2011.

A vasta experiência do autor como magistrado e professor por quase 40 anos permitiu-lhe elaborar obras didáticas de extrema utilidade prática na atividade forense. Além desta obra, é autor de *Programa de Responsabilidade Civil* (16ª edição); *Programa de Direito do Consumidor* (6ª edição); e *Comentários ao novo Código Civil* (volume XIII, na parte relativa à responsabilidade civil e à preferência e aos privilégios creditórios – arts. 927 a 958), obra produzida em coautoria com o saudoso Ministro Carlos Alberto Menezes Direito, do Supremo Tribunal Federal, publicada pela Editora Forense; além de inúmeros artigos e acórdãos publicados em revistas especializadas.

APRESENTAÇÃO

Este trabalho foi escrito no início da década de 1980, sob o título *Você conhece Sociologia Jurídica?*, no propósito de facilitar o estudo dessa cadeira integrante do currículo do Curso de Direito da Universidade Estácio de Sá. Talvez tenha alcançado a sua finalidade, porquanto a obra, não obstante despretensiosa, foi várias vezes reeditada, estando agora em sua 16ª edição. De lá para cá, entretanto, valendo-me da feliz imagem de Antunes Varela, "muita água correu debaixo das pontes do direito e inúmeros diplomas foram produzidos nas oficinas legislativas", inclusive uma nova Constituição, que, por sua vez, já sofreu várias mudanças, o extraordinário Código de Defesa do Consumidor, o Código Civil de 2002 e o Código de Processo Civil de 2015. Era preciso atualizar este trabalho, o que procurei fazer sob o novo título – *Programa de Sociologia Jurídica*.

O seu objetivo, todavia, não mudou: continua sendo uma tentativa de transmitir *aos estudantes uma visão sociológica do direito*, já que, no exame diuturno da norma, se perde muitas vezes o sentido de sua finalidade social.

O Jurídico se compõe de fato, norma e valor indissociavelmente, de sorte que, se os operadores do direito não tiverem essa visão tridimensional do direito, não estarão aptos a aplicá-lo de forma que realizem a sua função social. A ideia de que o direito é norma, nada mais do que a norma, ardorosamente defendida por Kelsen, há muito está ultrapassada, tanto é assim que há norma expressa determinando ao juiz atender, na aplicação da lei, *aos fins sociais* a que ela se dirige e às exigências do bem comum.

Se de alguma forma este trabalho continuar contribuindo para a melhor preparação dos nossos operadores do direito, estará recompensado o esforço da sua revisão.

SUMÁRIO

ABREVIATURAS E SIGLAS USADAS XIII

Capítulo 1 – GÊNESE DO DIREITO 1
1. Escola jusnaturalista ou do direito natural 2
   1.1. Origem do jusnaturalismo 2
2. Escola teológica 3
   2.1. Origem da Escola Teológica 4
3. Escola racionalista ou contratual 4
   3.1. A concepção do Direito do ponto de vista racionalista 4
4. Escola histórica do direito 5
5. Escola marxista 6
   5.1. Origem e concepção do Direito 6
6. Escola sociológica do direito 8
   6.1. Origem e concepção sociológica do Direito 8

Capítulo 2 – FUNÇÃO SOCIAL DO DIREITO 11
7. A presença do direito na sociedade 11
   7.1. Atividades de cooperação e de concorrência 12
   7.2. Características da atividade de concorrência 13
8. O conflito de interesse e a sua composição 13
9. Função preventiva do Direito 15
10. Função compositiva do Direito 16
11. Critérios de composição de conflitos 17
    11.1. O critério da composição voluntária 17
    11.2. O critério autoritário 18
    11.3. O critério da composição jurídica e suas características 19
    11.4. A função social do Direito na atual ordem jurídica brasileira 19

Capítulo 3 – CONCEITO SOCIOLÓGICO DO DIREITO 23
12. Normas de conduta 23
13. Características das normas de conduta 24

	13.1. A obrigatoriedade	24
	13.2. A sanção	25
14.	Origem das normas de conduta	26
	14.1. A escola monista	26
	14.2. A escola pluralista	27
15.	Provisoriedade e mutabilidade das normas de direito	28
16.	Conceito sociológico do Direito	29

Capítulo 4 – FATORES DA EVOLUÇÃO DO DIREITO ... 31

17.	Fatores econômicos	31
	17.1. Influência do fator econômico sobre o Direito romano	32
	17.2. Influência do fator econômico sobre o Direito moderno	33
18.	Fatores políticos	35
19.	Fatores culturais	37
	19.1. O que é cultura?	38
20.	Fatores religiosos	39
	20.1. Influência da religião sobre o Direito	40
	20.2. Outros fatores sociais	40

Capítulo 5 – FONTES DO DIREITO ... 41

21.	Conceitos e espécies	41
22.	Fontes materiais ou de produção	42
23.	As fontes mais importantes do ponto de vista sociológico	43
24.	O costume – conceito e elementos	43
	24.1. Origem e expansão do costume	44
	24.2. O papel do costume	44
	24.3. Espécies de costume	45
25.	A jurisprudência	46
	25.1. Papel da jurisprudência em Roma	47
	25.2. O papel da jurisprudência nas sociedades modernas	47
	25.3. O papel da jurisprudência nas sociedades legalistas	48
	25.4. Exemplos de jurisprudência transformada em lei	52
	25.5. Relação entre a jurisprudência e o costume	53
26.	A lei	53
	26.1. Semelhança e distinção entre a lei e o costume	54
	26.2. Sistema preferido – O costume ou a lei?	54

Capítulo 6 – A AUTONOMIA DA SOCIOLOGIA JURÍDICA COMO CIÊNCIA E SUAS RELAÇÕES COM OUTRAS CIÊNCIAS SOCIAIS ... 57

27.	Autonomia científica da Sociologia Jurídica	57
28.	A teoria tridimensional do Direito	58
	28.1. Diferença entre a Sociologia Jurídica e a Ciência do Direito	60

	28.2. Distinção entre a Sociologia Jurídica e a Filosofia do Direito	61
29.	A eficácia, a vigência e o fundamento	64
	29.1. A eficácia	64
	29.2. A vigência	64
	29.3. O fundamento	65
30.	O ser e o dever-ser	66
31.	A história do Direito	67
32.	Relação da sociologia jurídica com os demais ramos do direito	68

Capítulo 7 – IMPORTÂNCIA DO ESTUDO DAS CIÊNCIAS SOCIAIS E DA SOCIOLOGIA JURÍDICA EM ESPECIAL ... 69

33.	O desenvolvimento científico	69
34.	Efeitos do progresso científico no mundo social	71
35.	A importância das Ciências Sociais	72
36.	Importância da Sociologia Jurídica	72

Capítulo 8 – OBJETO DA SOCIOLOGIA JURÍDICA ... 75

37.	O objeto da sociologia jurídica	75
38.	O entendimento de Émile Durkheim	75
39.	O pensamento de Georges Gurvitch	76
40.	O objeto da sociologia jurídica na concepção de Edmond Jorion	76
41.	O objeto da sociologia jurídica segundo Recaséns Siches	77
42.	A posição de Renato Treves	79

Capítulo 9 – EFICÁCIA DAS NORMAS JURÍDICAS E SEUS EFEITOS SOCIAIS ... 81

43.	A noção de existência e de validade	81
44.	A noção de eficácia	82
45.	Efeitos da norma	82
46.	Eficácia da lei	83
47.	Efeitos positivos da lei	84
	47.1. O controle social	85
	47.2. Efeito educativo da norma	86
	47.3. Efeito conservador da norma	87
	47.4. Efeito transformador da norma	88
48.	Efeitos negativos da norma	89
	48.1. Efeitos negativos pela ineficácia da lei	89
	48.2. Efeitos negativos pela omissão da autoridade em aplicar a lei	91
	48.3. Efeitos negativos pela falta de estrutura adequada à aplicação da lei	92

Capítulo 10 – ASPECTOS SOCIOJURÍDICOS DE ALGUMAS ÁREAS DO DIREITO ... 97

49.	O sentido sociológico da Constituição	98
50.	Constituição e democracia	100

	50.1. Características da Constituição brasileira de 1988	101
51.	Direito de família	103
	51.1. Divórcio	103
	51.2. A situação da companheira e dos filhos ilegítimos	103
	51.3. Soluções legais paliativas antes do divórcio	105
	51.4. A introdução do divórcio na legislação brasileira	105
	51.5. A situação da companheira e dos filhos após a Constituição de 1988	106
	51.6. União de pessoas do mesmo sexo	108
52.	Direito Penal	110
53.	Violência urbana e poder paralelo	111
	53.1. As milícias	114
	53.2. Unidades de Polícia Pacificadora (UPPs)	115
	53.3. O Alemão era o coração do mal	116
	53.4. As UPPs eram apenas o primeiro passo	116
54.	Criminalidade de colarinho-branco (*white-collar crime*)	118
55.	A macrodelinquência	121
	55.1. O caos dos presídios brasileiros	123
	55.2. Parceria Público-Privada (PPP) na construção e administração de penitenciárias. Luz no fim do túnel	125
	55.3. A Lei Seca – efeitos positivos	127
56.	Considerações gerais	128
57.	Direito financeiro e tributário	128
58.	Direito do trabalho	130
	58.1. Interferência das forças sindicais no processo de formação do Direito do Trabalho	130
59.	Leis protetivas dos mais fracos	131
	59.1. O Código do Consumidor	132
	59.2. A responsabilidade objetiva do fornecedor de produtos ou serviços	133
	59.3. A concepção social do contrato no Código do Consumidor	134
	59.4. O Estatuto da Pessoa Idosa	135
	59.5. A Lei Maria da Penha	136
	59.6. As leis de cotas raciais. Ações afirmativas	138
	59.7. Ações afirmativas: a evolução do instituto no direito comparado	141
	59.8. A Lei de Cotas no estado do Rio de Janeiro	143
Capítulo 11 – INSTRUMENTOS HUMANOS DE REALIZAÇÃO DA ORDEM JURÍDICA		**149**
60.	Poder legislativo	150
	60.1. Escolha dos legisladores	151
	60.2. O papel desempenhado pela Justiça Eleitoral	155
	60.3. A Lei da Ficha Limpa é lição de democracia	156
61.	Poder Judiciário	156

62.	Rápida visão da estrutura do judiciário brasileiro	158
	62.1. Estrutura da Justiça Estadual	158
	62.2. Organização da Justiça Federal	160
	62.3. Estrutura da Justiça Especial	160
	62.4. Função do Superior Tribunal de Justiça e do Supremo Tribunal Federal	161
	62.5. A crise do Judiciário em nosso país	161
63.	Causas da crise do Judiciário brasileiro. Repercussão geral e recursos repetitivos	163
	63.1. A ascensão institucional do Judiciário	168
	63.2. Limites da atividade criadora do juiz no Estado Democrático de Direito	170

Capítulo 12 – SISTEMAS DE ESCOLHA DOS MAGISTRADOS ... 177

64.	Sistema eletivo	178
65.	Sistema da nomeação	179
66.	Sistema do concurso público	180
67.	O sistema utilizado no brasil	182
68.	Aprimoramento do nosso sistema	183
	68.1. Perfil da magistratura brasileira	185

Capítulo 13 – RAZÕES SOCIAIS DAS GARANTIAS CONSTITUCIONAIS DOS MAGISTRADOS ... 189

69.	A vitaliciedade	192
	69.1. O objetivo da vitaliciedade	193
70.	A inamovibilidade	193
71.	A irredutibilidade de vencimentos	194
72.	O Ministério Público, a Defensoria Pública e o advogado	197
73.	O ensino superior	198

Capítulo 14 – A OPINIÃO PÚBLICA ... 203

74.	Concepção de opinião pública	203
	74.1. O poder da mídia na formação da opinião pública	205
75.	Importância da opinião pública	206
76.	O sentimento coletivo de justiça	207
77.	A opinião pública sobre o Direito e sua utilidade social	208
78.	A opinião pública sobre as instituições jurídicas	210

Capítulo 15 – O MÉTODO DA SOCIOLOGIA JURÍDICA ... 215

79.	Conceito de método	215
80.	O método utilizado pela Sociologia Jurídica	216
	80.1. A observação	216
	80.2. A observação nas sociedades contemporâneas de tipo primitivo	219
	80.3. A observação nas sociedades desaparecidas	219

81.	A interpretação	219
82.	A comparação	221

Capítulo 16 – DIREITO, ANOMIA E DESIGUALDADE SOCIAL 223

83.	Noção de anomia	223
84.	Causas do comportamento anômico	224
85.	O pensamento de Durkheim sobre a anomia	225
86.	O pensamento de Robert K. Merton sobre a anomia. Metas × meios	226
	86.1. Tipos de comportamento identificados por Merton	227
	86.2. Comportamentos de desvio	230
87.	Educação é o meio mais eficiente para alcançar as metas sociais	231
88.	Educação e produtividade	234
89.	Geração perdida	235
90.	A cultura da escassez	236
91.	Igualdade na saída	237

BIBLIOGRAFIA 239

ÍNDICE ALFABÉTICO-REMISSIVO 243

ABREVIATURAS E SIGLAS USADAS

art.	–	artigo
CDC	–	Código de Defesa do Consumidor
CUT	–	Central Única dos Trabalhadores
DAS	–	Divisão Antissequestro
DASP	–	Departamento de Administração do Serviço Público
Dec.	–	Decreto
Dec.-Lei	–	Decreto-Lei
ed.	–	edição
Ed.	–	Editora
EMERJ	–	Escola de Magistratura do Rio de Janeiro
ENEM	–	Exame Nacional de Ensino Médio
EUA	–	Estados Unidos da América
ICEPS	–	International Center of Economic Penal Studies
ICM	–	Imposto sobre a Circulação de Mercadorias
INAMPS	–	Instituto Nacional de Assistência Médica da Previdência Social
INPS	–	Instituto Nacional de Previdência Social
IPI	–	Imposto sobre Produtos Industrializados
ISS	–	Imposto sobre Serviços
OAB	–	Ordem dos Advogados do Brasil
Ob. cit.	–	obra citada
ONU	–	Organização das Nações Unidas
p.	–	página
PE	–	Pernambuco
PNUD	–	Programa das Nações Unidas para o Desenvolvimento
Prof.	–	Professor
Rev.	–	Revista
STF	–	Supremo Tribunal Federal

STM   – Superior Tribunal Militar
TRE   – Tribunal Regional Eleitoral
TRT   – Tribunais Regionais do Trabalho
TSE   – Tribunal Superior Eleitoral
UPPs – Unidades de Polícia Pacificadora

Capítulo 1
GÊNESE DO DIREITO

Escola Jusnaturalista ou do Direito Natural: a origem do jusnaturalismo. Escola Teológica: origem da Escola Teológica. Escola Racionalista ou Contratual: a concepção do Direito do ponto de vista racionalista. Escola Histórica do Direito. Escola Marxista: origem e concepção do Direito. Escola Sociológica do Direito: origem e concepção sociológica do Direito.

Nossa primeira tarefa consiste em conhecer a gênese do Direito, estabelecer a sua fonte ou origem, para que depois possamos compreender a sua razão de ser e a função que desempenha na sociedade.

Antes, porém, é preciso saber de que direito vamos tratar, já que a palavra "direito" pode ser utilizada com significados diferentes. Fala-se em direito para indicar o conjunto sistemático de normas – constitucionais, civis, penais, administrativas etc. – destinado a organizar a sociedade e disciplinar a conduta humana na convivência social. Entretanto, usa-se também a palavra "direito" para indicar o direito de cada pessoa, ou seja, aquilo que alguém acha ter direito de fazer ou não fazer. No primeiro caso, temos o **Direito Objetivo**, também chamado de **direito positivo**, isto é, o conjunto de regras – leis, regulamentos, costumes – que preside a nossa vida em sociedade. Essas normas são de Direito Objetivo porque vivem e sobrevivem fora e independentes das pessoas, a que conferem faculdades de agir. No segundo, a palavra direito indica o ***direito subjetivo*** de cada pessoa (física ou jurídica), como o direito à vida, à liberdade, à propriedade, à educação, à saúde e assim por diante.

Costuma-se dizer que o Direito Objetivo é a norma de agir (*norma agendi*) e o direito subjetivo é a faculdade de agir (*facultas agendi*). Essa faculdade corresponde a espaços de liberdade ou a poderes para atuar ou exigir uma atuação alheia. É uma situação jurídica subjetiva de vantagem a que o direito objetivo confere proteção direta, plena e específica.

A palavra "direito" é normalmente escrita com letra maiúscula quando se refere ao Direito Objetivo, e com minúscula quando indica o direito subjetivo.

Em nosso estudo vamos tratar do **Direito Objetivo**, vale dizer, das regras que organizam a sociedade e disciplinam o comportamento social.

O que é Direito? Em que se funda ou se legitima? Como se dá o seu aparecimento?

Em torno dessa questão existiu – e ainda existe – a mais acirrada controvérsia entre juristas, filósofos, teólogos, sociólogos etc., de modo que não permite um entendimento uniforme. A razão principal dessa controvérsia está no fato de cada qual procurar ver e conceituar o Direito pelo ângulo de visão de sua ciência, esquecendo-se que pode ser ele enfocado por meio de aspectos diferentes, pelo menos três, como teremos oportunidade de assinalar.

Por essas razões, entendemos necessário, antes de apresentarmos o enfoque da sociologia jurídica sobre a origem do Direito, fazer um sucinto apanhado sobre as várias teorias ou escolas existentes, até chegarmos àquela que mais se ajusta ao conteúdo da nossa matéria.

1. ESCOLA JUSNATURALISTA OU DO DIREITO NATURAL

Para os jusnaturalistas, o direito é um conjunto de ideias ou princípios superiores, eternos, uniformes, permanentes, imutáveis, outorgados ao homem pela divindade, quando da criação, a fim de trajar-lhe o caminho a seguir e ditar-lhe a conduta a ser mantida. Seria como um sopro ético com que a Divindade bafejou a sua criação.

As principais características do direito natural, portanto, seriam a **estabilidade e a imutabilidade**, já que se trata de princípios imanentes ao próprio cosmos, cuja origem estaria na Divindade.

Em suma, ao trazer à existência a criatura, o criador teria inculcado em sua consciência um conjunto de princípios superiores, eternos e imutáveis, que constituiriam o direito natural, ponto de referência para se saber o que é justo ou injusto, bom ou mau, e base de todas as leis.

1.1. Origem do jusnaturalismo

A concepção do direito natural surge com os filósofos gregos – Heráclito, Aristóteles, Sócrates, Platão etc. Em Roma, foi apregoado por Cícero, o mais entusiasta intérprete da filosofia grega entre os romanos, em sua obra, *Da República*: "*Existe uma lei verdadeira, reta razão, conforme a natureza, difusa em todos, constante, eterna, que apela para o que devemos fazer, ordenando-o, e que desvia do mal, que ela proíbe; que, no entanto, se não ordena nem proíbe em vão aos bons, não muda por suas ordens nem por suas proibições os maus. (...) É de instituição divina que não se possa propor ab-rogar essa lei e que não seja permitido derrogá-la (...). Nem o Senado nem o povo pode libertar-nos dela, tampouco é preciso buscar fora de nós quem a explique e a interprete. Ela não é diferente em Roma ou em Atenas; não é diferente hoje nem será amanhã, mas sim, **lei única**, eterna e **imutável**, regerá todas as nações, em todos os tempos*".[1]

---

[1] CÍCERO apud PERELMAN, Chaïm. *Lógica jurídica*. Martins Fontes, 1999. p. 16.

Esse trecho de Cícero sintetiza com precisão a concepção jusnaturalista, por isso que coloca em destaque a origem divina do direito e o seu caráter permanente e imutável, ontem, hoje, amanhã, em todas as nações e para todos os tempos.

A primeira referência à ideia do direito natural vamos encontrar na belíssima obra *Antígona*, do dramaturgo grego Sófocles. Nela são retratados alguns dos mais caros valores humanos, como amor, lealdade e dignidade. Além disso, essa obra é um verdadeiro marco para a filosofia do direito ao enfocar, já no século V a.C., alguns de seus problemas mais fundamentais: o conflito entre tradição e lei, entre lei natural e lei dos homens, além de tratar das relações entre o poder e o direito, o poder e a família, entre o direito subjetivo e as leis positivas.

A peça inicia com Antígona discutindo com a irmã, Ismênia, o édito baixado pelo tio Creonte, rei de Tebas. No referido diploma legal, proibia-se a celebração fúnebre em honra de Polinice. Isso porque este e o outro irmão de Antígona, Etéocles, haviam morrido em combate – Etéocles na defesa de Tebas, e Polinice, por Argos, contra Tebas. Creonte, tio de Antígona, que, com a morte dos irmãos, assume o poder em Tebas, promulga uma lei impedindo que os mortos que atentaram contra a lei da cidade (entre eles Polinice) fossem enterrados. Tal decisão acabava por caracterizar uma grande ofensa para o morto e sua família, pois se entendia que, nessas circunstâncias, a alma do morto não poderia fazer a transição adequada ao mundo dos mortos.

Fiel aos laços de família, Antígona, que acompanhara o pai, Édipo, até a morte, infringe o decreto de Creonte alegando haver uma lei divina, universal, que transcende o poder de um soberano. Por isso, oferece ela ao irmão morto as cerimônias fúnebres tradicionais com impressionante destemor. Como consequência ao ato de desrespeito à ordem do déspota Creonte, Antígona é presa e conduzida a uma caverna, que lhe servirá também de túmulo ainda em vida. Sem conseguir dissuadir o pai, Hêmon, namorado de Antígona e filho de Creonte, se mata, quando o rei já estava disposto a abrir mão da lei editada para salvar a vida de Antígona.

O conceito de direito natural variou no curso do tempo. Ulpiano, jurista do século III, disse que "o direito natural é aquele que a natureza nos ensinou".

2. ESCOLA TEOLÓGICA

A Escola Teológica em muito se assemelha à Jusnaturalista, pois também concebe o direito como um conjunto de princípios eternos, permanentes e imutáveis. No seu entender, entretanto, a origem do direito não estaria ligada apenas indiretamente à Divindade, mas, sim, diretamente, já que as primeiras leis não teriam sido simplesmente inspiradas por Deus, mas escritas e outorgadas por Ele. Em suma, a própria Divindade teria se empenhado em elaborar as primeiras leis, entregando-as ao homem para serem observadas, como o decálogo, que, segundo a narração bíblica, foi escrito pelo próprio dedo de Jeová, em duas tábuas de pedra, sobre o Monte Sinai, e entregue a Moisés.

2.1. Origem da Escola Teológica

A Escola Teológica coexistiu com a Jusnaturalista durante toda a Antiguidade. Em quase todos os povos antigos encontramos líderes político-religiosos, como Moisés, Hamurabi, Manu, Sólon etc., de origem quase legendária, semideuses, que foram os intermediários entre a Divindade e o povo no que diz respeito ao recebimento das primeiras leis.

Com o aparecimento do cristianismo, o estudo do direito voltou a ser abrangido pela religião e continuou a ser considerado manifestação da vontade divina. A concepção do direito se explana dentro do sistema filosófico de São Tomás de Aquino, para o qual existiriam três categorias de direito, a saber: o direito divino, baseado nas Escrituras e nas decisões dos papas e de concílios; o direito natural, a lei da consciência escrita no coração dos homens por ordem divina; e o direito humano, por cujo intermédio aplicam-se os princípios da lei natural.

Reunindo esses três tipos – lei divina, lei natural e lei humana –, São Tomás de Aquino tratou de explicar que a primeira, por provir de Deus, só existe no espírito divino; a segunda é existente entre os homens por intuição; e a terceira, embora tenha como conteúdo a lei natural, é produto dos homens.

3. ESCOLA RACIONALISTA OU CONTRATUAL

Jusracionalismo é o nome que se dá, na história do pensamento jurídico, ao direito natural dos séculos XVII e XVIII que, sob a influência da razão científica, procura superar o dogmatismo medieval e escapar do ambiente teológico em que se envolveu. Aproximando a lei da razão, agrupa vários filósofos, autores de obras notáveis, a começar por H. Grotius (*De Iure Belli ac Pacis*, publicada pela primeira vez em 1625), seguido por Thomas Hobbes (autor de o *Leviathan*), John Locke, Pufendorf, Thomasius, Montesquieu (*Espírito das leis*), culminando com Jean-Jacques Rousseau, a mais importante figura do liberalismo dessa época, autor da conhecida obra *O contrato social*.

3.1. A concepção do Direito do ponto de vista racionalista

Os filósofos racionalistas queriam elaborar um sistema de direito justo, uma jurisprudência universal, **inteiramente fundada em princípios racionais**, independentes em sua formulação e em sua validade do meio, tanto social quanto cultural, que os viu nascer e daquele que deveriam reger.[2] Concebiam duas categorias de direito, ou órbitas jurídicas, a saber: a do direito natural e a do Direito positivo.

Quanto ao direito natural, continuaria sendo um conjunto de princípios permanentes, estáveis e imutáveis, não se distinguindo, nesse ponto, do jusnaturalismo.

---

[2] PERELMAN, Chaïm. *Lógica jurídica*. São Paulo: Martins Fontes, 1999. p. 17.

A origem desse direito, entretanto, não mais seria a divindade, mas, sim, a natureza racional do homem – imutável diante de qualquer vontade divina ou humana.

O caráter permanente e imutável do direito decorreria do fato de ser a natureza racional do homem igual por toda a parte, em todos os tempos, e da qual decorreriam princípios que, em consequência, nenhum poder, divino ou terreno, alcançaria mudar.

O Direito positivo, por sua vez, decorreria do pacto social a que o homem fora levado a celebrar para viver em coletividade.

No início, o homem teria sido isolado, como foi ilustrado por Daniel Defoe na conhecida história de Robinson Crusoé. Para sair do isolamento, os homens tiveram a ideia de viverem juntos, fundando a sociedade por meio de um pacto, o célebre "contrato social" que serve de título a um dos livros mais famosos de Rousseau. As relações dos homens em sociedade seriam disciplinadas pelas regras do Direito positivo.

Entre o direito natural, aquele conjunto de princípios imutáveis decorrente da razão, e o Direito positivo, haveria, entretanto, uma íntima e estreita relação, tal como há entre o espírito e o corpo, a sombra e a realidade, visto que o primeiro é anterior, superior, e serve de fundamento para o segundo.

Equivale isso a dizer que o Direito positivo deve respeitar os princípios fundamentais do direito natural por lhe serem superiores, não podendo deles se afastar sem se tornar injusto e iníquo. Em ocorrendo tal afastamento, impõe-se a imediata reformulação do Direito positivo a fim de ajustá-lo aos imutáveis princípios do direito natural.

A síntese do pensamento dessa escola é que *"existe um direito universal e imutável, fonte de todas as leis positivas; não é mais que a razão natural no que diz respeito ao governo de todos os homens"*. Se o legislador se afasta do direito natural faz uma lei injusta e má. Ao admitir que o direito natural tem origem na natureza racional do homem, deslocou pela primeira vez a sua fonte – de Deus para a própria razão do homem.

4. ESCOLA HISTÓRICA DO DIREITO

A Escola Histórica do Direito surgiu na Alemanha, no final do século XVIII e começo do século XIX, tendo como principais protagonistas Gustavo Hugo e Frederico Charles de Savigny, este último considerado o seu fundador. A escola inicia as suas atividades em pleno apogeu do neo-humanismo, quando o direito era considerado pura criação da razão humana.

Pela primeira vez, essa escola rebelou-se contra a existência de um direito natural, permanente e imutável. Em vez de indagar o que deveria ser o direito, passou a pesquisar como o direito se formava nas sociedades.

Para ela, o Direito era um produto histórico, decorrente, não da divindade ou da razão, mas, sim, da *consciência coletiva dos povos* (*Volks geist*), formado gradativa e paulatinamente pelas tradições e pelos costumes.

A formação do Direito seria tão natural e espontânea como a origem da linguagem. Embora se tenha pensado que a linguagem fora criada por Deus, ou era resultado de um acordo entre os homens, a filosofia demonstrava que sua gênese, o processo de sua formação, foi gradativa e paulatina, decorrente das necessidades e dos usos do povo, sujeita a transformações progressivas.

Inúmeros vocábulos surgem em uma língua à medida que vão se tornando mais complexas as relações sociais, ao passo que, em outras, o número de palavras é ainda reduzido por causa da estagnação da vida social.

Também o Direito se constituíra naturalmente, como a linguagem, por força das necessidades e dos usos do povo.

Seguindo essa linha de raciocínio, entendia Savigny que, em vez de um direito geral e universal, cada povo em cada época teria o seu próprio direito, expressão natural de sua evolução histórica, de seus usos, costumes e tradições de todas as épocas passadas.

A grande preocupação da Escola Histórica, como se vê, foi afastar a concepção do direito natural, pelo que se esforçou em demonstrar que o direito era um produto histórico, sujeito a permanente e natural evolução, nem estabelecido arbitrariamente pela vontade dos homens, nem revelado por Deus, nem pela razão, mas, sim, pela consciência nacional do povo.

Como assinala Hermes Lima, "*É conquista definitiva da Escola Histórica a noção do caráter social dos fenômenos jurídicos, com seus dois elementos essenciais: continuidade e transformação. A escola mostrou que os fundamentos do direito se encontram na vida social. Eram esses fundamentos que as teorias precedentes iam buscar na razão*".[3]

5. ESCOLA MARXISTA

A teoria marxista surgiu em meados do século XIX, enunciada por dois pensadores alemães – Karl Marx e Friedrich Engels –, dois grandes reformadores sociais, mais economistas do que juristas. Marx, entretanto, fez seus estudos na Faculdade de Direito de Berlim, sendo igualmente filósofo. Seduzido pelos ensinamentos de Hegel, foi neles que se inspirou para formar suas ideias sobre o direito.

5.1. Origem e concepção do Direito

Para a teoria marxista, o Direito pressupõe o Estado. Surge somente quando há uma sociedade – política, jurídica e economicamente organizada, com uma fonte emanadora do preceito jurídico e um órgão capaz de impor o cumprimento de suas prescrições.

Isso significa que o Direito apenas sanciona uma relação já existente, aplicando uma regra a uma situação preexistente, regra essa única, que incide sobre diferentes

---

[3] LIMA, Hermes. *Introdução à Ciência do Direito*. 12. ed. Rio de Janeiro: Livraria Freitas Bastos, 1969. p. 276.

pessoas, ainda que sejam em tudo desiguais. Fixa o Direito, acima de tudo, as relações econômicas que predominam em uma sociedade em certo momento histórico, razão pela qual Marx o considerava a expressão do interesse da classe dominante, instrumento ideológico de dominação da burguesia sobre o proletariado.

Essa concepção do Direito deve muito a Hegel, que também une intimamente o Direito ao Estado, com a diferença essencial de que o Estado, para ele, é uma instituição eminentemente respeitável, quase divina, que tem por missão manter a ordem e a paz na sociedade, ao passo que, para Marx, o Estado é instrumento de pressão, que deve ser combatido por todos os meios e, finalmente, destruído pelo menos em um primeiro momento, para iniciar-se um processo de transição, posteriormente conhecido como um sistema de governo comunista.

Tal posição, em grande parte sentimental, é explicada pelo espetáculo da miséria que grassava na época, sobretudo nas regiões industriais que Marx pôde conhecer, e pelo apoio que a classe dirigente concedia aos capitalistas beneficiários desse regime.

Na síntese da teoria marxista, o Direito tem origem não em Deus, nem na razão ou na consciência coletiva, mas no Estado; não existindo Direito sem Estado nem Estado sem Direito, sendo errônea a ideia de que, desde que apareça a sociedade, aí fatalmente encontraremos o Direito (*ubi societas, ibi jus*). Não tem valor igualmente o pressuposto de que haja um substrato eterno, que constitua o cerne essencial e perene do direito.

Embora não seja nosso propósito, neste modesto trabalho, fazer críticas a qualquer das teorias examinadas, entendemos necessárias algumas considerações sobre a teoria marxista, a fim de facilitar, desde logo, a compreensão de questões que oportunamente serão abordadas.

É falso, por exemplo, afirmar que todo Direito emana do Estado, e que não existe direito nas sociedades chamadas primitivas. Qualquer observador é capaz de constatar que, muito antes de existir o Estado, muito antes da sociedade se organizar política e juridicamente, já existiam regras disciplinadoras do relacionamento social. Esse direito, é verdade, apresenta caracteres particulares, manifestando-se essencialmente por meio dos costumes, mas, indiscutivelmente, é direito. Em tempo algum uma sociedade, por mais homogênea que tenha sido, mesmo antes de existir o Estado, pôde viver sem normas de conduta.

Não menos falsa e truncada é a afirmação de ser o Estado instrumento de pressão da classe dominante sobre a menos favorecida, e por isso devendo ser combatido e destruído. Não é essa, efetivamente, a finalidade do Estado. Ao lado da manutenção da ordem estabelecida, o Estado, sobretudo o Estado moderno, assume uma infinidade de funções que visam ao bem-estar público: a distribuição da justiça, a divulgação da instrução, a proteção da saúde e da segurança públicas etc. Se aqui ou acolá o Estado divorciou-se de suas verdadeiras finalidades, nem por isso se deve eliminar a instituição, mas, sim, corrigi-la, fazendo-a voltar aos seus reais objetivos. Simplesmente, porque existe moeda falsa, não se deve acabar com a verdadeira.

6. ESCOLA SOCIOLÓGICA DO DIREITO

A Sociologia e o Direito, durante muito tempo, ignoraram-se mutuamente, hostilizaram-se mesmo. O encontro entre as duas ciências ocorreu, paulatinamente, a partir de 1882, quando foi publicada a obra de Herbert Spencer – *The Principles of Sociology* –, na qual há um capítulo dedicado às leis. Passando por vários autores, culmina nos últimos anos do século XIX com Émile Durkheim, a quem coube o trabalho de fixar definitivamente as relações entre o Direito e a Sociologia. Sem ser jurista, mas, sim, filósofo, coube-lhe o mérito de ter reconhecido e evidenciado a natureza eminentemente social do direito.

Além de Durkheim, merecem destaque Léon Duguit e Nordi Greco, entre os fundadores da Escola Sociológica. Depois da Segunda Guerra Mundial, verificou-se uma ligação mais ativa e fecunda entre sociólogos e juristas.

6.1. Origem e concepção sociológica do Direito

Para a Escola Sociológica, o Direito tem a sua origem nos fatos sociais, entendendo-se como tais os acontecimentos da vida em sociedade, práticas e condutas que refletem os seus costumes, valores, tradições, sentimentos e cultura, cuja elaboração é lenta e espontânea da vida social. Costumes diferentes implicam fatos sociais diferentes, razão pela qual cada povo tem a sua história e seus fatos sociais. E o Direito não pode formar-se alheio a esses fatos por ser um fenômeno decorrente do próprio convívio do homem em sociedade.

A razão disso é bastante simples: sendo o homem um ser social, não pode viver isolado, como Robinson Crusoé em sua ilha, cuja história não passa de utopia. Obrigados a vivermos, necessariamente, ao lado uns dos outros, carecemos de regras de proceder, normas de disciplinamento da vida em coletividade. A sociedade, complexo de pessoas e coisas, necessita de uma organização que, orientando a vida coletiva, discipline a atividade dos indivíduos. Essa organização pressupõe regras de comportamento que permitam a convivência social. O Direito é, justamente, o conjunto de normas que regulam a vida social.

A sociedade humana é, portanto, o meio em que o Direito surge e se desenvolve, pois a ideia do direito liga-se à ideia de conduta e de organização, provindo da consciência das relações entre os indivíduos.

Paulo Nader sintetiza, com maestria, essa visão sociológica:

> *Direito e sociedade são entidades congênitas e que se pressupõem. O Direito não tem existência em si próprio. Ele existe na sociedade. A sua causa material está nas relações de vida, nos acontecimentos mais importantes para a vida social. A sociedade, ao mesmo tempo, é fonte criadora e área de ação do Direito, seu foco de convergência. Existindo em função da sociedade, o Direito deve ser estabelecido à sua imagem, conforme as suas peculiaridades, refletindo os fatos sociais, que significam, no entendimento de Émile Durkheim, maneiras*

de agir, de pensar e de sentir, exteriores ao indivíduo, dotadas de um poder de coerção em virtude do qual se lhe impõem.[4]

Se o homem não vivesse em sociedade, jamais poderia germinar em sua consciência a ideia do direito, pois o mundo do direito é o das relações entre os homens. Direito é realidade da vida social, e não da natureza física ou do mero psiquismo dos seres humanos. Em suma, não haveria o direito sem sociedade. Daí a veracidade de antigo brocado: *ubi societas, ibi jus* (onde está a sociedade está o Direito). Contudo, a recíproca é também verdadeira: *ubi jus, ibi societas* (onde está o Direito está a sociedade); a vinculação entre ambas é tal que um não pode existir sem o outro. Assevera o Mestre Miguel Reale: "*O Direito não existe senão na sociedade e não pode ser concebido fora dela. Uma de suas características é a socialidade, a sua qualidade de ser social*".[5]

O Direito tem, pois, uma relação dialética com a realidade social, com os fatos que nela ocorrem, o que permitiu que se afirmasse: "*Não existe o direito e o fato, pois, segundo a forma exata de Sforza, o fato e o direito existem enquanto coexistem*".[6]

O que caracteriza a Escola Sociológica, portanto, é considerar o Direito não como tendo origem em Deus, nem na razão, nem na consciência do povo, e nem ainda no Estado, mas, sim, na sociedade, mais especificamente nas inter-relações sociais. Vivendo em sociedade, o homem não é apenas o homem que vive mas também o homem que convive, e, para conviver, é preciso regras de conduta. Não é o Direito mero produto da vontade do legislador, não é pura criação de sua mente, mas criação da sociedade. Por isso, cada povo tem o seu próprio sistema jurídico.

Do ponto de vista sociológico, o Direito é uma ciência essencialmente social, oriunda da sociedade e para a sociedade. As normas do Direito são regras de conduta para disciplinar o comportamento do indivíduo no grupo, as relações sociais; normas ditadas pelas próprias necessidades e conveniências sociais. Não são regras imutáveis e quase sagradas, mas, sim, variáveis e em constante mudança, como o são os grupos em que se originam.

Dignas de destaque as palavras do insigne Paulo Nader: "*A sociedade sem o Direito não resistiria, seria anárquica, teria o seu fim. O Direito é a grande coluna que sustenta a sociedade. Criado pelo homem, para corrigir a sua imperfeição, o Direito representa o grande esforço para adaptar o mundo exterior às suas necessidades de vida*".[7]

---

[4] NADER, Paulo. *Introdução ao estudo do direito*. 21. ed. Rio de Janeiro: Forense, 1997. p. 25-26.
[5] REALE, Miguel. *Lições preliminares de direito*. 12. ed. Saraiva, 1985. p. 2.
[6] SILVA, João Calvão da. *Responsabilidade civil do produtor*. Coimbra: Almedina, 1990. p. 6-7.
[7] NADER, Paulo. *Introdução ao estudo do direito*. 21. ed. Rio de Janeiro: Forense, 1997. p. 25.

A democratização do Direito pode ser apontada como uma das mais relevantes consequências da Escola Sociológica. Com efeito, enquanto o Direito teve origem divina, apenas os nobres, os sacerdotes e as altas castas sociais a ele tinham acesso. Enquanto teve por fundamento a razão, a ele tinham acesso os sábios, os filósofos e os juristas. O Direito foi democratizado quando passou a ter origem na sociedade. O acesso à Justiça passou a ser a sua principal finalidade; o povo passou a ter consciência dos seus direitos como aspecto da cidadania; o Direito ganhou as ruas, as praças, e fez-se linguagem de todo o povo.

A Escola Sociológica, como não poderia deixar de ser, é aquela que se concilia inteiramente com o conteúdo de nossa matéria, razão pela qual lhe serve de base doutrinária.

Capítulo 2
FUNÇÃO SOCIAL DO DIREITO

A presença do direito na sociedade. Atividades de cooperação e de concorrência. Características da atividade de concorrência. O conflito de interesse e sua composição. Função preventiva do direito. Função compositiva do direito. Critérios de composição de conflitos: composição voluntária; critério autoritário; critério da composição jurídica e suas características. A função social do Direito na atual ordem jurídica brasileira.

Vimos, no capítulo anterior, que o Direito, do ponto de vista sociológico, é um fato social e, como tal, não tem origem na Divindade, nem na razão, nem na consciência coletiva dos povos, tampouco no Estado, mas, sim, na própria sociedade, nas inter-relações sociais. Por conseguinte, trata-se de uma ciência essencialmente social, uma peculiaridade da sociedade humana.

7. A PRESENÇA DO DIREITO NA SOCIEDADE

Nem todos têm ideia de quanto o Direito se faz presente no meio social, de como está entrosado com quase tudo que se passa na sociedade, participando das mais simples às mais complexas relações sociais. É difícil praticarmos um ato que não tenha repercussão no mundo do direito.

Como lembrou Ruggiero, o camponês que, semeando o seu campo, deixa cair algumas sementes sobre o campo vizinho, pratica, embora ignore, um ato jurídico, pois dá origem a uma figura de acessão, a *satio*, tornando o vizinho proprietário da semente lançada e dos seus eventuais frutos. O fumante que deita fora o resto do seu cigarro ou charuto realiza um ato de *derelicto*, abandonando uma coisa sua. O banhista que apanha na praia a concha preciosa trazida pelas ondas pratica uma *ocupatio*, adquirindo a propriedade de uma *res nullius*.[1]

Tenha ou não consciência disso, a dona de casa, quando adquire uma simples caixa de fósforo no quiosque ou gêneros alimentícios no supermercado, realiza um

---
[1] RUGGIERO, Roberto de. *Instituições de direito civil*. São Paulo: Saraiva, 1971. v. I. p. 11-12.

contrato de compra e venda. Diariamente, quando milhões de pessoas tomam o trem, ônibus, o metrô, ou outro qualquer transporte público, realizam, até inconscientemente, um contrato de transporte, por meio do qual, mediante o pagamento da passagem, a transportadora se obriga a levá-las ilesas ao ponto de destino. E, se por infelicidade ocorrer um acidente do qual resulte lesão ou morte para alguém, segundo as regras do direito, será a transportadora obrigada a indenizar os prejuízos, envolvendo danos emergentes e lucros cessantes, isto é, tudo aquilo que a vítima efetivamente perder e aquilo que deixar de ganhar em razão do acidente, pelo restante de sua sobrevida.

Outro notável jurista italiano, Piero Calamandrei, nos ensina:

> *O Direito, enquanto ninguém o perturba e o contraria, nos rodeia, invisível e impalpável como o ar que respiramos, inadvertido como a saúde, cujo valor só compreendemos quando percebemos tê-la perdido.*
>
> *Mas, quando é ameaçado e violado, então, descendo do mundo astral em que repousava em forma de hipótese até o mundo dos sentidos, o direito encarna no juiz e se torna expressão concreta de vontade operativa através da sua palavra.*[2]

Como se vê, o Direito invade e domina a vida social desde as mais humildes às mais solenes manifestações, quer se trate de relações entre indivíduos, quer entre o indivíduo e o grupo social, como a família e o Estado, quer se trate ainda de relações entre os próprios grupos.

Por que o Direito se faz assim presente na sociedade? Qual é a sua função social?

É o que procuramos responder neste capítulo. Para bem compreendermos a função social do Direito, entretanto, temos antes que analisar as atividades que o indivíduo desenvolve na sociedade, as suas características e o que podem gerar.

7.1. Atividades de cooperação e de concorrência

As atividades humanas assumem formas múltiplas, econômicas ou não, mas todas elas podem ser reduzidas a dois tipos: **atividades de cooperação e atividades de concorrência.**

As primeiras caracterizam-se pela convergência de interesses. Graficamente, podem ser ilustradas assim: >. Envolvem fins ou objetivos comuns. Um indivíduo desenvolve uma atividade qualquer, de que o outro diretamente se aproveita, e, à medida que se empenha na realização dos seus interesses, coopera na realização dos interesses dos outros.

Exemplo de **atividade de cooperação** é a do vendedor e a do comprador: o vendedor tem mercadorias para vender e o comprador tem interesse em adquiri-las,

---

[2] CALAMANDREI, Piero. *Eles, os juízes, vistos por um advogado*. São Paulo: Martins Fontes, 1996. p. 1.

necessita delas. Os interesses dos dois convergem para um ponto comum, cooperando, assim, cada qual na realização do interesse do outro.

O mesmo se diga do indivíduo que tem um prédio e, não precisando usá-lo para sua própria moradia ou instalação, propõe-se a ceder seu uso a outrem, mediante o pagamento de aluguel. Outro indivíduo, por sua vez, necessitando de um prédio para morar, já que não o possui, propõe-se a pagar o aluguel pretendido pelo locador. Há reciprocidade de interesses entre o locador e o locatário, de sorte que, à medida que cada qual desenvolve sua atividade, coopera na realização do interesse do outro. O médico, o advogado e outros profissionais liberais desenvolvem esse tipo de atividade em relação aos seus clientes.

7.2. Características da atividade de concorrência

Há paralelismo nas **atividades de concorrência**; nunca se encontram, pois não convergem para um interesse comum. Graficamente, podem ser ilustradas assim: =. Nelas, dois indivíduos, embora tenham objetivos idênticos, desenvolvem atividades independentes, *paralelas*, que os colocam, um em relação ao outro, em posição de competidor ou concorrente.

Dois comerciantes, estabelecidos na mesma rua e no mesmo ramo de comércio, dão-nos um exemplo de atividade de concorrência: eles poderão explorar seu comércio indefinidamente sem entrar em choque, ainda que concorram entre si. Outro exemplo encontramos em dois proprietários de prédios vizinhos: cada um pode usar sua propriedade como quiser, sem a interferência ou colaboração do outro. São concorrentes, no sentido de que perseguem, independentemente, fins semelhantes.

A lição de Paulo Nader bem sintetiza o que dissemos até aqui:

> *Na cooperação as pessoas estão movidas por um mesmo objetivo e valor e por isso conjugam o seu esforço. A interação se manifesta direta e positiva. Na competição há uma disputa, uma concorrência, em que as partes procuram obter o que almejam, uma visando a exclusão da outra. Uma das grandes características da sociedade moderna, esta forma revela atividades paralelas, em que cada pessoa ou grupo procura reunir os melhores trunfos, para a consecução de seus objetivos. A interação, nesta espécie, se faz indiretamente e, sob muitos aspectos, positiva.*[3]

8. O CONFLITO DE INTERESSE E A SUA COMPOSIÇÃO

Tanto nas atividades de cooperação como nas de concorrência podem ocorrer conflitos de interesses. Na atividade de cooperação, por exemplo, após pagar o preço

---

[3] NADER, Paulo. *Introdução ao estudo do direito*. 21. ed. Rio de Janeiro: Forense, 1997. p. 23.

e receber a mercadoria, verifica o comprador que há algum defeito que impede ou prejudica seu uso. Procura, então, o vendedor para devolver o material e receber de volta o valor pago, ou para obter outra mercadoria em perfeito estado, mas este se recusa a atendê-lo. Nesse momento, rompe-se o perfeito equilíbrio que deveria haver na atividade de cooperação, e surge o conflito.

Pensemos agora no caso do inquilino que, após firmar contrato de locação e alojar-se no imóvel, se recusa a pagar os aluguéis convencionados, a despeito de insistentemente procurado pelo locador. Estará rompida a convergência de interesses existente no momento da celebração do contrato e, a partir de então, ambos estarão em conflito.

Conflitos surgem igualmente nas atividades de concorrência, quando as partes vão além daquilo que lhes é lícito fazer no campo do seu próprio interesse.

Aqueles dois comerciantes, estabelecidos na mesma rua com o mesmo gênero de comércio, enquanto não transpuserem os limites daquilo que lhes é lícito, apesar de concorrentes, continuarão em harmonia. Pode um deles até vender mais barato que o outro, ou oferecer melhores produtos, e, com isso, ganhar a clientela do outro.

No momento, porém, em que o comerciante A resolver fazer uma concorrência indevida ou desleal ao comerciante B, dizendo, por exemplo, que seus produtos são de baixa qualidade, que a sua honestidade é questionável etc., estaremos diante de um conflito de atividades de concorrência.

Lembra-se dos proprietários de prédios vizinhos? Vimos que cada um pode usar seu imóvel como melhor lhe parecer: residir nele, alugá-lo, instalar-se comercialmente etc. Suponhamos, por exemplo, que o proprietário do imóvel A nele instale uma fábrica que solta fumaça e fuligem, e o proprietário do imóvel B aí se estabeleça com uma lavanderia. Entre esses dois estabelecimentos comerciais, ambos situados em um bairro industrial e exercendo atividades lícitas, surge um conflito. Se o proprietário do imóvel A mantiver em funcionamento sua fábrica, a lavanderia do imóvel B não poderá funcionar.

Consideremos, por último, o caso de dois condôminos residentes no mesmo prédio, um no apartamento 201 e o outro no andar imediatamente superior, no apartamento 301. Cada qual poderá também usar seu imóvel como bem lhe convier.

Um belo dia, entretanto, o imóvel do andar superior começa a apresentar vazamento no imóvel inferior: umedece as paredes, danifica os móveis, prejudica o conforto dos que nele residem. O condômino prejudicado procura o proprietário do imóvel superior por várias vezes, coloca-o a par da situação, solicita-lhe uma providência, mas este, embora prometa resolver o problema, na verdade nada faz. Esse tipo de conflito, muito constante nas grandes cidades, onde há uma infinidade de condomínios, é característico da atividade de concorrência.

Sobre o tema, Paulo Nader pondera com propriedade:

> *O conflito se faz presente a partir do impasse quando os interesses em jogo não logram uma solução pelo diálogo e as partes recorrem à luta, moral ou*

física, ou buscam a mediação da justiça. Podemos defini-lo como oposição de interesses, entre pessoas ou grupos, não conciliados pelas normas sociais. No conflito a interação é direta e negativa. O Direito só irá disciplinar as formas de cooperação e competição onde houver relação potencialmente conflituosa. (...) Conclui o prestigiado autor: Os conflitos são fenômenos naturais à sociedade, podendo-se até dizer que lhe são imanentes. Quanto mais complexa a sociedade, quanto mais se desenvolve, mais se sujeita a novas formas de conflito e o resultado é o que hoje se verifica, como alguém afirmou, em que o maior desafio não é o de como viver e sim o da convivência.[4]

Todos os conflitos que podem surgir na vida social são redutíveis a um desses tipos: **conflitos de cooperação**, os que ocorrem na atividade de cooperação, e **conflitos de concorrência**, os que se verificam na atividade de concorrência. O que determina a natureza do conflito é a natureza da atividade.

9. FUNÇÃO PREVENTIVA DO DIREITO

O conflito gera o litígio, e este, por sua vez, quebra o equilíbrio e a paz social. A sociedade não tolera o estado litigioso porque necessita de ordem, tranquilidade, equilíbrio em suas relações. Por isso, tudo faz para evitar ou prevenir o conflito, e aí está a primeira e principal função social do Direito – **prevenir conflitos:** evitar, tanto quanto possível, a colisão de interesses.

Muita gente acredita que o Direito tem um caráter essencialmente repressivo, mas, na realidade, assim não é. O Direito existe muito mais para prevenir do que para corrigir; muito mais para evitar que os conflitos ocorram do que para compô-los.

O Direito previne conflitos por meio de um conveniente disciplinamento social, estabelecendo regras de conduta na sociedade: direitos e deveres para locador e locatário, vendedor e comprador, enfim, para todos. À medida que cada um respeitar o disciplinamento estabelecido pelo Direito, evitará entrar em conflito com outrem na sociedade.

Essa função preventiva do direito é também um instrumento de **segurança jurídica** dos indivíduos, pela qual é possível assegurar a previsibilidade das condutas. Diante da lei, o indivíduo poderá (e deverá) saber, de forma clara e pública, quais são os seus deveres e, em especial, as obrigações que lhe serão exigidas.

Esse é também o entendimento de Paulo Nader, repetidamente citado:

O Direito está em função da vida social. A sua finalidade é a de favorecer o amplo relacionamento entre as pessoas e os grupos sociais, que é uma das bases do progresso da sociedade. Ao separar o lícito do ilícito, segundo valores

---

[4] NADER, Paulo. *Introdução ao estudo do direito*. 21. ed. Rio de Janeiro: Forense, 1997. p. 23.

de convivência que a própria sociedade elege, o ordenamento jurídico torna possíveis os nexos de cooperação, estabelecendo as limitações necessárias ao equilíbrio e à justiça nas relações. (...) Aduz que **a função preventiva** *é exercida para evitar desinteligências quanto aos direitos que cada parte julga ser portadora. Isto se faz mediante a exata definição do Direito, que deve ter na clareza, simplicidade e concisão de suas regras, algumas de suas qualidades.*[5]

O Direito, como vemos mais uma vez, é uma ciência social. Suas normas são regras de conduta para disciplinar o comportamento do indivíduo na sociedade, visando atender uma necessidade social. Sem essas normas de conduta, os conflitos seriam tão frequentes de modo que tornariam impossível a vida em coletividade.

Se o indivíduo vivesse só, isolado, não necessitaria de regras de conduta, pois poderia viver e fazer o que bem entendesse. Vivendo, porém, em grupo precisa limitar-se, comportar-se, respeitar direitos e interesses dos outros. Quanto maior o relacionamento, quanto mais complexas as relações sociais, maior a possibilidade de conflito e, portanto, maior também a necessidade de disciplina e organização.

10. FUNÇÃO COMPOSITIVA DO DIREITO

A observância das normas previne muitas ocorrências, mas o conflito, lamentavelmente, é inevitável, porque nem todos na sociedade submetem-se à disciplina imposta pelo Direito. Aqui, é um vendedor que recebe o preço, mas não quer entregar a coisa; acolá, um locatário que não quer pagar o aluguel e assim por diante.

Até mesmo na família, veja só, o menor e mais forte grupo social, os membros ligados por vínculos de afeição, de sangue, com inúmeras normas de direito disciplinando as relações dos cônjuges, pais, filhos etc., todas objetivando prevenir conflitos, estes acabam por ocorrer. E como ocorrem! Basta entrar em uma vara de família para se ter consciência dos conflitos que estão ocorrendo no lar. Pondera o ilustre Paulo Nader:

> *Cenário de lutas, alegrias e sofrimentos do homem, a sociedade não é simples aglomeração de pessoas. Ela se faz por um amplo relacionamento humano, que gera a amizade, a colaboração, o amor, mas que promove, igualmente, a discórdia, a intolerância, as desavenças. Vivendo em ambiente comum, possuindo idênticos instintos e necessidades, é natural o aparecimento de conflitos sociais, que vão reclamar soluções. Os litígios surgidos criam para o homem as necessidades de segurança e de justiça.*[6]

Pois bem: surgindo o conflito, há que solucioná-lo. A sociedade reclama que as coisas sejam repostas em um ponto de equilíbrio em que possam permanecer.

---

[5] NADER, Paulo. *Introdução ao estudo do direito*. 21. ed. Rio de Janeiro: Forense, 1997. p. 25.
[6] NADER, Paulo. *Introdução ao estudo do direito*. 21. ed. Rio de Janeiro: Forense, 1997. p. 25.

Superar um conflito de interesses é aquilo que chamamos *composição*. E aí está a segunda grande função social do Direito: **compor conflitos**.

Em que consiste a composição de um conflito?

Não consiste em fazer desaparecer o conflito, porque isso, como já vimos, é impossível. Não se pode evitar o conflito, por mais que se procure preveni-lo.

A maneira de solucionar o conflito é, então, colocar os dois interesses em antagonismo na balança e determinar qual deve prevalecer e qual deve ser reprimido. Esse é o sentido de toda composição. *"O Direito apresenta solução de acordo com a natureza do caso, seja para definir o titular do direito, determinar a restauração da situação anterior ou aplicar penalidades de diferentes tipos".*[7]

11. CRITÉRIOS DE COMPOSIÇÃO DE CONFLITOS

1) Critério da composição voluntária.
2) Critério autoritário.
3) Critério da composição jurídica.

11.1. O critério da composição voluntária

É aquele que se estabelece pelo mútuo acordo das partes. Surgindo o conflito, as partes discutem entre si e o resolvem da melhor maneira possível, quase sempre atentando para os próprios deveres e obrigações estatuídos pelas normas do direito. O estudante, por exemplo, entra em uma livraria e compra um livro. Ao chegar em casa, observa que lhe faltam algumas páginas; volta à livraria, reclama ao vendedor e este, imediatamente, substitui o livro defeituoso por outro perfeito. Houve um conflito de interesses – resolvido por meio da composição voluntária.

A mais moderna legislação processual no mundo todo tem estimulado a composição voluntária como forma de aliviar a sobrecarga do Judiciário. No Brasil, a Lei dos Juizados Especiais[8] prevê expressamente uma fase de conciliação, conduzida, em regra, por conciliadores, antes de a causa ser submetida ao julgamento do juiz togado. O Código de Processo Civil também estabelece uma audiência prévia de conciliação ou mediação.[9]

Ao assumir a Presidência do Tribunal de Justiça do Rio de Janeiro, a Desembargadora Leila Mariano, primeira mulher a exercer esse mais elevado cargo na magistratura fluminense, anunciou que o seu principal desafio será concluir mais de nove milhões de processos em estoque e que, entre as iniciativas, estava o plano de investir

---

[7] NADER, Paulo. *Introdução ao estudo do direito*. 21. ed. Rio de Janeiro: Forense, 1997. p. 25.
[8] Lei n. 9.099/1995, arts. 21 a 24.
[9] CPC, art. 334.

e tornar mais eficazes as conciliações e as mediações no Núcleo de Conciliação dos Juizados Especiais.[10]

Temos ainda a Lei de Arbitragem,[11] da qual poderão valer-se todas as pessoas capazes de contratar para dirimir litígios relativos a direitos patrimoniais disponíveis. A conciliação e a arbitragem não são, a rigor, formas puras de composição voluntária, uma vez que sempre contarão com a interferência de um terceiro – o conciliador ou o árbitro. São, todavia, formas mistas que estimulam e valorizam a participação dos litigantes na composição do conflito.

11.2. O critério autoritário

Por esse critério, cabe ao chefe do grupo – Rei, Cacique, Senhor etc. – o poder de compor os conflitos de interesses que ocorrem entre os indivíduos que se encontram sob sua autoridade. Normalmente, a autoridade lança mão do seu foro íntimo, do próprio senso de Justiça, daquilo que a consciência lhe inspira, para desempenhar a tarefa de compor conflitos.

Muito usado esse critério nas sociedades antigas, menos perfeitas, alguns casos de composição tornaram-se famosos. Todos, por certo, já ouvimos falar na justiça salomônica e na célebre fórmula usada pelo Rei para resolver um conflito entre duas mulheres que disputavam a mesma criança, ambas reclamando-a como filho.

O Rei Salomão mandou trazer uma espada com a qual, disse, iria cortar a criança ao meio, dando uma metade para cada mulher. Assim pôde constatar qual era a mãe verdadeira – aquela que imediatamente se opôs à ideia, preferindo que seu filho, vivo, fosse entregue à falsa mãe.

Foi uma solução tirada por Salomão do seu foro íntimo que, no caso, bem solucionou o conflito.

Na sociedade de hoje, o critério autoritário é ainda utilizado no meio familiar. O chefe da família muitas vezes tem de resolver os conflitos de interesses que surgem entre os seus membros, filhos, parentes etc., lançando mão de soluções que vai buscar em seu foro íntimo.

Esses dois critérios, entretanto, são imperfeitos e insuficientes para resolver conflitos de interesses que surgem nas sociedades humanas, quando estas atingem sua forma plenamente evoluída. É aí que se apresenta o terceiro critério, justamente aquele que mais nos interessa.

---

[10]   *O Globo*, 06.01.2013.
[11]   Lei n. 9.307/1996.

11.3. O critério da composição jurídica e suas características

A **composição jurídica** é sempre feita mediante um critério elaborado e enunciado anteriormente, e aplicável a todos os casos que ocorrerem a partir de então. São, pois, características do critério jurídico – *a anterioridade, a publicidade e a universalidade.*

A anterioridade é o traço característico e fundamental da composição jurídica, implicando dizer que o critério aplicado preexiste ao conflito, ou seja, deve ter sido elaborado antes para poder ser aplicado ao conflito que ocorrer depois. Graças à anterioridade, saímos do domínio do puro autoritarismo e entramos no domínio do direito.

O que se entende por publicidade?

Não basta, na composição jurídica, que o critério tenha sido elaborado antes do conflito. É preciso também que o critério tenha sido anunciado, revelado, declarado pela autoridade que o elaborou; é necessário que se dê conhecimento do critério antes de sua aplicação.

Composição jurídica é somente aquela que obedece a um critério anteriormente elaborado e também previamente dado à publicidade, tornando-o conhecido.

Por universalidade entende-se que o critério jurídico nunca pode ser cominado apenas para determinado caso concreto, mas, sim, para todos os casos que se apresentarem com a mesma tipologia. Quer isso dizer que todos os conflitos idênticos que surgirem após a elaboração e divulgação do critério deverão se compor pelo mesmo critério, pois isso implica a universalidade. Alguns autores preferem falar em generalidade em lugar de universalidade, muito embora este último termo seja mais usado.

Em suma, para que a composição seja jurídica, tem que ser realizada por meio de um critério anteriormente estabelecido e perfeitamente enunciado para conhecimento de todos, que atenda à universalidade dos casos que se apresentarem dentro do mesmo tipo.

Concluindo, destacamos as duas principais funções que o Direito realiza na sociedade. A primeira é a de *prevenir conflitos*, que podem ocorrer tanto nas atividades de cooperação como nas de concorrência. Isso ele faz por meio do adequado disciplinamento das relações sociais. A segunda é a de *compor conflitos*, que acabam por ocorrer não obstante toda prevenção exercida pelo direito, e isso ele faz por meio do critério jurídico.

11.4. A função social do Direito na atual ordem jurídica brasileira

Cumpre, por último, registrar que o Direito não desempenha apenas essas duas funções na sociedade. Modernamente, a sua missão é muito mais ampla, uma vez que lhe cabe, em última instância, prover o bem comum, que, na belíssima lição de Miguel Reale, *"não é a soma dos bens individuais, nem a média do bem de todos; o bem comum, a rigor, é a ordenação daquilo que cada homem pode realizar sem prejuízo do bem alheio, uma posição harmônica do bem de cada um com o bem de todos".*[12] A isso acrescenta Paulo Nader: *"O Direito, na atualidade é um fator decisivo para o avanço social. Além de garantir o homem, favorece o desenvolvimento da ciência, da tecnologia, da produção das riquezas, o progresso das comunicações, a elevação do nível cultural do povo, promovendo ainda a formação de uma consciência nacional".*[13]

A atual ordem jurídica brasileira dá grande ênfase à função social do Direito. A Constituição de 1988, ao garantir o direito de propriedade, ressaltou que terá ela que cumprir a sua *função social*.[14] O Código Civil, por sua vez, prestigia essa questão a ponto do seu grande coordenador, o jurista Miguel Reale, ter afirmado que a *socialidade* é uma das suas principais características. Assim como o Código Civil de Napoleão foi fruto do *liberalismo* do século XVIII, cuja trilha foi seguida pelo nosso Código de 1916, a *visão social do Direito* – o Direito como instrumento para a construção de uma sociedade mais justa, igualitária e solidária – foi a grande motivação do atual Código Civil. Pode-se afirmar que a passagem do individualismo para o social é a característica essencial da evolução jurídica do nosso tempo.

A função social do Direito é consagrada no Código Civil, no seu art. 421, ao dispor que a liberdade de contratar será exercida *em razão e nos limites da função social do contrato*. Temos ali uma cláusula geral a ser observada em todo e qualquer contrato, dos mais simples aos mais complexos, e que altera substancialmente o conteúdo da atividade contratual. Exige dos contratantes uma postura mais humana, menos individualista, inaugurando um novo tempo no mundo negocial. Quem contrata não mais contrata apenas com quem contrata; contrata também com a sociedade. Na jornada de Direito Civil promovida pelo Centro de Estudos Judiciários do Conselho da Justiça Federal, foi proposta a seguinte interpretação para esse dispositivo: *"A função social do contrato, prevista no art. 421 do novo Código Civil, não elimina o princípio da autonomia contratual, mas atenua ou reduz o alcance desse princípio, quando presentes interesses metaindividuais ou interesse relativo à dignidade da pessoa humana".*[15]

No art. 187 do Código Civil, a função social do Direito é colocada como limite para o exercício de todo e qualquer direito, verdadeiro *cinto de segurança*, além do qual se torna abusivo. Em outras palavras, o exercício de todo direito subjetivo está condicionado ao fim que a sociedade se propôs: a paz, a ordem, a solidariedade e a harmonia coletiva, enfim, ao *bem comum*, porque o Direito, repita-se, é o instrumento de organização social para atingir essa finalidade.

---

[12] REALE, Miguel. *Lições preliminares de direito*. 12. ed. São Paulo: Saraiva, 1985. p. 59.
[13] NADER, Paulo. *Introdução ao estudo do direito*. 21. ed. Rio de Janeiro: Forense, 1997. p. 27.
[14] CF, arts. 5º, XXII e XXIII, 170, III, 182, § 4º, III, e 186.
[15] Enunciado n. 23.

San Tiago Dantas assinala: "*Pode-se dizer que, hoje, mais do que um direito subjetivo, o que se concede ao indivíduo é uma proteção jurídica, ou pelo menos um direito subjetivo que não tem no arbítrio do titular a sua única medida, pois não poderá, em caso algum, ser exercido contra a finalidade social que a lei teve em mira quando o reconheceu e protegeu. Valer-se do direito para colimar resultados contrários à sua instituição, eis o abuso do direito*".[16]

Em conformidade com a Constituição, como não poderia deixar de ser, o § 1º do art. 1.228 do Código Civil submete o exercício do direito de propriedade à sua função social. "*O direito de propriedade deve ser exercido em consonância com as suas finalidades econômicas e sociais*". Ao falar em finalidade social, o diploma civil refere-se ao destino social da coisa, seu estado normal de servir ao ser humano. Um imóvel rural só atende à sua finalidade social quando utilizado na produtividade compatível com sua potencialidade, e não quando destinado a latifúndio improdutivo. O imóvel urbano também tem que ser utilizado em conformidade com a sua potencialidade – moradia, comércio, indústria –, e não para a especulação imobiliária. Igualmente aqui a finalidade social opõe-se ao individualismo, podendo ser encontrado um eloquente exemplo disso no § 4º desse mesmo art. 1.228 do Código Civil: "*O proprietário também pode ser privado da coisa se o imóvel reivindicado consistir em extensa área, na posse ininterrupta e de boa-fé, por mais de cinco anos, de considerável número de pessoas, e estas nela houverem realizado, em conjunto ou separadamente, obras e serviços considerados pelo juiz de interesse social e econômico relevante*", caso em que será fixada uma justa indenização ao proprietário.

O que se evidencia, com os exemplos citados, é que a *socialidade* não se resume a uma disposição abstrata, mas a um princípio que, modernamente, alimenta toda a nossa ordem jurídica.

---

[16] DANTAS. San Tiago. *Conflito de vizinhança e sua composição*. 2. ed. Rio de Janeiro: Forense, 1972. p. 100.

Capítulo 3
CONCEITO SOCIOLÓGICO DO DIREITO

Normas de conduta. Características das normas de conduta: a obrigatoriedade e a sanção. Origem das normas de conduta: a escola monista e a escola pluralista. Provisoriedade e mutabilidade das normas de direito. Conceito sociológico do direito.

O Direito, como já ficou assentado, é fato social que se manifesta como uma das realidades observáveis na sociedade. É fenômeno social, assim como a linguagem, a religião, a cultura, que surge das inter-relações sociais e se destina a satisfazer necessidades sociais, tais como prevenir e compor conflitos.

Neste capítulo, vamos explicitar a concepção do Direito como fato social, formulando um conceito que se enquadre na visão sociológica do Direito.

Conceituar, como sabido, não é tarefa simples, arriscando-se aquele que se empenha em realizá-la a formular um conceito parcial. Essa tarefa se torna ainda mais arriscada quando se trata do Direito. Kant teria afirmado, já no século XVII, que os *"juristas ainda estão à procura de uma definição para o Direito".*

Antes de tentar conceituar qualquer coisa, deve o estudante considerar todos os elementos dessa coisa, seus requisitos, características, finalidade etc., e então procurar fazer uma descrição de tudo isso. Só assim poderá chegar perto da realidade na formulação do seu conceito.

É o que procuraremos fazer com relação ao Direito, lançando mão dos vários princípios expostos nos capítulos anteriores.

12. NORMAS DE CONDUTA

O Direito, como vimos, está ligado à ideia de organização e conduta social, por isso deve ser concebido como um *conjunto de normas de conduta* que disciplinam as relações sociais. O mundo do Direito é o mundo das relações entre os homens, pois, na conjugação desses dois elementos – a sociedade e o indivíduo –, encontramos a sua razão de ser. Como tem sido assinalado por muitos autores, o Direito é a única relação inteiramente determinada pela coexistência humana e que se exaure de homem para homem. Cuida, pois, o Direito da disciplina das relações extrínsecas do homem, cabendo à moral a disciplina de suas relações intrínsecas.

Mas não somente as relações que se travam entre o indivíduo e outro indivíduo são objeto do Direito, há também aquelas que se realizam entre o indivíduo *e* o grupo, o grupo *e* o indivíduo, e o grupo *versus* outro grupo.

13. CARACTERÍSTICAS DAS NORMAS DE CONDUTA

Essas normas de conduta se destinam a todos, são aplicáveis a todas as relações abrangíveis pelo seu escopo. Por isso, são consideradas normas *universais* ou *genéricas*.

São também abstratas porque não se referem a casos concretos quando de sua elaboração, mas, sim, a casos hipoteticamente considerados. Assim, por exemplo, quando a norma do art. 121 do Código Penal incrimina a ação de matar, não objetiva concretamente o caso de *A* matar *B*, mas, sim, qualquer hipótese de homicídio.

Portanto, o Direito não se dirige a pessoas determinadas nem a relações consideradas individualmente. Não regula de forma direta, por exemplo, o contrato celebrado entre *A* e *B* em determinado momento e em determinado lugar porque a individualidade dos comandos não é própria do Direito.

O caráter de generalidade das normas do Direito faz que este tenha em vista apenas o que na sociedade acontece com mais frequência. Isso permite, como já assinalado, o prévio conhecimento do critério a ser aplicado na composição dos conflitos e assegura igualdade de tratamento às partes. Sabe-se previamente como será resolvido determinado tipo de conflito se e quando ocorrer, com a garantia de que as partes nele envolvidas serão tratadas da mesma maneira.

13.1. A obrigatoriedade

Em regra, são normas obrigatórias, isto é, de observância necessária. E nem poderia ser diferente, sob pena de o Direito não atingir os seus objetivos. Claro está que, se a observância das normas jurídicas fosse facultativa, totalmente inócua se tornaria a disciplina por elas imposta. Seria um tiro sem bala.

A obrigatoriedade, portanto, é característica fundamental do Direito, embora, à primeira vista, possa parecer paradoxal. Para o público em geral, a palavra "direito" dá ideia de privilégio, faculdade, regalia, liberdade, ou seja, tudo que é oposto à obrigação. Dizemos "eu tenho direito a isso ou àquilo" para indicar algo que nos favoreça, e não uma obrigação. Esquecemo-nos, entretanto, que, na exata medida em que o Direito nos confere um benefício, vantagem ou poder, cria uma obrigação ou um dever para outrem, e vice-versa.

Então, a noção do Direito está intimamente ligada à noção de obrigação. Até mesmo no campo do direito contratual, no qual predomina o princípio da "autonomia da vontade", a coisa não é bem assim, pois, na realidade, também ali essa autonomia move-se dentro de limites extremamente reduzidos.

Não percebemos que o Direito é, sobretudo, obrigação porque estamos habituados a obedecer a suas normas, a tal ponto *que não lhe sentimos quase o peso*, da mesma forma *que não sentimos* certas imposições físicas, como a gravidade. Ocorre também que, em geral e por definição, essas normas correspondem à nossa maneira de pensar e sentir, tal o nosso condicionamento social.

No momento em que transgredimos qualquer dessas normas, entretanto, tomamos logo consciência da sua obrigatoriedade, pois temos então que responder pelas consequências.

Em lugar da obrigatoriedade prefere-se falar em coercibilidade da norma, para indicar que ela envolve a possibilidade jurídica de coação. Esta, a rigor, é a principal diferença entre a norma jurídica e a regra moral. A moral é incompatível com a força ou coação mesmo quando estas se manifestam juridicamente organizadas. Pondera o festejado Miguel Reale que *"a moral é o mundo da conduta espontânea, do comportamento que encontra em si próprio a sua razão de existir. O ato moral implica a adesão do espírito ao conteúdo da regra. Só temos, na verdade, moral autêntica quando o indivíduo, por um movimento espiritual espontâneo realiza o ato enunciado pela norma. Não é possível conceber-se o ato moral forçado, fruto da força ou da coação. Ninguém pode ser bom pela violência".*[1] É também por isso que se tem afirmado (Kant foi o primeiro) ser a Moral *autônoma* e o Direito *heterônomo*, visto ser posto por terceiros aquilo que juridicamente somos obrigados a cumprir.

13.2. A sanção

O Direito dirige-se a seres dotados de liberdade, que agem comandados pela vontade. Como podem as pessoas não observá-lo, tornou-se necessário estabelecer uma sanção, o meio mais eficaz encontrado pela sociedade para tornar a norma jurídica de observância necessária.

A obrigação não pode existir sem sanção. Por isso, alguns teóricos chegam a definir o Direito como um sistema de sanções.

Sanção é a ameaça de punição para o transgressor da norma. É o prometimento de um mal, consistente em perda ou restrição de determinados bens, assim como na obrigação de reparar o dano causado, para todo aquele que descumprir uma norma de Direito. É a possibilidade de coação da qual a norma é acompanhada.

Há, em nosso entender, uma pequena diferença entre sanção e pena, embora, na prática, os autores e a própria lei não a considerem. Sanção é a ameaça de castigo para o transgressor da norma, e pena já é o próprio castigo imposto; sanção é a pena abstratamente considerada, e pena é a sanção concretizada; a sanção é cominada pelo legislador, e a pena é fixada pelo juiz; a sanção exerce uma coação psicológica sobre os indivíduos, ao passo que a pena exerce uma coação física ou material.

---

[1] REALE, Miguel. *Lições preliminares de direito*. 12. ed. São Paulo: Saraiva, 1985. p. 44.

Essa coação psicológica, geradora do temor à pena, faz que a maioria se conduza dentro dos limites do Direito. É a chamada **prevenção geral**, por meio da qual consegue o Direito evitar a ocorrência de inumeráveis conflitos. Tal coação é por Vanni (*Lezioni di filosofia del diritto*) vista como força *psíquica do direito*, que se dirige à vontade, exercendo constrangimento sobre a consciência.

Para uma minoria, entretanto, não basta a coação psicológica, pelo que se acaba por transgredir as normas, na esperança de não ser punida. Para esses, destina-se a coação física ou material. A autoridade pública aplica a pena, empregando o poder coercitivo de que dispõe para punir o responsável pelo ilícito. É o remédio extremo usado contra uma minoria que não observa as normas, no empenho de levá-la a respeitar o Direito, livrando a sociedade de sua conduta perniciosa. É a chamada **prevenção especial**.

14. ORIGEM DAS NORMAS DE CONDUTA

Já vimos, logo no primeiro capítulo, que esta é uma questão discutida. Há os que entendem ser as normas de origem divina, outros, frutos da razão, da consciência coletiva ou, ainda, do Estado. Para a sociologia jurídica, entretanto, não há como tergiversar: as normas de Direito emanam do grupo social.

Sobre o grupo social que deve estabelecer as normas de Direito, as opiniões se dividem em duas escolas.

14.1. A escola monista

Englobando quase todos os juristas, esta escola entende que apenas um tipo de grupo social – o grupo político –, o Estado devidamente organizado, está apto a criar normas de direito.

A doutrina monista, que se encontra mais próxima das teorias de Hegel, Marx e Kelsen, sendo igualmente ensinada pelos puristas clássicos, pode ter sua razão de ser no que se refere à Ciência do Direito, mas não com relação à sociologia jurídica. Um simples olhar sobre a vida social nos convence de que existiram prescrições jurídicas antes de a sociedade organizar-se em Estado, e que ainda existem prescrições, mesmo nas sociedades já política e juridicamente organizadas, além das que foram impostas pela autoridade política.

Houve – e ainda há – direitos supranacionais e infranacionais que não emanam da competência dos órgãos da sociedade global, como o direito religioso de vários povos, o direito canônico, muçulmano, judaico etc. Henri Lévy-Bruhl cita como exemplo de direito supranacional as instituições consuetudinárias profissionais, que se difundiram em inúmeras regiões, sem considerar fronteiras entre Estados nem a nacionalidade dos interessados. A mais característica dessas instituições foi o Direito mercantil (*jus mercatorium*), muito divulgado na Idade Média e observado tão escrupulosamente quanto qualquer outra lei nacional.[2]

---

[2] LÉVY-BRUHL, Henri. *Sociologia do Direito*. São Paulo: Difusão Europeia do Livro, 1964. p. 29.

14.2. A escola pluralista

A escola pluralista que, além de alguns juristas, compreende sociólogos e filósofos, considera que todo agrupamento de certa consistência ou expressão pode outorgar-se normas de funcionamento que, ultrapassando o caráter de simples regulamentos, adquirem o alcance de verdadeiras regras jurídicas.

Segundo Henri Lévy-Bruhl, o principal adepto da doutrina pluralista é Gurvitch, que a defendeu em diversos trabalhos. Georges Gurvitch foi uma figura importante no desenvolvimento da sociologia na França e da sociologia jurídica em particular. Assim como outros sociólogos, ele insistiu que as leis não são regras ou decisões produzidas, interpretadas e aplicadas apenas pelas agências do Estado. Grupos e comunidades de vários tipos, formal ou informalmente organizados, produzem regulamentos para si e para outros. Esse é um direito social ou direito informal que pode ser fixado em costumes ou totalmente espontâneo e intuitivo. Contudo, o importante é que está sempre presente, coexiste com o direito mais formalizado que o Estado produz.

O pluralismo jurídico de Gurvitch é mais rigoroso e radical do que se constata na maioria dos grandes sociólogos e localiza uma imensa variedade de tipos de leis em vários tipos de interações sociais que se distinguiram em seus escritos. Ele viu a necessidade de enfatizar a realidade e a importância da legislação social e dos direitos sociais, em oposição ao que ele chamou de direito individual. O direito seria a normatividade social, onipresente e multiforme. Surge espontaneamente e regula a vida social a partir de vários centros, e o Estado nunca consegue controlar o direito, mesmo dizendo que possui o monopólio jurídico e a soberania.

Inocêncio Galvão Telles, catedrático da Faculdade de Direito de Lisboa, bem sintetiza essa questão na lição que segue:

> *O Direito é necessário. Não é uma criação arbitrária; existe imprescindivelmente. Os homens, sem dúvida, em fase adiantada do progresso, intervêm na sua criação. A nossa Assembleia Nacional, o nosso Governo, com frequência criam Direito, através de leis, decretos-leis, regulamentos. Há aí uma atividade racional, orientada no sentido da formação do Direito, nos termos que aos governantes se afiguram como os melhores para satisfazer as necessidades e exigências da vida. **Mas, ainda que não houvesse esta criação racional e um pouco artificial, o Direito necessariamente brotaria como floração espontânea da sociedade.** Foi assim que aconteceu noutros tempos sob a forma de costumes, e isso mostra o caráter necessário do Direito.*[3]

---

[3] TELLES, Inocêncio Galvão. *Introdução ao estudo do direito*. 9. ed. Lisboa: Livraria Petrony, 1994. v. I. p. 27.

15. PROVISORIEDADE E MUTABILIDADE DAS NORMAS DE DIREITO

Os defensores do direito natural, conforme já assinalamos, tanto os que o concebiam como tendo origem na Divindade como aqueles que o entendiam fruto da razão, consideravam o direito um conjunto de princípios permanentes, estáveis e imutáveis.

Tal concepção, entretanto, não se ajusta ao ponto de vista sociológico, que o considera produto social. Se o Direito emana do grupo social, não pode ter maior estabilidade que o grupo. Este, como é sabido, sofre constantes modificações.

Se pudéssemos isolar um grupo por um período de dez ou vinte anos, mesmo assim haveríamos de constatar, no fim desse tempo, que o grupo social havia sofrido profundas modificações: os adultos envelheceram, os jovens tornaram-se adultos, as crianças tornaram-se jovens, com concepções e visões diferentes da vida.

Assim é porque o próprio ser humano está em constante mudança: mudam os hábitos, pensamentos etc. da criança para o adolescente, do adolescente para o jovem, do jovem para o adulto, do adulto para o idoso, embora muitas vezes nem se perceba a mudança. Daí a razão do eterno choque de gerações entre jovens e adultos. Mudamos em nossa maneira de ser e queremos que os jovens de hoje se comportem como nós, que contestávamos na juventude exatamente aquilo que agora pensamos e fazemos.

Já os filósofos gregos haviam chamado a atenção para essa permanente mutabilidade das coisas e do próprio homem. Heráclito de Éfeso, fundador da Escola Jônica, na cidade onde nasceu,[4] afirmava: *Panta rhei* – tudo passa, tudo muda, tudo está em constante transformação.

Imaginemos agora o que se passa nos grupos modernos, em que há uma constante troca de influências recíprocas possibilitada em razão dos modernos meios de transporte e comunicação. Mal um fato ocorre aqui, o outro lado do mundo toma conhecimento quase imediatamente, e vice-versa. Temos hoje uma **sociedade global**; há quem fale em **aldeia global** para indicar a aproximação operada entre os países do mundo pela velocidade das comunicações, a disseminação internética, os impérios econômicos etc.

O mesmo acontece com hábitos, costumes, moda etc. Evidentemente, as mudanças nos grupos modernos são bem mais rápidas e constantes do que nos grupos primitivos.

Como pode o Direito, sendo originário do grupo, permanecer imutável, quando esse mesmo grupo se modifica constantemente? Mudando o grupo, mudam-se também as normas de Direito, razão pela qual, do ponto de vista sociológico, não tem o Direito caráter estável ou perpétuo, mas, sim, sujeito a modificações.

A observação, assinalou Lévy-Bruhl, *prova, de maneira clara, que o Direito está sujeito a transformações contínuas, pois o simples confronto com os diferentes sistemas*

---

[4] 540-470 a.C., aproximadamente.

jurídicos do passado ou dos países estrangeiros basta para dar ideia da prodigiosa diversidade das normas de direito aplicadas na superfície do globo.[5]

Aqui mesmo em nosso país profundas modificações foram feitas em nossa ordem jurídica para ajustá-la às novas realidades sociais decorrentes das transformações por que passamos nas últimas décadas. Tivemos uma nova Constituição em 1988, que, por sua vez, já sofreu quase uma centena de emendas; o Código de Processo Civil, depois de sofrer uma série de alterações, acabou sendo substituído por um novo Código em 2015; espera-se para breve um novo Código de Processo Penal.

Tão incontestável é o caráter provisório do direito que alguns adeptos do direito natural conceberam uma noção que denominaram "direito natural de conteúdo variável".

Destaca-se, por derradeiro, como já ficou demonstrado, que, em qualquer tipo de atividade realizada pelo indivíduo na sociedade, seja de cooperação, seja de concorrência, podem surgir conflitos e que o Direito se propõe, primeiramente, a preveni-los; quando não consegue impedir que ocorram, empenha-se em compô-los.

16. CONCEITO SOCIOLÓGICO DO DIREITO

Juntando todas as características até aqui examinadas, podemos formular o seguinte conceito sociológico de Direito: **conjunto de normas de conduta, universais, abstratas, obrigatórias e mutáveis, impostas pelo grupo social, destinadas a disciplinar as relações externas do indivíduo, objetivando prevenir e compor conflitos.**

Trata-se de normas universais porque se destinam a todos; abstratas porque são elaboradas para casos hipoteticamente considerados; obrigatórias porque são de observância necessária, coercitivas; mutáveis porque sujeitas a constantes transformações; impostas pelo grupo, e não somente pelo Estado.

Concluímos este capítulo com a precisa e oportuna lição de Humberto Theodoro Júnior:

> *O que o direito faz é manejar a técnica de aperfeiçoar e tornar possível a vida social ou gregária, da qual o homem não pode prescindir. Mas o faz segundo uma perspectiva do futuro na do passado: a antevisão do que se deseja fazer acontecer e não do que naturalmente deveria acontecer. **É a própria sociedade que vai jurisdicizando o que entende necessário exigir de seus membros, e dessa maneira vai criando as regras do direito positivo, aproveitando-se, quase sempre, de outras fontes normativas não cogentes, como a ética, a religião, a política, a economia etc.**[6]*

---

[5] LÉVY-BRUHL, Henri. *Sociologia do Direito*. São Paulo: Difusão Europeia do Livro, 1964. p. 33.
[6] THEODORO JÚNIOR, Humberto. *Direitos do consumidor*. 5. ed. Rio de Janeiro: Forense, 2008. p. 287-288.

Capítulo 4
FATORES DA EVOLUÇÃO DO DIREITO

Fatores econômicos: influência do fator econômico sobre o Direito romano e sobre o Direito moderno. Fatores políticos. Fatores culturais: concepção de cultura. Fatores religiosos. Outros fatores sociais.

O Direito, em sua concepção sociológica, é o produto de múltiplas influências sociais. Não são regras permanentes e inalteráveis, mas, sim, como vimos no capítulo anterior, sujeitas a constantes modificações, porque se originam no grupo social – e o grupo está em permanente transformação.

Tal como a agulha magnética sob a ação de uma corrente elétrica, há fatores sociais que agem sobre o Direito, fazendo-o oscilar. Observa-se aqui, com muita nitidez, a influência condicionante da sociedade sobre o Direito como fato, da qual falava Siches, tornando-o um produto de processos sociais.[1]

Inicialmente, pode-se dizer que, sendo o Direito uma decorrência das relações sociais, um produto da sociedade, tudo o que agir sobre a sociedade produzirá reflexo também sobre o Direito.

Inúmeros são, pois, os fatores sociais que concorrem para a evolução do Direito, não sendo possível, neste modesto trabalho, examiná-los todos. Vamos apenas destacar aqueles que, em nossa opinião, são os principais, a saber: os fatores econômicos, políticos, culturais e religiosos.

17. FATORES ECONÔMICOS

A estrutura econômica de uma sociedade reflete-se diretamente no seu ordenamento jurídico. O sistema de propriedade, as formas de produção (indústria, agricultura etc.), as relações entre empregados e patrões – tudo isso se reflete na ordem jurídica, influenciando-a.

---

[1] Ver capítulo 8.

A organização social tem o seu ponto básico de articulação no modo pelo qual os homens produzem, possuem e comerciam. Assim sendo, podemos afirmar, sem possibilidade de erro, que o Direito vai se modificando à medida que vai se alterando a estrutura econômica da sociedade.

Tão marcante é a influência da economia sobre o Direito que alguns autores chegam a se posicionar no sentido de conceber o Direito como reflexo, exclusivamente, da constituição econômica, como K. Marx e F. Engels, criadores do materialismo histórico. Para eles, o fator econômico era a mola mestra da história, os demais fenômenos culturais não passavam de simples reflexos superestruturais das forças genéticas armazenadas pelas relações econômicas de produção.

Seligman, citado por Hermes Lima, afirma que *"todo o desenvolvimento jurídico se torna inexplicável se o isolam das forças econômicas. Nesse sentido, o fato econômico é a causa, a situação legal, o resultado".*[2]

Achille Loria, *"que dedicou especial atenção às relações entre direito e economia"*, assinala que *"raças e nações as mais diferentes têm de sujeitar-se ao mesmo direito quando são iguais as relações econômicas nelas dominantes e que a nação sofre mutação radical do próprio direito quando, com o crescimento da população, sua estrutura econômica se transforma".*[3]

Sem dúvida constitui exagero considerar o Direito reflexo exclusivo da constituição econômica, embora não se possa negar que, entre as forças modeladoras do Direito, o fator econômico é o que exerce uma influência mais decisiva, ainda que seguido de muito perto pelo político.

17.1. Influência do fator econômico sobre o Direito romano

Em Roma, como observou Lévy-Bruhl,[4] a sociedade, inicialmente, compunha-se de camponeses que viviam da lavoura; tinham que tirar da terra o seu sustento. Por isso, os costumes desses camponeses, ao nos serem acessíveis, eram os que mais convinham a agricultores. Caracterizavam-se por forte concentração de poderes nas mãos do *pater familias* e rígida disciplina doméstica.

Todos os membros do grupo doméstico estavam submetidos à autoridade do chefe, o único dotado de capacidade jurídica. Os demais membros não tinham qualquer iniciativa nem autonomia, não importando idade ou situação social. Uniam-se todos em

---

[2]   LIMA, Hermes. *Introdução à Ciência do Direito*. 12. ed. Rio de Janeiro: Livraria Freitas Bastos, 1969. p. 293.
[3]   LIMA, Hermes. *Introdução à Ciência do Direito*. 12. ed. Rio de Janeiro: Livraria Freitas Bastos, 1969. p. 293.
[4]   LÉVY-BRUHL, Henri. *Sociologia do Direito*. São Paulo: Difusão Europeia do Livro, 1964. p. 80 e ss.

torno do *pater familias* para a produção dos bens necessários à sobrevivência do grupo. Tal direito estava perfeitamente adequado a uma sociedade de pequenos agricultores.

Aí pelo século III antes de Cristo, os agricultores romanos tornaram-se comerciantes. Lançaram-se ao mar, entraram em contato com outros povos, dedicaram-se com grande intensidade à compra e à venda de mercadorias.

Essa modificação na estrutura econômica imediatamente repercutiu no direito. A organização da família tornou-se menos rígida, passando a ser submetida ao controle da sociedade global, e não mais exclusivamente ao *pater familias*. Encontrou-se um meio para liberar o filho da tirânica autoridade do pai – a emancipação; outro meio para libertar a mulher casada da autoridade do marido – o casamento *sine manu*; multiplicaram-se os sistemas de manumissão de escravos; o formalismo atenuou-se com a introdução da noção de boa-fé no direito, indispensável no comércio, e operações foram inventadas para as quais o simples consentimento podia gerar obrigações; os estrangeiros deixaram de ser tratados como inimigos e passaram a ser amigos.

17.2. Influência do fator econômico sobre o Direito moderno

Algo idêntico ao ocorrido em Roma desenvolveu-se quando da criação da grande indústria e do maquinismo, no fim do século XVII. Surgiu uma nova classe, enriquecida pela posse de capitais mobiliários, em decorrência do enfraquecimento correlativo dos proprietários de terras. A burguesia ascendeu ao poder político.

Aos poucos foram surgindo os grandes organismos econômicos, nacionais e multinacionais, acarretando isso tudo um tremendo abalo na ordem jurídica. Novos ramos do direito foram brotando no velho tronco do Direito Civil e aos poucos ganhando autonomia, tais como o direito comercial, do trabalho, industrial, econômico etc.

Lembra Machado Neto: "*A própria instituição da escravidão, sua substituição pelo servilismo durante o regime feudal e sua posterior superação pelo assalariado na moderna sociedade burguesa, são transformações econômicas de repercussão imensa sobre o status pessoal em geral, e sobre a condição jurídica do homem trabalhador em particular*".[5]

Contudo, os melhores exemplos da influência do **econômico** sobre o **jurídico** podem ser encontrados na própria realidade econômica atual.

A revolução industrial, juntamente com o desenvolvimento científico e tecnológico, causou profundas transformações na economia, e estas, por sua vez, impuseram modificações na ordem jurídica. A produção massificada de produtos e serviços gerou o consumo massificado, extremamente dinâmico e impessoal. Em consequência, o modelo contratual tradicional, fortemente influenciado pelos dogmas do liberalismo, revelou-se insuficiente para atender a uma sociedade industrializada, caracterizada, repita-se, pela produção e distribuição em massa.

---

[5] NETO, Machado. *Sociologia jurídica*. 2. ed. São Paulo: Saraiva, 1990. p. 244.

Para se ajustar a essa nova realidade econômica, a disciplina dos contratos sofreu uma profunda modificação. Os **contratos paritários**, aqueles cujas cláusulas são discutidas individualmente e em condições de igualdade, tornaram-se exceção no comércio jurídico, substituídos que foram pelos **contratos de adesão**, verdadeiros contratos de massa, nos quais as cláusulas ou condições gerais são preestabelecidas pelo próprio fornecedor e aplicadas a toda uma série de futuras relações contratuais.

Mas não foi suficiente. Embora essa nova fórmula jurídica de contratação padronizada tenha atendido, por algum tempo, às necessidades dessa sociedade de consumo, conferindo celeridade à atividade produtiva e acesso ao consumo de um número cada vez maior de produtos e de serviços, rapidamente se desvirtuou, passando a servir aos interesses dos poderosos para **práticas abusivas**. O consumidor não mais tinha escolha: ou aceitava os termos estabelecidos pelos fornecedores para a aquisição de produtos ou serviços, ou simplesmente não os contratava.

Examinado o problema em profundidade, constatou-se que a reestruturação da ordem jurídica nas relações de consumo passava por algo muito mais abrangente do que uma mera atualização pontual da lei. Na realidade, exigia uma nova postura jurídica capaz de permitir o delineamento de um **novo direito**, fundado em princípios modernos, eficazes e justos. E foi assim que surgiu o **Direito do Consumidor** no Brasil, em cumprimento ao disposto no art. 5º, XXXII, da Constituição de 1988: "*O Estado **promoverá**, na forma da lei, a defesa do consumidor*", consolidado no Código de Defesa do Consumidor.[6]

Registre-se, por derradeiro, que as crises econômicas ocorridas nas últimas décadas, a começar pelos choques do petróleo, passando pela crise do México e da Rússia, até chegar à crise mundial de 2008/2009, causaram profundo impacto na ordem jurídica de todos os países, principalmente dos mais desenvolvidos.

Na verdade, a crise econômica mundial, desencadeada em setembro de 2008 após a quebra do banco Lehman Brothers, pôs os serviços financeiros sob os holofotes e revelou que os consumidores estavam expostos a riscos inaceitáveis no mundo todo. Os bancos estavam engajados em negócios especulativos que traziam pouco ou nenhum benefício ao cliente, mas expunham os correntistas a altíssimos níveis de risco.

Medidas jurídicas emergenciais foram tomadas pelas maiores potências do mundo para enfrentar a crise e restabelecer o equilíbrio econômico, e outras ainda estão sendo tomadas para que esse tipo de prática não se repita – reforço do sistema regulatório, maior controle dos serviços financeiros etc. A crise causou também um impacto terrível na confiança do consumidor, impondo que os governos e reguladores tomassem medidas jurídicas para reconstruir a confiança no sistema.

Isso tudo evidencia que o **econômico** é anterior ao **jurídico** e, ao longo da evolução social, persiste em inovar e a surpreender o legislador. "*Não é o direito que cria a realidade da circulação de riquezas. Ele apenas constata essa realidade e procura

---

[6] Lei n. 8.078, de 11.09.1990.

outorgar à sociedade instrumentos que orientem as pessoas a se garantir contra práticas abusivas e conta com o apoio da autoridade estatal para atingir os resultados econômicos legítimos, dentro de um ambiente de equilíbrio e segurança."[7]

18. FATORES POLÍTICOS

A palavra "política", embora ligada, etimologicamente, a *polis* (cidade), modernamente é utilizada para designar a ciência e a arte de governar, abrangendo as relações entre o indivíduo e o Estado, as relações dos Estados entre si, bem como as funções e atribuições do Estado.

Se bem examinarmos o conjunto de atribuições do Estado, veremos que é exatamente por meio da regulamentação jurídica que o Estado as exerce. Por isso, já houve quem identificasse Estado e Direito (*vide Teoria marxista*, primeiro capítulo) e ainda hoje é a perspectiva da maioria dos juristas em face do Estado. É que os juristas enfocam o direito exclusivamente pelo ângulo da ciência jurídica, pelo seu aspecto normativo puro, como já o fazia Kelsen, razão pela qual sua teoria foi tão mal compreendida pelos sociólogos.

Sem entrar em polêmica, voltamos a enfatizar que, do ângulo sociológico em que nos situamos, há uma nítida distinção entre o Direito e o Estado, embora não se possa negar a proximidade em que se situam, este se realizando socialmente por meio daquele.

A aparição do poder político, como observou Nordi Greco, longe de ser o responsável pela gênese do direito, é apenas um evento que exerce uma reação grave e imediata, tanto na função e estrutura jurídicas como no conteúdo do direito.[8]

Por essa razão, o regime político de um país exerce influência direta sobre suas regras de Direito Público e até de Direito Privado. Segundo o regime em que se vive, monárquico, aristocrático, feudal ou democrático, o Direito Constitucional – a estática do Estado –, bem como o Direito Administrativo e o Direito Fiscal – a sua dinâmica –, apresentará peculiaridades.

A própria organização da família, a aquisição e o uso da propriedade, a livre-iniciativa comercial ou econômica, as relações entre empregados e patrões etc. assumirão aspectos variantes, de maior ou menor rigidez, dependendo dos fatores políticos vigentes. A disciplina jurídica do direito de propriedade, em um país comunista, tem orientação oposta à de um país capitalista.

Tão logo chega ao poder um novo partido político, arregimenta forças políticas para realizar as reformas apregoadas pela sua ideologia política: reformas constitucionais, administrativas, tributárias, previdenciárias etc. que afetarão milhões de pessoas. Os países socialistas modelam o seu Direito colocando o corpo social em primeiro

---

[7] THEODORO JÚNIOR, Humberto. *Direitos do consumidor*. 5. ed. Rio de Janeiro: Forense, 2008. p. 3.
[8] GRECO, Nordi. *Sociologia jurídica*. Buenos Aires: Atalaya, 1949. p. 310.

plano e o indivíduo em plano secundário; os liberalistas, de natureza individualista, reconhecem a autonomia da vontade individual; os nacionalistas privilegiam a área econômica e assim por diante. Lamentavelmente, o nazismo exerceu uma influência catastrófica sobre a ordem jurídica então vigente.

A influência dos fatores políticos sobre o Direito torna-se mais patente no caso de revolução. Mal concluída a tomada do poder pelo grupo revolucionário, surge um Direito novo, substituindo aquele que servia de sustentáculo normativo ao sistema social, político e econômico contra o qual a revolução se lançou.

Anota Paulo Nader:

> *A revolução é um acontecimento político motivado pela insatisfação social quanto às instituições e regime vigentes. Caracteriza-se por dupla ação: intelectual e de força. Pressupõe idealismo, que se funda em novas concepções, em uma ideologia que se pretende implantar na organização social. Imbuído pelo chamado espírito revolucionário, o grupo que destituiu os governantes e assume o poder deve iniciar o trabalho de reformulação social, de acordo com a filosofia preconizada. É com essa mudança efetiva que a revolução se completa.* **Se o movimento contraria o sistema de legalidade do Estado, possui o poder de instituir uma nova ordem jurídica. A legitimidade do Direito criado baseia-se no apoio popular, pois a revolução implica adesão social.** *A possibilidade de instauração de um novo Direito, notadamente o Constitucional, é básica, pois a luta revolucionária exige um novo instrumental jurídico capaz de dar validade e eficácia às transformações que visa a operar no quadro social.*[9]

Esse novo Direito, refletindo as novas tendências políticas, traz no seu bojo a intenção de legitimar e justificar o poder, com o que se fecha o ciclo revolucionário.

Assim foi na Grécia, com a Legislação de Sólon, como lembrou Machado Neto,[10] que significou a superação de uma questão social; assim foi em Roma, com a Lei das XII Tábuas, que estabeleceu uma nova relação entre patrícios e plebeus; assim no mundo medieval, com a Magna Carta (1215); assim no mundo contemporâneo, com a Declaração dos Direitos do Homem e a Legislação Napoleônica, decorrentes da vitória da Revolução Francesa; e assim até mesmo no Brasil, no que diz respeito às nossas Constituições de 1824, 1891, 1934, 1937, 1946, 1967 e 1988. A primeira resultou da revolução da independência; a segunda, da república; a terceira, das revoluções de 1930 e 1932; a quarta, do advento do fascismo e do Estado Novo; a quinta, da redemocratização do País após a guerra que derrotou o fascismo no plano internacional; a sexta, da revolução de 1964; a última, da redemocratização do Estado brasileiro.

---

[9] NADER, Paulo. *Introdução ao estudo do direito*. 21. ed. Rio de Janeiro: Forense, 1997. p. 56.
[10] NETO, Machado. *Sociologia jurídica*. 2. ed. São Paulo: Saraiva, 1990. p. 161.

Atualmente, o que normalmente ocorre é a conjugação de dois ou mais fatores para operar a modificação da ordem jurídica, como se pode ver pelo fato noticiado pelo *O Globo* de 13.07.2010: "*A reforma financeira proposta pelo presidente Barack Obama consegue apoio de senadores da oposição para aprovar o maior projeto de regulação do sistema financeiro dos Estados Unidos, desde 1930*". Em face da grave crise econômica que se iniciou nos Estados Unidos em 2008 e se alastrou pelo mundo todo, principalmente pelos países da Europa, tornou-se imperiosa uma reforma radical no sistema financeiro americano. Eis aí o fator econômico. Essa reforma, entretanto, só se tornou possível mediante um grande entendimento político, envolvendo até os senadores do partido de oposição ao presidente Obama. Eis aí o fator político.

Entre as principais consequências da atuação dos fatores políticos sobre o direito, mencionados por Machado Neto, destacamos as seguintes:

1) *O direito sofre, necessariamente, o impacto de uma tendência centralizadora. Da norma indiferenciada passa-se à centralização jurisdicional e daí à centralização legislativa.*

2) *Criam-se condições objetivas para o aparecimento gradativo da distinção entre direito público e privado: o primeiro como a regulamentação da conduta dos indivíduos naqueles pontos que mais de perto dizem respeito ao interesse coletivo ou estatal; e o segundo, em que o interesse dominante é o dos particulares.*

3) *Aparecimento das condições objetivas para o direito separar-se das normas sociais: o direito passa a ser a norma estatal por excelência; a moral e as normas do trato vão aparecer como as formas específicas da socialização, quando esta é realizada diretamente pela sociedade e pelos diversos grupos sociais extra estatais.*[11]

19. FATORES CULTURAIS

Se compararmos o direito de uma sociedade culturalmente desenvolvida com o de outra inculta, constataremos imediatamente a necessária harmonia existente entre a ordem jurídica e os fatores de cultura. O direito evolui acompanhando a evolução cultural, a ponto de podermos afirmar ser ele o aspecto cultural de um povo.

Cada povo tem sua peculiaridade, sua tendência ou dom natural. A Grécia, por exemplo, notabilizou-se pela arte, pela cultura; os hebreus pela religião; os fenícios pela navegação; Roma pelo direito. Afinal, o direito de cada um desses povos reflete o aspecto cultural em que mais se desenvolveram, e, quando a cultura de um é colocada em contato com a de outro, há influências recíprocas sobre o direito de cada um. A conquista da Grécia, como é sabido por todos, exerceu influência decisiva, não apenas nas artes e na literatura romanas mas também nas suas instituições jurídicas.

---

[11] NETO, Machado. *Sociologia jurídica*. 2. ed. São Paulo: Saraiva, 1990. p. 305-306.

19.1. O que é cultura?

Há, na mitologia grega, um personagem – Prometeu –, lembrado por Machado Neto,[12] que bem ajuda nessa tarefa de conceituar a cultura.

Quando da criação do mundo, Epimeteu conseguiu para os animais, seus protegidos, tudo aquilo que lhes era necessário para a sobrevivência: dentes fortes e agudos para alguns, força descomunal para outros, pelos abundantes, chifres pontiagudos, cascos resistentes, espinhos, carapaças, destreza invulgar etc. Para o homem nada restou, ficando ele nu e desamparado na natureza.

Foi então que Prometeu, com pena do homem, subtraiu um archote do carro flamejante de Zeus e deu-o de presente à humanidade.

Indignado com a ousadia de Prometeu, amigo dos homens, o rei dos deuses submeteu-o a cruel castigo, acorrentando-o ao Cáucaso, onde um abutre vinha periodicamente lhe devorar o fígado. Assim agira Zeus porque sabia que, de posse do fogo divino, o homem se tornaria um verdadeiro semideus, de criatura passaria a criador, capaz de transformar em utilidade, em armas de defesa e ataque, tudo aquilo em que colocasse as mãos.

Na verdade, assim foi, pois, com base nos conhecimentos que adquiriu e desenvolveu, o homem transformou pedra em machado, pele de animais em vestuário, metais encontrados na natureza em máquinas e instrumentos agrícolas. Com o seu desenvolvimento cultural, conseguiu dominar as forças da natureza, domesticar os animais, disciplinar a lavoura, criar a arte, a ciência, a religião, a técnica, o direito, a filosofia, a música, enfim, levar ao infinito os seus conhecimentos.

Só o homem acende fogo e dele se utiliza; só ele domestica animais, constrói cidades, inventa máquinas, escreve poesias. Só o homem tem condições de criar um mundo próprio, o mundo dos objetos, dos produtos de sua mão e de seu pensamento. É o denominado mundo cultural humano, cuja natureza e cujas leis não se confundem nem com as do mundo físico nem com as do psiquismo individual. Integrado por símbolos e objetos, por instrumentos e modos de pensar, por normas de condutas e instituições, assenta-se o mundo humano tanto na atividade espiritual como na atividade material dos homens.[13]

Cultura é isso. Conjunto de tudo aquilo que, nos planos material e espiritual, o homem constrói sobre a base da natureza, quer para modificá-la, quer para modificar-se a si mesmo. Conhecimentos que vão se formando, transmitindo-se a outras gerações como autêntica herança social. O conjunto dos utensílios e instrumentos, das obras e dos serviços, assim como das atitudes espirituais e formas de comportamento que o homem veio formando e aperfeiçoando, por meio da história, como cabedal ou patrimônio da espécie humana.[14]

---

[12] NETO, Machado. *Sociologia jurídica*. 2. ed. São Paulo: Saraiva, 1990. p. 155-156.
[13] LIMA, Hermes. *Introdução à Ciência do Direito*. 12. ed. Rio de Janeiro: Livraria Freitas Bastos, 1969. p. 7-8.
[14] REALE, Miguel. *Lições preliminares de direito*. 12. ed. São Paulo: Saraiva, 1985. p. 25-26.

Na definição de Taylor, citado por Hermes Lima, "*cultura é o conjunto de conhecimentos, crenças, artes, de regras morais, jurídicas e de costumes, e de quaisquer outras aptidões do homem, por ele adquiridas em sua condição de membro da sociedade*".[15]

Nos tempos modernos, a intercomunicação social é poderoso fator de formação e desenvolvimento cultural, ao passo que o isolamento retarda o progresso da cultura do povo, gerando a estagnação e a imobilidade, como ocorreu durante muitas décadas com alguns países.

A maior evidência de ser o Direito uma manifestação de cultura social, um fenômeno cultural, está no fato de surgirem novos ramos do Direito à medida que se expande o mundo cultural do povo. Falamos hoje em Direito Espacial, Nuclear, das Telecomunicações etc., realidade somente possível graças ao progresso científico dos tempos modernos.

20. FATORES RELIGIOSOS

Nos povos antigos, o direito não se diferenciava da religião. Praticamente se confundiam porque o poder, a autoridade, o direito e a religião emanavam da mesma divindade e quase sempre estavam centralizados nas mãos da mesma pessoa. Quando o chefe político não era também o líder religioso, este partilhava do poder, exercendo imensa influência sobre o povo.

Em alguns povos, como os egípcios, os hebreus e os caldeus, torna-se difícil distinguir legislador de profeta, jurista de sacerdote, código de livro sagrado, lei de tabu, crime de pecado, processo de ritual, pena de purgação do pecado. As legislações eram, portanto, repletas de rituais, preceitos e proibições de ordem religiosa.

Os primeiros intérpretes do direito foram os sacerdotes, homens talhados para tal ofício pela natureza das ocupações que desempenhavam nas sociedades rudimentares. Tinham a posse dos postos de comando (legisladores, chefes militares, conselheiros), o que correspondia à posse também da riqueza e dos privilégios. Os sacerdotes contavam com a crença popular que os considerava inspirados pelos deuses e cercavam o direito de um formalismo terrível, convertendo-o em ciência de iniciados, inacessível ao povo. Tudo era conservado em segredo na mesma família, transmitindo-se de pai para filho o monopólio de conhecer o direito.

Somente após um lento e prolongado processo de secularização, sob o impacto de civilizações mais adiantadas, o direito foi se separando da religião – o mundo profano do sagrado.

Hoje, pode-se dizer que a religião, de modo geral, se ocupa com o foro íntimo, com a consciência pessoal, ao passo que o direito trata do foro externo; a religião se preocupa com as relações entre o homem e a divindade, enquanto o direito

---

[15] LIMA, Hermes. *Introdução à Ciência do Direito*. 12. ed. Rio de Janeiro: Livraria Freitas Bastos, 1969. p. 13.

disciplina as relações sociais que se travam entre o homem e o homem, ou entre o homem e o grupo.

20.1. Influência da religião sobre o Direito

Alguns sistemas jurídicos, tal como entre os povos antigos, ainda hoje estão profundamente impregnados de religião, a exemplo do que ocorre no Mundo Islâmico, onde regras jurídicas e religiosas praticamente se confundem. Entretanto, mesmo os sistemas jurídicos leigos, nos quais religião e direito não se confundem, e a Igreja está separada do Estado, não deixam de receber a influência constante dos fatores religiosos.

Como exemplo lembramos as transformações ocorridas no Direito romano, no que diz respeito a casamento, divórcio, filiação, estado jurídico da mulher etc., quando se defrontou com as ideias cristãs nos séculos III e IV de nossa era. Na Idade Média, quando da formação do Direito canônico, a religião continuou exercendo largamente a sua influência, culminando com a criação de novas instituições. Nos dias atuais, os países onde predomina o protestantismo são bem mais liberais para com certos assuntos jurídicos do que aqueles onde predomina o catolicismo. O divórcio, por exemplo, foi aprovado no Brasil depois de longa e sistemática campanha contrária que a Igreja lhe moveu. E até hoje não temos leis regulamentando o controle da natalidade em razão da acirrada oposição que setores conservadores religiosos lhe fazem.

20.2. Outros fatores sociais

Esses são os principais fatores sociais da evolução do Direito, mas, como estes, muitos outros existem a exercer idêntica influência, pois, sendo o direito um fenômeno social, repetimos, atuam sobre ele todos os fatores que atuam sobre a sociedade. O clima, o território, o número de habitantes, os recursos naturais, os grupos organizados e a própria opinião pública despertada pela mídia a respeito de algum caso rumoroso são outros tantos fatores da evolução do Direito.

Concluímos este capítulo com as palavras do saudoso e sábio Professor Oscar Tenório: "*a vida das normas jurídicas não é eterna; elaboradas para as relações dos homens em sociedade, têm o seu destino condicionado ao substractum social que elas disciplinam e ordenam*".[16] As mudanças na sociedade, mais cedo ou mais tarde, refletem em mudanças na legislação em vigor ou em uma nova interpretação dada a normas anteriores.

---

[16] TENÓRIO, Oscar. *Lei de Introdução ao Código Civil brasileiro*. Rio de Janeiro. Borsoi, 1955. p. 64.

Capítulo 6
A AUTONOMIA DA SOCIOLOGIA JURÍDICA COMO CIÊNCIA E SUAS RELAÇÕES COM OUTRAS CIÊNCIAS SOCIAIS

Autonomia da Sociologia Jurídica. Teoria tridimensional do direito: diferença entre a Sociologia Jurídica, a Ciência do Direito e a Filosofia do Direito. A eficácia, a vigência e o fundamento. O ser e o dever-ser. A História do Direito. Relação da Sociologia Jurídica com os demais ramos do Direito.

27. AUTONOMIA CIENTÍFICA DA SOCIOLOGIA JURÍDICA

A questão da autonomia da Sociologia Jurídica, como acontece com toda ciência nova, foi bastante controvertida. Muitos autores procuraram explicar, pelos instrumentos e métodos das ciências mais antigas, aquilo que se entendia constituir o objetivo da nascente sociologia do direito, e isso gerou controvérsias.

Na opinião de muitos sociólogos, a sociologia jurídica seria parte integrante da Sociologia, quando muito constituindo uma de suas especialidades. Para outros, juristas em geral, a sociologia do direito se confundiria com a própria ciência do Direito.

Entre os que pensam desta última maneira, podemos citar Edmond Jorion, para quem a Sociologia do Direito e a Ciência do Direito constituem uma só e mesma disciplina.[1]

Sem nos estendermos sobre a controvérsia, os prós e contras das várias posições, o que fugiria dos objetivos deste modesto trabalho, limitamo-nos a afirmar que a autonomia da Sociologia Jurídica é hoje reconhecida, pois tem objeto próprio, método e leis.

A Sociologia Jurídica, haveremos de ver, estuda a relação entre direito e sociedade, preocupando-se com a eficácia e as funções das normas jurídicas, mais propriamente

---

[1] JORION, Edmond. *De la sociologie juridique*: essai. Bruxelles: Université Libre de Bruxelles, 1967. p. 222.

com a análise sociológica dos sistemas jurídicos, o que lhe permite apreciar o sistema em sua totalidade e em relação ao seu contexto.

Não se confunde o objeto da Sociologia Jurídica com o de qualquer outra ciência que também se relacione com o direito, por isso que se preocupa apenas com o direito como um fato social concreto, integrante de uma superestrutura social. A finalidade da Sociologia Jurídica é estabelecer uma relação funcional entre a realidade social e as diferentes manifestações jurídicas, sob forma de regulamentação da vida social, fornecendo subsídios para suas transformações, no tempo e no espaço.

Na correta observação de Ana Lucia Sabadell, "*A Sociologia Jurídica examina as causas (sociais) e os efeitos (sociais) das normas jurídicas. Objeto da análise é a 'realidade jurídica', na tentativa de responder duas questões fundamentais: Por que se cria uma norma ou um inteiro sistema? Quais são as consequências do direito na vida social?*".[2]

É evidente, porém, que, embora se tratando de uma ciência autônoma, com objeto próprio e inconfundível, mantém a Sociologia Jurídica íntimas relações com todas as ciências sociais, principalmente com a Ciência do Direito e a Filosofia do Direito, com as quais tem muito em comum.

Como bem colocou Miguel Villoro Toranzo, "*o Jurista não deve lamentar o relacionamento do Direito com outras ciências, pelo contrário, nisso reside a grandeza da ciência jurídica, em oferecer uma síntese humanista, sob o signo da justiça, sobre os diversos aspectos da conduta social humana*".[3]

28. A TEORIA TRIDIMENSIONAL DO DIREITO

Quem melhor elucidou essa questão – distinção entre a Sociologia do Direito, a Filosofia do Direito e a Ciência do Direito – foi o genial Miguel Reale na sua teoria tridimensional do Direito, que assim pode ser resumida: onde quer que haja um fenômeno jurídico, há, sempre e necessariamente, **um fato** subjacente (fato econômico, geográfico, demográfico, de ordem técnica etc.); **um valor**, que confere determinada significação a esse fato, inclinando ou determinando a ação dos homens no sentido de atingir ou preservar certa finalidade ou objetivo; e, finalmente, **uma regra ou norma**, que representa a relação ou medida que integra um daqueles elementos ao outro, o fato ao valor. Tais elementos ou fatores (**fato, valor e norma**) não existem separados uns dos outros, mas coexistem em uma unidade concreta. Mais ainda, esses elementos ou fatores não só se exigem reciprocidade, mas atuam como elos de um processo, de tal modo que a vida do Direito resulta da integração dinâmica e dialética dos três elementos que a integram.[4]

---

[2] SABADELL, Ana Lucia. *Manual de sociologia jurídica*: introdução a uma leitura externa do direito. São Paulo: Ed. RT, 2002. p. 50.

[3] TORANZO, Miguel Villoro *apud* NADER, Paulo. *Introdução ao estudo do direito*. 21. ed. Rio de Janeiro: Forense, 1997. p. 375-376.

[4] REALE, Miguel. *Lições preliminares de direito*. 12. ed. São Paulo: Saraiva, 1985. p. 65.

A originalidade desse grande jurista brasileiro está, como se vê, na maneira como descreve o relacionamento entre os três componentes do fenômeno jurídico. **Fato, valor e norma** formam uma unidade fático-axiológico-normativa, *uma verdadeira trilogia*, uma espécie de santíssima Trindade do Direito. Cada um desses três fatores se refere aos demais e, por isso, só alcança sentido em conjunto, quando formam uma implicação dinâmica.

Daí resulta que "*o Direito não possui uma estrutura simplesmente factual, como querem os sociólogos; valorativa, como proclamam os idealistas; normativa, como defendem os normativistas. Essas visões são parciais e não revelam toda a dimensão do fenômeno jurídico. Este congrega aqueles componentes, mas não em uma simples adição. Juntos vão formar uma síntese integradora, na qual cada fator é explicado pelos demais e pela totalidade do processo*".[5]

Na realidade, a percepção da relevância do fato social na formação do Direito não é nova. O grande Ihering já dizia que o direito nasce dos fatos – *facto jus oritur*. Todavia, não é qualquer **fato social** que faz nascer o Direito; somente o fato que tem relevância jurídica. E esse fato é aquele que se ajusta à hipótese prevista na **norma** (fato abstrato). Quando, no mundo real, ocorre um fato que se ajusta à hipótese prevista na norma (*fato jurígeno*), a norma incide sobre esse fato, atribuindo-lhe efeitos jurídicos. Eis aí o ***fato jurídico***, que, como sabido, é o acontecimento capaz de produzir consequências jurídicas, como o nascimento, a extinção e a alteração de um direito subjetivo.

Assim, o fato social serve de suporte à definição do fato jurídico pela norma, mas não todos os fatos sociais, apenas aqueles que têm relevância jurídica. Inúmeros fatos sociais não têm repercussão no mundo jurídico, razão pela qual deles o Direito não se ocupa. Enquanto não houver norma que os regule, não se transformarão em fato jurídico, permanecendo como fato social, apenas.

Entretanto, indaga-se, o que faz que um fato social tenha relevância jurídica? Aí que atua o **valor**, o terceiro elemento da trilogia do Direito.

Valor é o elemento moral do Direito, sua essência ética. Toda sociedade tem uma escala de valores ligada à ideia de poder, importância, necessidade material, moral ou econômica, acerca de condutas, posições, entendimentos e coisas. Essa escala de valores vai se formando e se modificando ao longo do tempo de acordo com correntes ideológicas (pensamentos, teorias, opiniões, ideias) existentes em determinado momento e em determinada sociedade – liberdade, escravidão, família, casamento, dignidade, igualdade etc.

Na realidade, "não vivemos no mundo de maneira indiferente, sem rumos ou sem fins. Ao contrário, a vida humana é sempre uma procura de **valores**. Viver é sempre indiscutivelmente optar diariamente, permanentemente, entre dois ou mais valores. A existência é uma constante tomada de posição segundo valores. Se suprimirmos a

---

[5] NADER, Paulo. *Introdução ao estudo do direito*. 21. ed. Rio de Janeiro: Forense, 1997. p. 378.

ideia de valor, perderemos a substância da própria existência humana. Viver é, por conseguinte, uma realização de fins".⁶

Dessa forma, a compreensão do fenômeno jurídico, em sua integralidade, não pode prescindir da visão conjunta dos três fatores do Direito. O **fato social**, como suporte à definição do fato jurídico; a **norma jurídica** que, como reguladora do fato social, transformando-o em fato jurídico, representa a valoração do fato feita pela sociedade; o **valor**, como elemento moral do Direito, sua essência ética (paz social, bem comum, justiça, segurança), para que se possa ter um Direito que cumpra a sua função social. **A norma**, para prosperar, necessita estar em harmonia com os valores sociais e manter-se fiel aos seus conceitos motivadores. A lei educa, pode corrigir e até transformar a sociedade se prestigiar os valores que a sociedade reconheça como bons, justos e dignos de tutela. Quando mudam os valores, mudam os paradigmas e mudam com eles a própria sociedade, devendo a norma acompanhá-los.

Na correta visão de Reale, o Direito forma-se da seguinte maneira: **um valor** – podendo ser mais de um – incide sobre **um prisma** (área dos fatos sociais) e se refrata em um **leque de *normas possíveis***, competindo ao poder estatal escolher apenas uma, capaz de alcançar os fins procurados. Um valor pode desdobrar-se em vários *dever-ser*, cabendo ao Estado a escolha, a decisão; toda lei é uma opção entre vários caminhos; o fato nunca será isolado, mas um *conjunto de circunstâncias*. Na concepção do autor dessa *teoria tridimensional*, o Direito é uma realidade fático-axiológico-normativa, que se revela como produto histórico-cultural, dirigido à realização do bem comum. Apesar de sua natureza dinâmica, o Direito possui um *núcleo resistente*, uma *constante axiológica*, invariável no curso da história.

Pois bem, esses três fatores inseparáveis do Direito – **fato, norma e valor** – vão constituir o objeto de três ciências distintas, embora afins: a Sociologia Jurídica, a Ciência do Direito e a Filosofia do Direito.

A Sociologia Jurídica tem por objeto, como já ficou dito, o direito fato; a Ciência do Direito se preocupa com a norma; a Filosofia do Direito dedica-se ao direito em seu aspecto valor.

28.1. Diferença entre a Sociologia Jurídica e a Ciência do Direito

O fato é o acontecimento social referido pelo Direito objetivo. São as relações sociais, fatos interindividuais que envolvem interesses básicos para a sociedade e que, por isso, se enquadram dentro dos assuntos regulados pela ordem jurídica. Implica isso dizer que a Sociologia Jurídica descreve a realidade social do direito sem levar em conta sua normatividade. Preocupa-se com a existência do direito como produto ou fenômeno social, decorrente das inter-relações sociais, e não como foi concebido ou equacionado pelo legislador. A sociologia deve apenas relatar e registrar o fato sem se envolver com valores, ideologias ou normas. É tarefa do sociólogo descrever os fatos.

---

⁶ REALE, Miguel. *Lições preliminares de direito*. 12. ed. São Paulo: Saraiva, 1985. p. 26.

A **norma** consiste no padrão de comportamento social a ser adotado em cada caso. *"Ao disciplinar uma conduta, o ordenamento jurídico dá aos fatos da vida social um modelo, uma fórmula de vivência coletiva".*[7] Com efeito, a palavra "norma", que nos lembra *incontinenti* aquilo que é normal, traduz a previsão de um comportamento que, à luz da escala de valores dominante em uma sociedade, deve ser normalmente esperado ou querido como comportamento normal de seus membros. Representa, assim, um módulo ou medida da conduta. Cada regra nos diz até que ponto podemos ir, dentro de que limites podemos situar a nossa pessoa e a nossa atividade. Qualquer regra que examinarmos apresentará essa característica de ser uma delimitação do agir; **toda norma enuncia algo que *deve ser*, em virtude de ter sido reconhecido um valor como razão determinante de um comportamento obrigatório.** Há, pois, em toda regra um *juízo de valor*, cuja estrutura mister é esclarecer.[8]

Esse é o campo da Ciência do Direito. Estuda o Direito pelo seu aspecto normativo, isto é, o conjunto de leis e regras escritas e emanadas do Estado. A Sociologia Jurídica não visa à norma jurídica como tal, mas, sim, a sua eficácia e efetividade, no plano do fato social. À Ciência do Direito interessa o conhecimento das normas jurídicas, que enunciam não o que sucedeu ou como sucedeu, mas o que deve acontecer, já que o objeto do saber jurídico é o Direito, e o Direito é a norma, nada mais que a norma (Kelsen).

Em suma, o legislador não se limita a descrever um fato como ele é, à maneira do sociólogo, mas, baseando-se naquilo que é, determina que algo deve ser, com a previsão de diversas consequências, caso se verifique a ação ou a omissão, a obediência à norma ou a sua violação.[9] Assim, a norma pode ser também definida como um juízo hipotético destinado a expressar que fazer ou não fazer algo deve acompanhar-se de uma medida de coação por parte do Estado.

28.2. Distinção entre a Sociologia Jurídica e a Filosofia do Direito

À Filosofia do Direito, que objetiva o estudo do direito no seu aspecto **valor**, cabe determinar sua formação e seu desenvolvimento em relação aos elementos infraestruturais da sociedade, ressaltando a dependência de suas modificações. Preocupa-se com correntes filosóficas e ideológicas, que conceberam o direito desta ou daquela forma, e com a escala de valoração jurídica dos bens existentes na sociedade.

Como já ressaltado, **valor é o elemento moral do Direito, a sua essência ética.** Toda obra humana é impregnada de sentido ou valor, e assim também ocorre com a sociedade. Tem ela uma *escala de valores* ligada à ideia de poder, importância, qualidade, estima, utilidade e necessidade material ou moral, acerca de condutas, posições, entendimentos e coisas, escala essa que vai se formando e se modificando de acordo

---

[7] NADER, Paulo. *Introdução ao estudo do direito.* 21. ed. Rio de Janeiro: Forense, 1997. p. 378.
[8] REALE, Miguel. *Lições preliminares de direito.* 12. ed. São Paulo: Saraiva, 1985. p. 34-38.
[9] REALE, Miguel. *Lições preliminares de direito.* 12. ed. São Paulo: Saraiva, 1985. p. 35.

com correntes ideológicas – pensamentos, ideias, opiniões – existentes em determinado momento e em determinada sociedade.

Em suma, "*são valores éticos, conceitos e juízos que definem as exigências relacionadas com certo tipo de conduta, ou certo tipo de organização, ou ainda, com os padrões ideais da vida individual ou coletiva*".[10] O mesmo fato social terá efeitos diversos dependendo do sentido em função do qual pode ser compreendido. Relações sexuais, por exemplo, podem ser absolutamente lícitas ao terem sentido ou valor de casamento, união estável, relacionamento afetivo etc., ou ilícitas em razão da prostituição ou do estupro. **Vale dizer, antes de se chegar à normatização, os fatos sociais terão que ser examinados à luz da escala de valores sociais.**

Em conclusão, o filósofo do Direito indaga os princípios lógicos, éticos e histórico-culturais do Direito; a razão da fixação de uma norma jurídica constitui o objeto de estudo do filósofo, o seu ponto de vista crítico. A norma, por sua vez, enuncia algo que *deve ser*, em virtude de ter sido reconhecido *um valor* como razão determinante de um comportamento declarado obrigatório. O valor confere determinada significação ao fato, inclinando ou determinando a ação dos homens no sentido de atingir ou preservar certa finalidade ou objetivo. A **escravidão**, por exemplo, praticada amplamente durante séculos, foi banida a partir do momento em que a **liberdade** ascendeu a grande valor social.

O Direito brasileiro atual, principalmente a partir da Constituição de 1988, voltou a dar ênfase aos valores, o que tem conseguido alcançar por meio da consagração de princípios. ***Princípios*** são valores éticos, morais e sociais apreendidos pelo legislador que, consagrados em um preceito, passam a ser instrumentos de interpretação de outros preceitos, enquanto ***normas*** são regras de comportamento que, em virtude de ter sido reconhecido *um valor*, estabelecem como deve ou não deve ser a conduta e as consequências que daí decorrem. **Regras oferecem soluções, enquanto os princípios oferecem paradigmas, critérios para se encontrar a solução do caso concreto.**

Entre os superiores princípios (valores) consagrados na Constituição de 1988, merece especial destaque o da *dignidade da pessoa humana*, colocado como um dos fundamentos da República Federativa do Brasil.[11] Temos hoje o que pode ser chamado de *direito subjetivo constitucional à dignidade*. Ao assim fazer, a Constituição colocou o homem no vértice do ordenamento jurídico da nação, fez dele a primeira e decisiva realidade, transformando os seus direitos no fio condutor de todos os ramos jurídicos. Isso é valor. Ademais, ao inserir em seu texto normas que tutelam os valores humanos, a Constituição fez estrutural transformação no conceito e nos valores dos direitos individuais e sociais, o suficiente para permitir que a tutela desses direitos seja agora feita por aplicação direta de suas normas.

No plano infraconstitucional, a legislação seguiu o mesmo caminho. O Código do Consumidor é uma lei principiológica, em que foram consagrados os valores

---

[10] LIMA, Hermes. *Introdução à ciência do Direito*. 12. ed. Rio de Janeiro: Livraria Freitas Bastos, 1969. p. 14.
[11] CF, art. 1º, III.

éticos e morais necessários à defesa do consumidor, entre os quais a boa-fé objetiva, princípio cardeal,[12] a transparência, a confiança, a informação, a segurança e outros. O Código Civil de 2002, como não poderia deixar de ser, pois foi coordenado pelo autor da teoria tridimensional do Direito, está todo comprometido com o resgate dos valores éticos, sociais e morais no Direito. A título de exemplificação, lembramos que a *boa-fé* é também o princípio cardeal desse novo Código, uma espécie de fio condutor de toda a sua estrutura. Não se trata, porém, da boa-fé meramente subjetiva – posição psicológica, intenção pura e destituída de má-fé, crença ou ignorância de uma pessoa –, porque isso a realidade demonstrou não ser suficiente nas relações sociais regidas pelo Direito. Dizem que o inferno está cheio de pessoas bem-intencionadas. A boa-fé consagrada pelo novo Código como valor superior é a boa-fé objetiva ou normativa, assim entendida a conduta adequada, correta, leal, transparente, confiável e honesta que as pessoas devem empregar em todas as relações sociais.

Três são as funções da boa-fé objetiva no Código Civil de 2002: a) fonte de deveres instrumentais dos contratos:[13] quem contrata não contrata apenas o que contrata, contrata também lealdade, cooperação, transparência, informação etc. – tem-se dito que esse dispositivo é a porta de entrada da ética no nosso Direito; b) regra de interpretação dos negócios jurídicos:[14] todo e qualquer negócio jurídico deve ser interpretado pelo juiz de acordo com o princípio da boa-fé; c) limite ao exercício dos direitos subjetivos:[15] nesta terceira hipótese, a boa-fé representa o padrão ético de *confiança* e *lealdade* indispensável para a convivência social. As partes devem agir com lealdade e confiança recíprocas. Essa expectativa de um comportamento adequado por parte do outro é um comportamento indispensável na vida da relação. É um limite a ser respeitado no exercício de todo e qualquer direito subjetivo.

Podemos afirmar que o Código do Consumidor e o Código Civil de 2002 são uma reação ao liberalismo jurídico que predominou durante todo o século XX, principalmente em sua primeira metade, e que aos poucos afastou o Direito da ética, da moral, da equidade, dos valores transcendentais, tornando-o puro tecnicismo.

Em suma, a Sociologia do Direito, como observou Gurvitch, "*dá ao jurista uma descrição objetiva da realidade social do direito, válida num dado meio social; a Filosofia do Direito lhe dá um critério de valores jurídicos, que lhe ajuda em suas manifestações particulares para alcançar fins concretos*".[16] Embora cada uma funcione em seu setor específico, as duas ciências estão, entretanto, interligadas, pois o filósofo social necessita conhecer a realidade social que se faz presente nos trabalhos do sociólogo.

---

[12] CDC, arts. 4º e 51, IV.
[13] CC, art. 422.
[14] CC, art. 113.
[15] CC, art. 187.
[16] GURVITCH, Georges. *Sociologia do Direito*. Trad. Djacir Menezes. Rio de Janeiro: Kosmos, 1946. p. 13.

Quando se estuda Filosofia do Direito, assinala Porto Carreiro, *parte-se de uma base sociológica inafastável, cujo conhecimento é fornecido por aqueles que se dedicam ao estudo sociológico do Direito*.[17]

29. A EFICÁCIA, A VIGÊNCIA E O FUNDAMENTO

As três dimensões pelas quais o Direito pode ser considerado (**fato, valor e norma**), ainda segundo Miguel Reale, dão origem a três planos de problemas diferentes: o da **eficácia**, o da **vigência** e o do **fundamento**.[18] A Sociologia Jurídica se preocupa com o primeiro – a eficácia; a Ciência do Direito, com o segundo – a vigência; e a Filosofia do Direito, com o terceiro – o fundamento.

29.1. A eficácia

Ao afirmarmos que a Sociologia Jurídica se preocupa com a eficácia do Direito, queremos enfatizar que constitui também objeto dessa disciplina saber se as normas jurídicas estão ou não adequadas às necessidades sociais. Quer dizer, primeiro a Sociologia Jurídica preocupa-se com os fatos sociais que repercutem na ordem jurídica, e com as relações que necessitam receber o disciplinamento do direito; uma vez elaborada a norma disciplinadora, empenha-se em saber se a referida norma atende ou não às necessidades sociais.

Algumas referências doutrinárias mais recentes falam, no Brasil, no **princípio da realidade** como elemento de controle da eficácia do Direito, conforme se depreende do seguinte trecho de Diogo de Figueiredo Moreira Neto: "*O entendimento do princípio da realidade parte de considerações bem simples: o Direito volta-se à convivência real entre os homens e todos os atos partem do pressuposto de que os fatos que sustentam suas normas e demarcam seus objetivos são verdadeiros. São fatos que regularmente ocorrem ou podem ocorrer, na natureza física ou convivencial, e só excepcionalmente, e por disposição expressa, a ordem jurídica acolhe ficções ou presunções*".[19]

Isso, como teremos oportunidade de ver, é da maior importância, porque a norma, mesmo que, no momento de sua elaboração, esteja perfeitamente adequada à realidade social, com o correr do tempo pode se tornar ultrapassada, ineficaz, em razão da constante evolução social, tornando-se necessário reformulá-la.

29.2. A vigência

A Ciência do Direito, por sua vez, preocupa-se não somente com a norma, como já vimos, mas também com a sua vigência. O jurista só toma conhecimento

---

[17] CARREIRO, C. H. Porto. *Introdução à ciência do Direito*. p. 78.
[18] REALE, Miguel. *O direito como experiência*. São Paulo: Saraiva, 1961. p. 61-62.
[19] MOREIRA NETO, Diogo de Figueiredo. *Legitimidade e discricionariedade*: novas reflexões sobre os limites e controle da discricionariedade. Rio de Janeiro: Forense, 2002.

do fenômeno social depois que a norma jurídica é elaborada, e, enquanto estiver em vigor, será sua a tarefa de estudá-la, interpretá-la, comentá-la etc., ainda que se trate de lei desatualizada. A norma só deixa de ser vigente depois de expressa ou tacitamente revogada por outra. Até lá é objeto da Ciência do Direito.

29.3. O fundamento

Ao afirmarmos, finalmente, que a Filosofia do Direito se preocupa também com os fundamentos do Direito, queremos dizer que constituem igualmente objeto dessa disciplina os problemas relacionados com o ideal do direito, a natureza do que é jurídico, as suas causas e os seus princípios últimos, o seu conteúdo ético, o seu mundo axiológico, investigando ainda as ideologias ou correntes de pensamento que acabaram prevalecendo e servindo de fundamento aos principais institutos jurídicos.

Do exposto, parece-nos resultar claro que a Ciência do Direito só tem razão de ser após o surgimento da primeira norma na sociedade. Enquanto o grupo social estiver se organizando, decidindo que forma de Estado e de governo vai adotar – unitário, federado, democrático, republicano –, que organização social e política vai estabelecer – situação da família, sistemas de produção etc. –, haverá campo apenas para a Sociologia Jurídica e para a Filosofia do Direito. Dependendo das correntes ideológicas ou filosóficas predominantes e dos fatos sociais existentes, teremos esta ou aquela estrutura política, jurídica e social.

No momento, porém, em que ficar decidido: a forma de Estado é essa, a forma de governo é aquela, o casamento será assim etc., surge a norma e, por via de consequência, o objeto da Ciência do Direito.

Recapitulando: **primeiro ocorre o fato social, depois se valoriza o fato e, por último, ele é normatizado**. Serve como exemplo a união estável de homossexuais, questão que há muito tempo aguarda definição legal. Em alguns países, o casamento de homossexuais foi permitido, mas no Brasil somente passou a ser admitido – e apenas em sede jurisprudencial – a partir do julgamento da ADI n. 4.277/DF e da ADPF/RJ n. 132, com regulação dada pela Resolução n. 175/2013 do CNJ. O fato social já existe: milhares de pessoas do mesmo sexo convivem sob o mesmo teto, partilhando a vida sexual, sentimental e doméstica como casais normais. Muitas já conseguiram a guarda de crianças e até adotá-las como filhos. Contudo, a norma legitimando essas situações não foi editada porque ainda está em debate o valor. Discute-se a justificação dessa união, as suas consequências morais, éticas, religiosas, familiares e sociais, como outrora se discutiu o concubinato, reconhecido como união estável pela Constituição de 1988, entidade familiar, cuja conversão em casamento a lei deve facilitar.[20]

---

[20] CF, art. 226, § 3º.

30. O SER E O DEVER-SER

Desde Kelsen, em sua Teoria Pura do Direito, até nossos dias, muitos autores procuram distinguir a Sociologia Jurídica da Ciência do Direito estabelecendo que a primeira é a *ciência do ser* e a segunda a do *dever-ser*. O mundo do ser é o das leis naturais, isto é, que decorrem da própria natureza; de nada vale a vontade do homem na tentativa de modificá-las mediante a formulação de leis racionais. No mundo da natureza, as coisas se passam mecanicamente. A um antecedente liga-se indispensavelmente dado consequente: um corpo solto no espaço (antecedente) cai inexoravelmente (consequente); se chover, a terra fica molhada, e assim por diante.

No mundo do dever-ser, as coisas se passam segundo a vontade racional do homem. É este que, a dado antecedente, liga determinado consequente: se alguém causar dano a outrem, fica obrigado a repará-lo.

As ciências sociais pertencem ao mundo do dever-ser, tal como a moral, a ética e o direito. O homem é o único ser que participa das duas esferas básicas do mundo – a física (o ser) e a moral (o dever-ser). Como ser biológico, está na realidade das coisas, sujeito às leis naturais; como ser moral, atua na esfera da liberdade, da consciência e da razão, escolhendo os seus próprios caminhos, escrevendo a sua história, construindo bombas ou catedrais e assumindo a responsabilidade pelos seus atos.

Nessa perspectiva, observou Machado Neto, *a Sociologia Jurídica versará o mesmo objeto da ciência jurídica, apenas servindo-se de uma lógica diversa. O direito de que aqui se vai tratar – a conduta humana – é o mesmo com que o sociólogo já se habituara a conviver muito antes que os juristas ou os jusfilósofos fizessem a extraordinária descoberta do direito como conduta em interferência intersubjetiva. Quando o sociólogo do direito se refere ao seu objeto, está se referindo não às normas (dever-ser), mas ao próprio direito vivo (ser), isto é, às condutas humanas em sociedade.*[21]

Sintetizando tudo o que até aqui ficou dito, podemos estabelecer o seguinte quadro:

	Direito		
Sociologia Jurídica	Fato	Eficácia	Ser
Ciência do Direito	Norma	Vigência	Dever-ser
Filosofia do Direito	Valor	Fundamento	Poder ser

Como se vê, as três ciências ocupam-se do Direito, cada qual com um aspecto próprio, diferente, o que lhes confere objeto próprio e autonomia.

Cremos que, a essa altura, já podemos compreender melhor os motivos da inconciliável controvérsia existente entre sociólogos, filósofos e juristas há muito tempo. Os primeiros falam do direito no seu aspecto fato, eficácia, ser, oriundo

---

[21] NETO, Machado. *Sociologia jurídica*. 2. ed. São Paulo: Saraiva, 1990. p. 133.

inquestionavelmente da sociedade; os segundos falam do mesmo fenômeno, o direito, mas no seu aspecto valor, fundamento, poder ser; e os últimos falam do seu aspecto normativo, de vigência, dever-ser, oriundo da instituição estatal. Todos estão certos, todos têm razão, cada qual, porém, em seu ângulo de visão.

31. A HISTÓRIA DO DIREITO

De todas as ciências jurídicas, a Sociologia Jurídica e a História do Direito são, inegavelmente, aquelas que mantêm mais íntimas relações. É que as duas possuem idêntico objeto material – a vida social; para ambas, o direito aparece como um fato social.

Entendemos que a principal distinção entre essas duas ciências está em que a Sociologia Jurídica se preocupa, por excelência, com os fatos presentes, e a História do Direito com os fatos passados – não obstante ser considerada inócua tal distinção por alguns autores.[22]

Os fatos presentes são a principal preocupação da Sociologia Jurídica porque lhe cabe, como já vimos, fazer a descrição da atual realidade social do direito, possibilitando a elaboração de normas ajustadas a essa realidade e aferindo a eficácia das já existentes. São os fatos presentes, a realidade atual, que necessitam do disciplinamento jurídico, e não os passados. Os fatos passados só interessam à Sociologia Jurídica eventualmente para efeito de comparação, a fim de apurar a evolução sofrida pelo Direito.

À História do Direito, por sua vez, como à História em geral, interessam os fatos passados, mesmo porque não é possível fazer história de fatos presentes. Historiar é narrar fatos notáveis ocorridos na vida dos povos tal como ocorreram, com o máximo de fidelidade ao acontecido.

Não se pode fazer história de fatos presentes, porque o presente, inquestionavelmente, influencia a visão dos fatos. Correntes filosóficas, posições políticas, envolvimentos sociais etc. nos influenciam de tal forma, até inconscientemente, a ponto de, em vez de nos limitarmos a narrar fatos, passarmos também a interpretá--los, isto é, a fazer narrativas, a narrar os fatos não como ocorreram, mas como nos parecem ter ocorrido. E, como é sabido, uma coisa é o fato e outra a sua interpretação ou versão.

Alguém passa por uma rua e vê uma pessoa tirando uma faca que estava cravada nas costas de outra. Este é o fato. Geralmente, como vai relatá-lo? Que viu *A* esfaqueando *B*. Isso já é interpretação, a versão do fato, pois pode ser que *A* estivesse socorrendo *B*, momentos antes esfaqueado por *C*.

Por isso, é necessário, para fazer história, deixar que o tempo dispa os fatos de toda ideologia ou conotação interpretativa. O historiador tem que narrar fatos, ser fiel a eles o máximo possível, e isso só é alcançável após o decurso de algum tempo.

---

[22] SALDANHA, Nelson Nogueira. *Sociologia do direito*. São Paulo: Ed. RT, 1970. p. 37-38.

Para Machado Neto, a principal diferença entre Sociologia Jurídica e História do Direito está em que a primeira pretende apanhar do fenômeno social jurídico o que sejam suas características genéricas: as leis gerais e as figuras típicas do comportamento jurídico da sociedade. Já a segunda (História do Direito) detém-se na consideração de cada fenômeno sociojurídico individual, procurando enquadrá-lo no sistema geral em que a história em si própria consiste. Observa o autor, entretanto, que as duas ciências se relacionam intimamente, pois o historiador do direito se abebera dos ensinamentos da Sociologia Jurídica, que lhe dá maior força de penetração no sistema global da história jurídica, assim como o sociólogo do Direito se aproveita do inesgotável manancial da história das instituições jurídicas, fundamento sólido para suas induções, se não quiser correr o risco de generalizar a partir de poucos exemplos empíricos.[23]

32. RELAÇÃO DA SOCIOLOGIA JURÍDICA COM OS DEMAIS RAMOS DO DIREITO

Se, por um lado, a Sociologia Jurídica tem autonomia como ciência, por outro, está intimamente relacionada com todo o Direito – Família, Sucessões, Penal, Trabalhista, Fiscal etc. – pela simples razão de ocorrerem na sociedade todos os fatos que repercutem nos mais variados ramos do Direito. E o fato social, como já vimos, é o objeto por excelência da nossa disciplina.

De todo o exposto, podemos **conceituar a Sociologia Jurídica como sendo a ciência que estuda o direito como fenômeno social (ser), a fim de observar a adequação da ordem jurídica aos fatos sociais, o cumprimento pelo povo das leis vigentes, aplicação destas pelas autoridades e os efeitos sociais por elas (leis) produzidos (eficácia).**

Se a Sociologia Jurídica, por um lado, é um estudo específico e possui ângulo próprio para examinar seu objeto, o direito fato, por outro lado, mantém constante intercâmbio de sugestões e de subsídios com todas as disciplinas especiais que pesquisam o direito sob outros ângulos. E dessas inter-relações resultará para o estudante uma visão mais ampla, completa e abrangente do Direito.

---

[23] NETO, Machado. *Sociologia jurídica*. 2. ed. São Paulo: Saraiva, 1990. p. 129.

Capítulo 5
FONTES DO DIREITO

Conceito de fonte e espécies: fontes materiais ou de produção; fontes formais ou de conhecimento. As fontes mais importantes do ponto de vista sociológico. O costume – conceito e elementos. Origem e expansão do costume. O papel do costume. Espécies de costume. A jurisprudência: o papel da jurisprudência em Roma e nas sociedades modernas; o papel da jurisprudência nas sociedades legalistas. Exemplos de jurisprudência transformada em lei. Relação entre a jurisprudência e o costume. A lei. Semelhança e distinção entre a lei e o costume. Sistema preferido – o costume ou a lei?

O tema relacionado às fontes do Direito é normalmente abordado por todas as obras de Introdução à Ciência do Direito, decorrendo daí a indagação: por que também examiná-lo em um programa de Sociologia Jurídica?

É que a Sociologia Jurídica, como já vimos, enfoca o Direito por aspecto próprio, peculiar – o fato social, e disso decorrem pontos de vista especiais com relação às suas fontes. Teremos oportunidade de ver que as principais fontes do Direito para a Sociologia Jurídica não são as mesmas para a Ciência do Direito, que o enfoca pelo aspecto normativo.

Ademais, o exame do tema proposto ajudará o estudante a ver com mais clareza as distinções entre a Sociologia Jurídica e a Ciência Jurídica.

21. CONCEITOS E ESPÉCIES

A palavra "fonte" (*fons, fontis*), etimologicamente, está ligada a fenômenos da natureza, indicando a origem ou o nascimento de um curso de água.

Em relação ao direito, a palavra liga-se também à ideia de origem, nascimento, mas pode ser empregada em duas acepções diferentes: histórica ou documentária e dogmática.

No sentido histórico ou documentário, consideram-se fontes todos os dados ou elementos de qualquer natureza que nos tragam alguma informação sobre o direito e as instituições jurídicas presentes ou passadas. Assim, por exemplo, serão consideradas fontes: manuscritos antigos, papiros, inscrições, monumentos, material arqueológico, desde que forneçam informações sobre o direito.

No sentido dogmático, o que nos interessa no momento, a palavra fonte designa a origem, a procedência, o elemento gerador, a causa de algo – nesse caso, o direito. Quando falamos em fonte do Direito, portanto, estamos nos referindo a tudo quanto concorra para a sua existência, seu surgimento e formação.

Costuma-se classificar as fontes do Direito em *materiais* e *formais*.

As **fontes materiais** são assim chamadas porque, na realidade, materialmente falando, são as responsáveis pela elaboração do Direito. A palavra "material" vem de matéria, substância, essência, razão pela qual é usada para indicar aquelas fontes que verdadeiramente têm substância de fonte. Se lhe examinarmos o conteúdo, veremos que o Direito é aí elaborado. Por isso, as fontes materiais são também chamadas fontes *substanciais ou de produção*.

As fontes formais, por sua vez, são assim chamadas porque de fonte só têm a forma; nada, porém, de conteúdo. Aparentemente o Direito tem origem nas fontes formais, mas, na realidade, elas apenas o tornam conhecido. Por isso, são também chamadas *fontes de conhecimento*. Se pudéssemos usar uma figura nada ortodoxa, diríamos que o Direito é produzido nas fontes materiais e embalado e distribuído pelas fontes formais.

Para o sociólogo, portanto, ao contrário do jurista, as fontes formais não passam de meios de exteriorização, ou de conhecimento do Direito elaborado pelas fontes materiais, as únicas que realmente merecem a designação de fonte.

22. FONTES MATERIAIS OU DE PRODUÇÃO

As fontes materiais podem ser: *imediata* (que está mais próxima) e *mediata* (mais distante). **Fonte material imediata** são os órgãos legiferantes do Estado, ou seja, aqueles que, segundo a ordem constitucional, têm a função de legislar, tanto no Poder Legislativo como no Executivo. **Fonte material mediata** ou remota é a sociedade, pois, conforme ficou demonstrado na primeira parte deste trabalho, o Direito emana do grupo social. De acordo com a lição de Paulo Nader, "*o Direito não é um produto arbitrário da vontade do legislador, mas uma criação que se lastreia no querer social. É a sociedade, como centro de relações de vida, como sede de acontecimentos que envolvem o homem, quem fornece ao legislador os elementos necessários à formação das estruturas jurídicas. Como causa produtora do Direito, as fontes materiais são constituídas pelos fatos sociais, pelos problemas que emergem na sociedade e que são condicionados pelos chamados fatores do Direito, como a Moral, a Economia, a Geografia entre outros*".[1]

As fontes formais ou de conhecimento também se dividem em imediata e mediata, sendo a primeira constituída pela lei e as outras pelos costumes e pela jurisprudência.

---

[1] NADER, Paulo. *Introdução ao estudo do direito*. 21. ed. Rio de Janeiro: Forense, 1997. p. 138.

23. AS FONTES MAIS IMPORTANTES DO PONTO DE VISTA SOCIOLÓGICO

Se o Direito é um fato ou produto social do grupo como grupo, claro que, para o sociólogo, a fonte material mais importante é a sociedade, o próprio grupo humano. Esta é a fonte primeira, suprema, viva, sem a qual não haveria que falar em Direito.

O costume, entre as fontes formais, merece a preferência da sociologia jurídica porque constitui a primeira e principal manifestação do Direito criado pela sociedade. Tão logo a sociedade elabora determinada regra de conduta, exterioriza-a por meio do costume, a expressão autêntica da consciência jurídica social.

Já, para o jurista, que, como vimos, enfoca o Direito pelo aspecto normativo, as coisas não são bem assim. A principal (e única para alguns) fonte material é o Estado, os órgãos legislativos, sendo a lei a mais importante fonte formal.

Não vamos tratar, neste trabalho, das fontes materiais ou de produção porque a imediata (órgãos legislativos) é matéria do Direito Constitucional; e a mediata (a sociedade) já é estudada na Sociologia Geral. Vamos, pois, nos ocupar apenas com as fontes formais, começando por aquela que merece a preferência da sociologia.

24. O COSTUME – CONCEITO E ELEMENTOS

Há dois elementos constitutivos nas normas do direito consuetudinário: o externo e o interno.

O elemento externo, objetivo, de natureza material, é representado por uma série de atos semelhantes, uniformes e constantemente repetidos, indicando um comportamento idêntico pelos membros da comunidade. É a maneira pela qual o costume se exterioriza, tornando-se conhecido.

Significa isso dizer que, para haver costume, é preciso uniformidade na série de atos, não bastando a repetição de atos diferentes; que essa repetição seja constante, ininterrupta, praticada com regularidade e certa duração, não sendo suficiente a repetição eventual; que a prática constante e uniforme seja também geral, isto é, praticada pela generalidade do grupo, e não apenas por alguns dos seus membros.

Por seu turno, o elemento interno, de natureza psicológica, é a convicção de que a observância dessa prática corresponde a uma necessidade de direito. Trata-se de elemento subjetivo e consiste na consciência da obrigatoriedade da conduta, no convencimento íntimo de que a prática de tais atos representa uma necessidade coletiva. É principalmente sobre este segundo elemento que se funda a razão da obrigatoriedade do costume, pois a coletividade só começa a ter um comportamento constante e uniforme quando intimamente convencida de que esse comportamento é adequado às suas necessidades jurídicas.

Para elaborarmos agora o conceito de costume basta juntarmos os seus dois elementos, e teremos: *costume é a repetição constante e uniforme de determinados atos pelos membros de certa comunidade social, com a consciência de que correspondem a uma necessidade jurídica.* Em outras palavras, é a conduta social reiterada de forma constante e uniforme, por ser de necessidade jurídica.

24.1. Origem e expansão do costume

Surge o costume de uma necessidade social. Alguém no grupo se depara com um fato, ou com uma relação social que ainda não se encontra suficientemente disciplinada. Imagina então um meio de resolvê-la: tem uma ideia e a coloca em prática. A maioria das ideias morre no nascimento por não apresentar qualquer inovação ou utilidade prática, mas algumas pegam, ajustam-se e começam a se expandir, quase sempre em determinado meio socioprofissional. Com o correr do tempo, a maioria do grupo passa a adotar aquela mesma forma de proceder, por estar convencida de que é a maneira correta, necessária, que atende às conveniências sociais. Está formado o costume.

Verifica-se, assim, que o costume é de formação livre, difusa, espontânea, gradativa. Vai sendo formado paulatinamente pela própria sociedade, para suprir suas necessidades. Evolui no tempo e no espaço, de acordo com as condições sociais do grupo no qual se formou, adquirindo um caráter eminentemente histórico; e vai sendo transmitido por tradição oral. É por isso que se diz que o *Direito costumeiro é um Direito anônimo por excelência, é um Direito sem paternidade, que vai se consolidando em virtude das forças da imitação do hábito, ou de comportamentos exemplares.*[2]

Já vimos que o costume se manifesta exteriormente por atos, que constituem seu elemento objetivo. Essas manifestações, entretanto, podem ser positivas e negativas, ou omissivas.

São positivas quando, em face de uma lacuna no ordenamento jurídico, um fato ainda não devidamente disciplinado, a sociedade cria uma regra, um procedimento destinado a supri-lo, e dessa forma vai criando o direito.

São negativas ou omissivas quando, estando as normas desatualizadas, ultrapassadas, ineficazes, não mais atendendo às necessidades sociais, a sociedade vai paulatinamente deixando-as em desuso, dessa forma destruindo o direito.

O mais comum, todavia, é o costume manifestar-se das duas maneiras: à medida que vão caindo em desuso as normas ineficazes, a sociedade vai elaborando outras normas de comportamento destinadas a substituí-las.

24.2. O papel do costume

Nas sociedades modernas, como do conhecimento geral, existem dois tipos de ordenamento jurídico. As nações latinas e germânicas adotam o sistema de tradição romana – *civil law*, base legislativa, fundado no primado da Lei, Direito positivo escrito. Ao lado desse sistema, temos a tradição dos povos anglo-saxões – *common law* –, nos quais o Direito se revela prevalentemente pelos costumes e pelos precedentes. Embora o papel dos costumes nos países da *civil law* não tenha a relevância que tem nos países da *common law*, é de se reconhecer que nem sempre isso foi assim. Indiscutivelmente, a primeira regulamentação da vida social foi feita por meio dos costumes, mesmo no

---

[2] REALE, Miguel. *Lições preliminares de direito*. 12. ed. São Paulo: Saraiva, 1985. p. 145.

sistema legalista. Nas sociedades primitivas, que ainda não conheciam a lei, toda a vida social estava alicerçada no costume.

Miguel Reale observa que o Código do Rei Hamurabi e a Lei das XII Tábuas, apontados como as primeiras leis escritas, são consolidações de usos e costumes dos povos da Babilônia e do Lácio.

Mesmo depois do surgimento da legislação, o costume não perdeu completamente sua força, que reside no fato de ser elaborado pelo próprio grupo. Continua sendo elemento que condiciona os conceitos de bom e de mau, determinando o que deve ser seguido e observado pelo grupo e distinguindo-o daquilo que deve ser evitado e não praticado, razão pela qual é acolhido pelos tribunais, escritores, doutrinadores e tratadistas. Segundo o próprio Clóvis Beviláqua, "*o costume é uma força produtora do Direito em todas as fases do desenvolvimento deste, quer para completá-lo, quer para corrigi-lo, dando-lhe interpretação mais conforme às necessidades sociais*".

Em nosso próprio Direito positivo há inúmeros institutos que, antes de terem sido positivados pelo legislador, eram usos e costumes comerciais, bancários, praxes forenses etc. Outros costumes, embora ainda não convertidos em lei, são praticados regularmente pela sociedade, desempenhando destacado papel nas relações econômicas. O cheque-ouro, verde, azul etc., modalidades de cheque especial, bem como o cartão de crédito, são exemplos apropriados daquilo que afirmamos. A união estável, antes de ser reconhecida pela Constituição, com recomendação à lei para facilitar a sua conversão em casamento, foi um costume durante décadas na sociedade brasileira.

Assinale-se, por último, que a própria lei – art. 4º da Lei de Introdução às Normas do Direito Brasileiro e art. 126 do Código de Processo Civil anterior – determina ao juiz lançar mão dos costumes quando a norma for lacunosa ou omissa. Quer isso dizer que o legislador previu a possibilidade de haver questões não enquadradas efetivamente nos textos legais existentes, o que demonstra haver sempre lugar para o costume.

24.3. Espécies de costume

Tendo em vista as relações do costume com a lei, podemos distinguir três espécies: *secundum legem*, *praeter legem* e *contra legem*.

Secundum legem é o costume que serviu de apoio ao ditame legislativo regular, ou surgiu como complemento deste. Neste caso, de acordo com a opinião dominante, o costume deve ser observado e até exigido, porque encontra respaldo na própria lei. Exemplo dessa espécie de costume é a chamada praxe forense: muitos atos praticados diariamente no foro não são expressamente regulamentados, realizam-se conforme costumes que servem de complemento à lei.

Praeter legem é o costume que funciona como fonte supletiva, em que a lei nada dispôs, suprindo sua lacuna: está além da lei, que não abrangeu aquele fato oriundo das inter-relações sociais. Muitas das leis trabalhistas tiveram nesses costumes sua fonte por excelência.

Contra legem é o costume que se opõe à lei; introduz uma nova norma contrária às disposições legislativas, ou faz os preceitos legais vigentes não serem aplicados, caindo em desuso. No entender de alguns juristas (Serpa Lopes), **o desuso** é espécie do gênero *costume contra legem*. Resulta da contradição existente entre a lei e as fontes reais do Direito.

Essa questão tem gerado sérias controvérsias, porque não tem sido pacífica a interpretação de que o costume, que se apresenta contra a lei, deva ser sumariamente repelido. Podemos resumir a controvérsia dizendo que, do ponto de vista puramente jurídico, o costume contra a lei não pode prevalecer simplesmente porque uma lei só pode ser revogada por outra. Para o jurista, ainda que um preceito legal caia em desuso, não pode produzir o efeito de fazer-se substituir por uma norma consuetudinária oposta.

Do ponto de vista sociológico, entretanto, temos que admitir a prevalência do costume, mesmo contra a lei. Ninguém desconhece que, em todos os sistemas jurídicos, existem inúmeras normas não mais aplicadas. Por não corresponderem às necessidades recentes da sociedade, caíram em desuso, tornando-se letra morta. É o fenômeno bem conhecido a que se deu o nome de *extinção por desuso*.

Em lugar delas, a sociedade consagrou outras normas de comportamento consuetudinário para atender às novas realidades. Só para exemplo disso lembramos o caso dos motéis, que, pelo art. 229 do Código Penal, tipificariam o crime de casa de prostituição. Tal norma, entretanto, há muito caiu em desuso, dando ensejo a que os motéis proliferassem amplamente. São socialmente aceitos.

Coisa idêntica ocorre com livros, revistas e outros veículos de literatura pornográfica que pululam nas bancas, e com inúmeros filmes exibidos em nossos cinemas. Tais fatos caracterizariam o crime de escrito ou objeto obsceno, previsto no art. 234 e parágrafo único do Código Penal. Os costumes, entretanto, fizeram desse artigo letra morta.

Quer isso dizer que o costume só não revoga a lei no seu aspecto formal, mas a revoga de fato, tornando-a letra morta. Quando o legislador vem a revogá-la por outra lei, está apenas assinando o atestado de óbito.

25. A JURISPRUDÊNCIA

Um caso é levado à apreciação do Judiciário, no qual, após regular tramitação do processo, recebe uma decisão. Tempos depois, caso idêntico é submetido à decisão do Judiciário, e assim sucessivas vezes, sendo certo que, em todas as oportunidades, as decisões foram semelhantes, isto é, guardaram o mesmo entendimento. Essas decisões reiteradas que emanam dos órgãos judiciários constituem a jurisprudência. É por isso que se diz, corretamente, que *a jurisprudência é a obra coletiva dos juízes*.

No Brasil, os órgãos judiciários são numerosos: desde os juízes de primeira instância, tanto das comarcas do interior como das capitais, até os tribunais de segunda instância (Tribunais de Justiça) e os Tribunais Superiores, destacando-se o Supremo Tribunal Federal.

Modernamente, ***a palavra "jurisprudência" designa o conjunto de decisões anteriores proferidas por juízes ou tribunais sobre casos idênticos.***

25.1. Papel da jurisprudência em Roma

Em Roma, segundo o magistério do Prof. Ebert Chamoun, no meado do século II a.C., por meio da *Lex Aebutia*, teve início um novo processo que substituiu as *Legis Actiones*. Conhecido como processo *per formulas*, foi utilizado durante o período clássico e originou-se da atividade do pretor, concedendo ações em casos não contemplados pelo *ius civile* ou decidindo ele próprio contra o sistema vigente.[3]

Nesse período, quem tinha uma pretensão ia ao pretor, espécie de magistrado e também em parte legislador, já que muitas vezes tinha que elaborar a regra jurídica a ser aplicada ao caso que lhe era apresentado. Exposto o problema, o pretor, se fosse o caso de conceder ação, elaborava uma fórmula escrita, encaminhando as partes ao juiz. Nessa fórmula, além de enumerar os elementos do processo, o pretor ordenava ao juiz condenar ou absolver, conforme a sua convicção sobre os fatos. Era algo mais ou menos assim: *"Porque Tício vendeu um escravo a Caio, condene Caio a pagar dez mil sestércios a Tício; se não te parecer que deva pagar, absolve"*. O juiz, por sua vez, após examinar as provas oferecidas pelas partes, aplicava a regra do pretor, conforme entendesse procedente ou não a pretensão do requerente.

Como se vê, o pretor elaborava a fórmula ou regra jurídica apenas apreciando o fato em tese, sem procurar saber se estava ou não provado. Cabia ao juiz apreciar as provas e aplicar a regra jurídica ao caso em concreto.

Os casos se repetiam, o que proporcionava ao pretor utilizar uma fórmula anteriormente elaborada para outro caso idêntico, e assim, com o passar do tempo, foi se formando uma rica jurisprudência, que se convencionou chamar **direito pretoriano**, extremamente fecundo como fonte de direito. Inúmeros institutos jurídicos, ainda hoje existentes, tiveram origem nessa jurisprudência pretoriana.

Com a sua incontestável autoridade, Miguel Reale afirma: *"Foi através da atividade dos juízes e dos pretores que os romanos, aos poucos, construíram o jus civile, primeiro, privativo dos romanos, e o jus gentium, de caráter mais amplo"*.[4]

25.2. O papel da jurisprudência nas sociedades modernas

Nas sociedades legalistas, a jurisprudência desempenha papel secundário, já que todo Direito emana da lei. Para muitos juristas, a jurisprudência nem seria fonte (formal) do Direito, mas simples meio de interpretação. Assim entendem porque não é função do juiz criar o Direito, mas tão somente aplicar a lei ao caso concreto. Mesmo nos casos de ter o juiz que lançar mão da analogia, dos costumes ou princípios gerais do Direito, por não existir uma norma particular na legislação, entendem os juristas não haver criação do Direito pela jurisprudência, porque a norma que o juiz encontrou

---

[3] CHAMOUN, Ebert. *Instituição de direito romano*. 4. ed. Rio de Janeiro: Forense, 1962. p. 123.
[4] REALE, Miguel. *Lições preliminares de direito*. 12. ed. São Paulo: Saraiva, 1985. p. 148.

já estaria implicitamente contida no Direito positivo vigente e não daria origem a uma norma geral e obrigatória.

O mesmo já não ocorre nas sociedades baseadas no direito consuetudinário. Nesses países, a jurisprudência constitui fonte viva do Direito, sendo relevantíssimo o papel do juiz, o que é evidente na terminologia anglo-saxônica – *judge made-law* –, e a palavra "justiça" incorpora-se muitas vezes ao nome civil do juiz – "*Mister Justice Smith*".

As fontes do Direito inglês são a *Statute Law* (direito legislado) e a *Common Law* (direito costumeiro); esta é definida nos julgamentos, de onde a importância dos precedentes, que têm força obrigatória. Praticamente, a *Common Law* é uma coleção de precedentes judiciários, a força obrigatória reduzida em sua rigidez.

25.3. O papel da jurisprudência nas sociedades legalistas

Já vimos que, do ponto de vista puramente jurídico, a função do juiz é somente aplicar a lei ao caso concreto. Nos sistemas codificados, a jurisprudência é apenas um roteiro ao lado da lei.

Tal posição pressupõe, entretanto, que o legislador tenha previsto todas as hipóteses e dado todas as respostas na lei, o que, como se sabe, não é verdade. Constantemente estão os juízes enfrentando hipóteses novas e decidindo casos não contidos no âmbito das normas existentes. Mesmo admitindo uma perfeita adequação entre a realidade social e a lei, isto é, que todas as hipóteses estejam nela previstas no momento de sua elaboração, com o correr do tempo a norma vai se tornando desadequada, já que a lei é estática e a sociedade é dinâmica. Novas hipóteses vão surgindo em decorrência das constantes transformações sociais, exigindo o pronunciamento judicial.

Em outras palavras, a lei é a concepção estática do direito, em determinado momento que amanhã poderá não mais corresponder à realidade, ao passo que a jurisprudência é o direito dinâmico, elaborado por muitas inteligências, a partir do advogado, passando pelo juiz de 1º grau, até chegar às Cortes Superiores, com base no fato concreto, na realidade social que está em constante mutação.

Por outro lado, não pode o juiz deixar de decidir alegando lacuna na lei: a própria lei ordena-lhe – CPC anterior, art. 126, e Lei de Introdução às Normas do Direito Brasileiro, art. 4º– formular uma regra jurídica para a hipótese e dar uma decisão, lançando mão da analogia, dos costumes e princípios gerais do direito. Quer isso dizer que o próprio legislador previu a possibilidade de haver questões não enquadradas efetivamente nos textos legais existentes. Inúmeras outras hipóteses de omissões e obscuridade na lei obrigam o juiz a construir, por meio de uma interpretação ora extensiva, ora restritiva, ajustando o Direito às novas realidades sociais.

Isso tudo leva a concluir que, do ponto de vista sociológico, a jurisprudência cria Direito mesmo nos sistemas legalistas, já que o juiz é obrigado a aplicar a norma que estabeleceria se fosse legislador. Inúmeros são os casos em que os tribunais acabaram criando um Direito novo, embora aparentemente, apenas na forma, tenham se limitado a aplicar as leis existentes. Desempenharam nesses casos, em relação à essência do

Direito, um papel positivamente criador, em muito comparável, *mutatis mutandis*, ao papel do pretor em Roma, a tal ponto que se fala normalmente na função pretoriana da jurisprudência.

Nesse ponto, necessário se faz invocar a autoridade do grande Rui Barbosa: *"Ninguém ignora o papel da jurisprudência na evolução do Direito escrito. Sobre a letra, fixada nos textos, passa a autoridade dos arestos, que os infiltra, os decompõe, os alui. O juiz, pela sua colaboração contínua, exerce uma função de cooperador e modificador na obra legislativa. A jurisprudência, obra sua, altera sensivelmente o Direito positivo. Os ingleses e americanos devem a essa colaboração legislativa da magistratura, à judge made-law, boa parte dos princípios radicados na sua vida civil".*

O papel criador da jurisprudência foi grandemente prestigiado pela Constituição de 1988, pelo Código do Consumidor e pelo Código Civil de 2002. Os princípios constitucionais provocaram uma nova visão interpretativa, deram novo sentido e alcance à ordem jurídica, pois se tornaram o filtro pelo qual passamos a reler toda a legislação infraconstitucional. A técnica das cláusulas gerais adotada pelos Códigos do Consumidor e Civil ampliou consideravelmente os poderes do juiz, dando-lhe condições de, respeitado o ordenamento jurídico, formular decisões mais justas e efetivas na composição dos conflitos de interesse.

Cláusulas gerais – das quais são exemplos os arts. 4º, III, e 51, IV, do Código do Consumidor e os arts. 113, 187, 421, 422, 927 e parágrafo único e 931 do Código Civil – estabelecem apenas uma moldura jurídica dentro da qual se desenham diferentes possibilidades interpretativas. À vista dos elementos do caso concreto, dos princípios a serem preservados – por exemplo, boa-fé –, e dos fins a serem realizados – por exemplo, fins econômicos ou sociais –, o juiz deverá determinar o sentido da norma, com vistas à produção da solução adequada para o caso a ser resolvido. Na cláusula geral, o juiz aplica a lei que encontra no Direito, e não o direito que encontra na lei. O juiz tem que formular a lei do caso concreto, com base nos parâmetros estabelecidos na norma. O relato da norma, como já enfatizado, apenas demarca uma moldura dentro da qual o juiz deverá encontrar a lei do caso concreto.

Em aula magna proferida na Escola da Magistratura do Rio de Janeiro (Emerj), o Ministro Ruy Rosado de Aguiar Júnior, jurista de escol e um dos maiores juízes que passaram pelo Superior Tribunal de Justiça, assim conceituou a cláusula geral: *"A cláusula geral é uma norma que impõe ao juiz o dever de, no momento de fazer a sua aplicação, determinar previamente qual a norma de conduta que deveria ter sido observada naquele caso. Em função da regra que ele cria para aquela situação, fará então a avaliação da conduta em exame. Se essa conduta estiver de acordo com a norma de dever, assim criada para aquele caso concreto, ela será considerada lícita; se em desacordo, será então ilícita".*[5]

---

[5] AGUIAR JÚNIOR, Ruy Rosado de. O novo Código Civil e o Código de Defesa do Consumidor (pontos de convergência). *Revista da Emerj*, v. 6, n. 24, 2003. p. 18.

Como se vê, o papel do juiz moderno não é mais apenas o de aplicar a lei ao caso concreto, fria e automaticamente, "*a boca da lei*", como ensinava a escola exegética; na realidade, é aquele que elabora a lei do caso concreto, a regra jurídica disciplinadora do fato, e, uma vez transitada em julgado, a sentença passará a ser lei entre as partes.

É por isso que Miguel Reale, do alto da sua autoridade, reconhece à jurisprudência o papel de *fonte do Direito*. Esta é a lição do Mestre: "*Se uma regra é, no fundo, a sua interpretação, isto é, aquilo que se diz ser o seu significado*, **não há como negar à Jurisprudência a categoria de fonte do Direito**, *visto como ao juiz é dado armar de obrigatoriedade aquilo que declara ser de direito no caso concreto. O magistrado, em suma, interpreta a norma legal situado numa estrutura de poder, que lhe confere competência para converter em sentença, que é uma norma particular, o seu entendimento em lei. Numa compreensão concreta da experiência jurídica, como é a da teoria tridimensional do Direito, não tem sentido continuar a apresentar a Jurisprudência ou o costume como fontes acessórias ou secundárias*".[6]

Costuma-se dizer que a lei reina, mas a jurisprudência governa. E assim é porque o juiz é o legislador dos casos particulares. Por melhor que seja a lei, não terá eficácia se não for corretamente interpretada e fielmente aplicada. Mário Moacyr Porto já dizia: "*A lei não esgota o direito assim como a partitura não esgota a música*". Com efeito, a excelência da partitura e a genialidade do compositor ficarão prejudicadas se não houver talento do intérprete. Assim também acontece com a lei por mais avançada que ela se apresente, por mais genial que tenha sido o legislador. Se não houver talento criador dos seus intérpretes (juízes e operadores do Direito), ela não acompanhará a realidade social. Por isso, não mais se pode questionar que a lei não é a única fonte do Direito. Ao lado dela se posiciona a jurisprudência, cuja importância como fonte se torna cada vez maior. Os precedentes são, indiscutivelmente, um manancial que consolida determinada orientação, muitas vezes indo além da própria disciplina positiva, para desafiar questão que somente pode ser decidida com critérios de hermenêutica que buscam formas de integração das lacunas, sejam de formulação, sejam de valoração.

Reconhecendo essa realidade e a ela se submetendo, a Emenda Constitucional n. 45/2004 acrescentou o art. 103-A à Constituição da República, no qual autorizou o Supremo Tribunal Federal a aprovar **súmulas vinculantes,** que, a partir da publicação, têm força obrigatória para todos os órgãos do Poder Judiciário e da Administração Pública direta e indireta nas esferas federal, estadual e municipal, tendo sua observância prevista também pelo art. 927 do CPC/2015. A **súmula vinculante** tem por objetivo a validade, a interpretação e a eficácia de normas determinadas, acerca das quais haja controvérsia entre os órgãos judiciais ou entre estes e a Administração Pública que acarrete grave insegurança jurídica e relevante multiplicação de processos sobre questão idêntica.

---

[6] REALE, Miguel. *Lições preliminares de direito.* 12. ed. São Paulo: Saraiva, 1985. p. 169.

A súmula vinculante colocou um ponto final na longa divergência sobre a jurisprudência como fonte do direito. Qualquer decisão judicial ou ato administrativo que contrariar a súmula poderá ser anulado pelo Supremo Tribunal Federal mediante simples reclamação. Dentre as súmulas vinculantes que já foram aprovadas pelo STF merecem destaque a de n. 11, que proibiu o **uso abusivo de algemas**, e a de n. 13, que vedou o **nepotismo** – nomeação de parentes, sem concurso público, para exercer cargo em comissão ou de confiança ou, ainda, de função gratificada na Administração Pública direta e indireta em qualquer dos poderes da União, dos estados e dos municípios.

Outro notável instituto processual que deu às decisões do STJ efeito vinculante foi criado pela Lei n. 11.672/2008 e repetido no art. 1.036 do CPC/2015, estabelecendo o procedimento para o julgamento de **recursos repetitivos**, que ocorre quando há multiplicidade de recursos com fundamento em idêntica questão de direito. Nesse caso, o Presidente do Tribunal de origem encaminhará ao Superior Tribunal de Justiça apenas um ou mais recursos representativos da controvérsia, ficando suspensos os demais recursos nos quais a controvérsia esteja estabelecida. Julgado o recurso remetido ao STJ e publicado o acórdão, os recursos que ficaram sobrestados terão seguimento denegado em hipótese de o acórdão recorrido coincidir com a orientação do Superior Tribunal de Justiça.

Em caso de divergência, o recurso será novamente examinado pelo tribunal de origem, à luz do entendimento firmado pelo STJ. Se for mantida a decisão divergente pelo tribunal de origem, o recurso especial será remetido ao STJ, que poderá reformá--lo por decisão monocrática do ministro relator.

A eficácia desse novo instrumento processual evita que o STJ julgue centenas de vezes as mesmas questões, em milhares de recursos diferentes sobre assuntos semelhantes. Nas palavras do Ministro Cesar Asfor Rocha, quando presidente do STJ, "*a lei de recursos repetitivos livrou o tribunal de um colapso iminente. A cultura de que cada caso é um caso estava inviabilizando o funcionamento do sistema. Para questões de massa, o Judiciário precisa dar resposta de massa*".[7]

Uma observação importante antes de encerrar este tópico: o papel criador do Direito desempenhado pela Jurisprudência não vai ao ponto de uma total independência dos ditames da lei, como querem os defensores do chamado **direito alternativo**. Com a finalidade de se alcançar a justiça social, preconizam a figura do *juiz reformador*, daquele que não se mantém neutro ideologicamente, mas que se conscientiza do grau de injustiça que atinge economicamente camadas sociais e deve minorar a sorte dos pobres, incutindo ação política nos atos decisórios. Essa nunca foi – nem será – a função do juiz, mas, sim, do político. Muito embora possa e deva o juiz decidir com certa flexibilidade, tem que respeitar a moldura jurídica estabelecida na lei; deve obediência à lei, não cega como no passado, mas *uma obediência inteligente*. Deve atuar, na feliz

---

[7] *O Globo*, 25.05.2009.

imagem de Ana Lucia Sabadell, "*como um pensador adjunto do legislador. Temos aqui uma escola jurídica de corte sociológico, porque se preocupa com as condições do direito na realidade social, ou seja, com o contexto de conflitos de necessidades humanas no qual o direito está inserido*".[8]

25.4. Exemplos de jurisprudência transformada em lei

Durante muito tempo, por exemplo, a pensão alimentícia só era devida após o trânsito em julgado da sentença, como, em regra, acontece com todas as decisões judiciais. Isso acarretava uma série de problemas sociais, impondo um regime de fome ao alimentando durante o curso do processo, razão pela qual a jurisprudência passou a entender ser a pensão devida a partir da citação inicial. Tal entendimento tornou-se tão reiterado que, por corresponder a uma necessidade, acabou sendo encampado pelo legislador e transformado em lei. Algo idêntico ocorreu com os direitos da companheira, reconhecidos pela jurisprudência com base na sociedade de fato. A lei, que lhe era tão desfavorável, hoje lhe garante inúmeros direitos graças aos avanços introduzidos pela jurisprudência. Vários dispositivos da atual Lei das Locações tiveram por fonte o entendimento jurisprudencial.

A Súmula n. 187 do Supremo Tribunal Federal, que dispõe que "*A responsabilidade contratual do transportador, pelo acidente com o passageiro, não é elidida por culpa de terceiro, contra o qual tem ação regressiva*", foi positivada, *ipsis verbis*, no art. 735 do Código Civil de 2002.

Inúmeras outras inovações e progressos jurídicos poderiam ser mencionados, o que evidencia que a jurisprudência constitui uma atividade verdadeiramente construtora e pode, consequentemente, contar-se entre as fontes do direito.

Razão assiste ao saudoso mestre Hermes Lima ao afirmar:

> *Entretanto, desde que a posição do juiz não é a de um escravo ou de um autômato em face da lei, desde que seu poder de aplicar inclui necessariamente o de interpretar, o de tornar a lei adequada à espécie sobre que vai decidir, não resta a menor dúvida que a jurisprudência exerce profunda influência no desenvolvimento do direito positivo.*
>
> *Podemos afirmar que o direito é a lei aplicada mais o que ela recebeu do órgão – Juiz ou Tribunal – que a executou. A ambiência que cerca a espécie sub iudice, ambiência econômica, social e política, reflete-se necessariamente na obra do magistrado. Certo, ele tem seus pontos objetivos de referência, ele se conduz em função de certos princípios gerais estabelecidos, porém o ajustamento da lei ao*

---

[8] SABADELL, Ana Lucia. *Manual de sociologia jurídica*: introdução a uma leitura externa do direito. São Paulo: Ed. RT, 2002. p. 33.

caso em questão está condicionado a uma estimativa de natureza pessoal e a uma apreciação, que não chamarei de criadora, porém certamente construtora.[9]

25.5. Relação entre a jurisprudência e o costume

Sempre que o juiz é chamado a decidir um caso que não está claramente previsto em lei terá que encontrar uma solução compatível com os interesses ou as conveniências sociais. A sentença deverá refletir a opinião coletiva sobre o fato. Conclui-se daí que a decisão do juiz é baseada nos costumes. Sem dúvida, o costume não lhe dita explicitamente a decisão, mas exerce sobre ele uma pressão latente e irresistível; serve-lhe de substrato, fazendo seu papel consistir não em encontrar uma solução nova, mas em procurar a mais adequada às aspirações do meio que o cerca. Por isso, costuma-se dizer que os juízes descobrem o direito, encontram as normas já existentes no seio da sociedade. Tal como os antigos pretores romanos, devem ter sensibilidade jurídica para encontrar e extrair, do próprio ambiente social, as normas a serem aplicadas em suas decisões.

26. A LEI

A palavra "lei" vem de *ligar*, porque, em sentido jurídico, obriga a agir.

Se a lei é liame, ligação ou vínculo, qual o antecedente e o consequente? *O antecedente* – diz Ruy Barbosa Nogueira – *é o fato social ou relação fática concreta a que a lei se reporta ou descreve e o consequente o efeito que a lei atribui à ocorrência fática. A Lei, portanto, transforma, para seus fins, o fato ou a relação fática em fato jurídico (gerador) ou relação jurídica.*[10]

Ruggiero, por sua vez, diz que lei é toda norma jurídica oriunda dos órgãos da soberania, aos quais, segundo a constituição política do Estado, é conferido o poder de ditar regras de direito.[11] Poderíamos dizer que lei é a regra social obrigatória emanada da autoridade a que, no Estado, se reconhece a função legislativa.

A função legislativa, entre nós, é conferida especialmente ao Poder Legislativo, mas também, em certos casos, ao Poder Executivo, o que evidencia não ser possível tomar o termo "legislativo" em sentido restrito. Todo e qualquer órgão que dite norma genérica de conduta é legislativo em si, porque esse termo significa o poder de fazer lei em sentido formal.

Costuma-se dizer que a lei é o tegumento do direito, a sua forma escrita, por meio da qual o direito se exterioriza e se torna conhecido. Daí a razão de ser a lei

---

[9] LIMA, Hermes. *Introdução à Ciência do Direito*. 12. ed. Rio de Janeiro: Livraria Freitas Bastos, 1969. p. 205-206.
[10] NOGUEIRA, Ruy Barbosa. *Curso de direito tributário*. 10. ed. São Paulo: Saraiva, 1990. p. 54.
[11] RUGGIERO, Roberto de. *Instituições de Direito Civil*. São Paulo: Saraiva, 1971. p. 83.

considerada a fonte formal imediata do direito; quer dizer, a lei é a forma, que nos transmite o conhecimento do núcleo jurídico que a anima – o direito. Em suma, a lei é continente e o direito é conteúdo.

26.1. Semelhança e distinção entre a lei e o costume

Quanto ao conteúdo, tanto a lei como o costume são regras de conduta, decorrentes das necessidades sociais. Com efeito, assim como os costumes têm origem nas necessidades sociais, o legislador, ao elaborar a norma legal, deve estar atento às mesmas necessidades, sob pena de fazer uma lei ineficaz, sem aplicação prática. Nisso, portanto, a lei e o costume se assemelham. Ambos são, em princípio, expressão da vontade do grupo, formas de exteriorização do direito.

Diferem, entretanto, em muitos aspectos:

1) *Quanto à origem* – o costume, como já vimos, emana diretamente da sociedade, e a lei de um órgão estatal. Por isso, o costume, historicamente, é anterior à lei. Esta só surgiu quando a sociedade chegou ao estágio de organizar-se política e juridicamente, criando o Estado. Até então, toda a regulamentação da vida social foi feita por meio do costume.

2) *Quanto ao processo de elaboração* – o costume, também já vimos, é de formação livre, espontânea, gradativa; vai se formando paulatinamente, à medida que determinada conduta vai sendo aceita e reiterada pelo grupo. O processo de elaboração da lei, entretanto, é formal, preestabelecido, iniciando-se com um projeto, passando por discussão, votação, sanção, promulgação, até chegar à publicação. Nunca podemos saber com precisão quem, quando e onde teve origem determinado costume. Já quanto à lei, sabemos exatamente quando foi elaborada, quando entrou em vigor e quando foi revogada.

3) *Quanto à forma* – o costume se exterioriza por meio de condutas reiteradas e é transmitido, em regra, por via oral; passa de pai para filho pela tradição. A lei se exterioriza por escrito e mediante fórmulas rígidas, precisas. Eis aí outra razão pela qual o costume é anterior à lei: somente depois do surgimento da escrita, em uma época relativamente recente da história humana, é que se tornou possível a elaboração das primeiras leis. Por isso, as mais antigas leis conhecidas são os textos mesopotâmicos do segundo milênio a.C., dos quais o mais famoso é o Código de Hamurabi, rei da Babilônia. O Decálogo hebraico – os dez mandamentos – é de alguns séculos mais tarde e as leis indianas de *Manu* datam do III século a.C.

26.2. Sistema preferido – o costume ou a lei?

Em torno dessa questão travou-se grande controvérsia na Alemanha, no começo do século XIX, entre dois juristas de escol. Savigny, o fundador da Escola Histórica, partidário do direito consuetudinário, sustentava que o costume devia prevalecer sobre a lei por ser a expressão direta e pura das aspirações da coletividade nacional. No seu entender, a codificação dificultaria a evolução natural do Direito, emperrando o seu desenvolvimento e tornando-o desadequado à realidade social. Em oposição se colocava Thibaut, ardoroso defensor da codificação. Para ele, o costume, longe de ser mais flexível do que a lei, tende a se incrustar, tornando-se mais difícil sua modificação. A lei, além de se adaptar mais facilmente às novas condições sociais (desde que o legislador esteja atento e disposto a isso), apresenta a grande vantagem de proporcionar um conhecimento mais rápido e oferecer maior segurança do que o costume.

Dessa controvérsia resultou que a maioria dos Estados modernos vive sob o regime da codificação, apenas alguns preferindo o direito consuetudinário.

Já ficou assentado que a lei é, essencialmente, objeto de estudo da Ciência do Direito. A Sociologia Jurídica só se preocupa com a eficácia da lei, como veremos nos próximos capítulos.

Capítulo 7
IMPORTÂNCIA DO ESTUDO DAS CIÊNCIAS SOCIAIS E DA SOCIOLOGIA JURÍDICA EM ESPECIAL

> O desenvolvimento científico. Efeitos do progresso científico no mundo social. A importância das ciências sociais. Importância da Sociologia Jurídica.

33. O DESENVOLVIMENTO CIENTÍFICO

Na primeira metade do século XX, as grandes potências mundiais deram grande importância ao estudo das ciências chamadas exatas. Todas as atenções foram voltadas para as pesquisas no campo da Física, Química, Matemática, Astronomia, investindo-se fabulosas somas no desenvolvimento de arrojados projetos quase impossíveis.

Como resultado, houve um progresso científico nunca dantes visto ou esperado! Inúmeros inventos e descobertas ocorreram, permitindo ao homem penetrar no mundo do invisível – tanto das minúsculas bactérias como dos gigantescos corpos celestes distantes milhões de anos-luz. As casas encheram-se de aparelhos eletrodomésticos, em tão grande número e variedade que, se formos adquiri-los todos, precisaremos de duas casas – uma para a família e outra para os aparelhos. As ruas, outrora calmas e livres, encheram-se de veículos dos mais variados tipos; o mar encheu-se de navios das mais variadas procedências, bem como de submarinos e outros objetos destinados à navegação; o ar, de aviões, os mais poderosos e velozes, de naves espaciais, satélites artificiais e até de objetos "não identificados".

O homem, verdadeiramente, adquiriu o dom da ubiquidade, pois pode estar em vários lugares quase ao mesmo tempo. Liga o celular e fala com alguém no outro lado do mundo; liga a televisão e vê o que está se passando, naquele instante, em outro continente, ou até mesmo na Lua; toma café no Rio de Janeiro e janta em Nova York, nos Estados Unidos; entra na internet e, literalmente, põe-se em contato com qualquer pessoa em qualquer parte do mundo, acessa qualquer informação, compra o que quiser, vê o que pretender, comanda operações de muitos milhões de dólares, e assim por diante.

Em consequência desse fantástico progresso científico, tudo se transformou em nossa sociedade. Não percebemos o vulto das transformações porque ocorreram todas em nossos dias, e fomos a elas nos acostumando gradativamente. Passaram a ser naturais. No entanto, se um ancestral nosso, que morreu aí pelo ano de 1900, voltasse à nossa sociedade, não acreditaria no que veria: pensaria que estava em outro mundo.

Já houve até um filme que explorou essa motivação. Era a história de um indivíduo, congelado, acidentalmente, por volta de 1700, e descongelado em 1976 em um mundo totalmente diferente. Para evitar-lhe problemas psíquicos, seus descendentes tiveram que remontar em torno dele o mundo em que viveu – com carruagens, roupas compridas etc.

Para termos ideia do progresso científico que houve em nossos dias e das transformações ocorridas, basta que atentemos para o seguinte: qual era o sistema de transporte mais rápido 2.000 anos antes de Cristo? O lombo de animal. Dois mil anos depois, nos dias de Cristo, qual era o meio de transporte mais rápido? Continuava sendo o lombo de animal. Mil e oitocentos anos depois, qual era o meio de transporte mais rápido? Continuava o mesmo. O nosso D. Pedro I proclamou a independência, não em cima de um tanque de guerra, mas ainda em cima de um cavalo, no qual viajava entre Rio e São Paulo. Na Europa e nos demais países civilizados, também o transporte era o mesmo. Isso demonstra que, em quase quatro mil anos de história, a humanidade pouco progrediu no campo científico. O único acontecimento isolado, de grande impacto cultural sobre a sociedade, ocorreu por volta de 1450, quando Johann Gutenberg, um ourives da cidade de Mainz, na Alemanha, inventou o tipo móvel e apresentou a primeira prensa na Europa.[1] O invento mudou a cultura ocidental para sempre. Gutenberg levou dois anos para compor os tipos de sua primeira *Bíblia*, mas, uma vez feito isso, teve condições de imprimir múltiplos exemplares. Antes de Gutenberg, todos os livros eram copiados à mão. Os monges, que em geral eram encarregados de copiar a *Bíblia*, raramente conseguiam fazer mais de uma por ano. A prensa de Gutenberg era, em comparação, uma impressora a *laser* de alta velocidade.

O aparecimento da prensa fez mais pela cultura ocidental do que simplesmente introduzir uma forma mais veloz de reproduzir um livro. Até aquela época, apesar do transcurso das gerações, a vida fora comunitária e praticamente imutável. A maioria das pessoas só conhecia aquilo que fora visto com os próprios olhos ou ouvido em relatos de terceiros. Muito poucas se aventuravam para além das fronteiras da aldeia, em parte porque, sem mapas confiáveis, em geral era quase impossível encontrar o caminho de volta. Como diz James Burke, um de meus autores favoritos: "*Nesse mundo, todas as experiências eram pessoais: os horizontes eram pequenos, a comunidade olhava para dentro. O que existia no mundo exterior era uma questão de ouvir dizer*". Ao chegarmos perto do século XX, porém, os inventos começaram a surgir: um descobriu a energia elétrica, outro a máquina a vapor, outro ainda o motor a explosão, e assim as rodas começaram a correr.

---

[1] A China e a Coreia já possuíam prensas.

O primeiro trem andava à velocidade de 6 km por hora: era um espanto para a época. Um idoso que se encontrava na estação, ao vê-lo, pôs-se a advertir os passageiros, dizendo repetidas vezes: "Essa coisa não vai andar". E, quando o trem andou, ainda mais desnorteado, o idoso se pôs a gritar: "Essa coisa não vai mais parar". E não parou mesmo, porque, de 6 km por hora, passou em pouco tempo a 60, 120 km etc. Hoje, como se sabe, os homens voam a fantásticas velocidades, já de muito ultrapassaram a barreira do som, dominando o espaço sideral.

O mais impressionante de tudo é que a maioria dos inventos ocorreu depois da Segunda Grande Guerra Mundial e da desintegração do átomo.

34. EFEITOS DO PROGRESSO CIENTÍFICO NO MUNDO SOCIAL

Enquanto as ciências chamadas exatas eram estudadas e pesquisadas, as ciências sociais ficaram esquecidas, resultando disso um descompasso entre o progresso científico e a evolução social. As instituições sociais, relegadas a segundo plano, não acompanharam o desenvolvimento científico e tecnológico.

Desse desequilíbrio resultou que o progresso científico, em vez de resolver os problemas sociais – sua razão de ser –, agravou-os ainda mais, perdendo de vista seu objetivo, que é o próprio homem. Criou superpotências capazes de dominar e destruir as demais; deu origem a uma classe extremamente privilegiada em detrimento das demais, gerando novos planos na desigualdade social; trouxe poluição atmosférica, sonora, fluvial e até do mar, a ponto de tornar impossível a vida em certos lugares; agravou os problemas de trânsito, acarretando acidentes que matam e mutilam mais do que as guerras.

Enquanto o homem se empenhava em conquistar a Lua, perdia terreno em seu próprio grupo, permitindo a formação de um clima propício a lutas de classes, choques ideológicos, aumento da criminalidade. A explosão demográfica, por falta de uma ação preventiva, tornou-se um fato irreversível, sério, a ponto de um ex-presidente norte-americano afirmar que a mais perigosa sombra que ameaça a humanidade atualmente não é a bomba atômica, mas a cegonha.

Compreendeu-se tardiamente que o progresso científico deve ser integrado, vinculado ao desenvolvimento social; só nessa harmonia traz benefício à humanidade, realizando-lhe os objetivos.

Concluiu-se também ser necessário planejar o desenvolvimento social, sob pena de tornar-se impossível a vida em coletividade. Quando a sociedade cresce desordenadamente, torna-se um polvo gigantesco, com inúmeros tentáculos ou segmentos, confusa e turbulenta. A sociedade tem que caminhar para o autoconhecimento, visando ao planejamento do próprio desenvolvimento. Tem que conhecer o que se passa em seu seio como temos que nos conhecer a nós mesmos.

A planificação da sociedade não é mais considerada incompatível com a democracia, nem apenas um sonho dos marxistas ou fascistas, empolgados pelos problemas decorrentes da aparente necessidade de controlar as massas. É hoje uma imposição da vida em coletividade, sem a qual não haverá organização, segurança, progresso, liberdade. Provam isso os problemas sociais de violência, miséria, abandono infantil, reinantes nos grandes centros socialmente mal organizados.

35. A IMPORTÂNCIA DAS CIÊNCIAS SOCIAIS

Houve o despertar da consciência para a importância das ciências sociais e a necessidade de estudá-las, pesquisá-las, desenvolvê-las, como foi feito com as ciências exatas.

Por isso, de algum tempo para cá se tornou obrigatório o estudo das ciências sociais em quase todos os cursos superiores; inúmeras e extraordinárias obras foram escritas sobre o assunto, pesquisas e projetos desenvolvidos; criaram-se cursos universitários específicos nesse fascinante ramo do conhecimento humano, destinados a preparar especialistas em planejamento e organização social.

Dentre os juristas e sociólogos que entre nós se têm dedicado ao assunto, destacamos: Eusebio de Queiroz Lima, que escreveu o conhecido livro *Princípios de sociologia jurídica*, editado pela primeira vez em 1922; Carlos Campos, *Sociologia e Filosofia do Direito*; Evaristo de Moraes Filho, que editou em 1950 a obra intitulada *O problema de uma sociologia do direito*; e Orlando Gomes, *A crise do direito* (1955). Mais recentemente: F. A. de Miranda Rosa lançou a notável *Sociologia do direito*, e A. L. Machado Neto escreveu *Sociologia jurídica*. Dos autores estrangeiros com obras traduzidas para o português, não podemos deixar de mencionar a *Sociology of law* de Gurvitch, em magistral tradução de Djacir Menezes, sob o título *Sociologia jurídica*, 1946, e a *Sociologia do direito* de Henri Lévy-Bruhl, traduzida por Teruka Minamissawa, em 1964, do original *Sociologie du droit*.

36. IMPORTÂNCIA DA SOCIOLOGIA JURÍDICA

A Sociologia Jurídica é da maior importância, em primeiro lugar, para o Legislador, pois lhe fornece as informações e elementos necessários à elaboração das leis. Com efeito, sem conhecer os fatos que estão ocorrendo no grupo, as relações que necessitam de melhor disciplinamento, os conflitos que se travam – a realidade social, enfim –, nenhum legislador tem condição de elaborar leis eficazes.

Por outro lado, é preciso, com frequência, ajustar a lei às novas realidades sociais, visto que, sendo a lei estática e a sociedade dinâmica, com o passar do tempo aquela acaba se tornando ultrapassada, obsoleta. Esses ajustes só alcançarão seus objetivos se o legislador estiver devidamente informado sobre aquilo que precisa mudar. Bom exemplo disso são as reformas da previdência social, da segurança e de outras áreas jurídicas, apregoadas como urgentes e inadiáveis, são decorrência das novas realidades sociais das últimas décadas.

Ao Juiz, a Sociologia Jurídica possibilita aplicar o Direito de modo compatível com as necessidades sociais, visto que, conhecendo-as, poderá, sem desrespeitar as leis da hermenêutica, por meio de uma interpretação ora extensiva, ora restritiva, ou mesmo por meio da analogia, fazer o Direito acompanhar as evoluções sociais.

Nesse sentido a lição do prestigiado Humberto Theodoro Júnior:

> *A boa aplicação do direito exige do juiz não apenas o domínio da ciência do direito, mas também da filosofia do direito para chegar às raízes das normas jurídicas, e, sobretudo, da Sociologia Jurídica, para compreender as aspirações da sociedade que concebeu a ordem jurídica, cuja realização foi atribuída ao Poder Judiciário.*
>
> *Nesse sentido, o bom juiz não é aquele que sabe apenas o direito como norma, mas, principalmente, adequar cada caso à lei, visando, com isto, a identificar a lei com os anseios da sociedade.*[2]

Orlando Gomes, um dos nossos grandes juristas, bem colocou essa questão quando disse: "*A realidade jurídica constitui-se de dois elementos fundamentais: o material e o formal. O primeiro é a matéria prima da experiência jurídica, constituindo-se* **de fatos sociais**. *O outro é formado de um conjunto de normas. São inseparáveis. Segundo Pugliatti, o elemento material isolado toma cor neutra e o elemento formal, escoteiro, caráter abstrato*". E, mais adiante, enfatiza:

> ***O direito é um fenômeno social****, não sendo possível estudá-lo abstraindo-o da sociedade. Não basta descrever os elementos formais da realidade jurídica composta das normas vigentes em determinado momento histórico, numa sociedade determinada. A missão do jurista compreende a interpretação das leis que regem a sociedade. E essa interpretação não pode circunscrever-se à qualificação dos fatos jurídicos ou à fixação das condições de validade da conduta do indivíduo no exercício dos direitos deferidos ou no cumprimento das obrigações impostas.* **Para interpretá-las, o jurista toma contato, necessariamente, com a realidade social subjacente.** *Só por abstração se pode separar a forma do conteúdo. Eis por que, no estudo do Direito Civil pátrio, não nos ateremos ao método preconizado pelos normativistas, mas sim ao dos que consideram o direito um fenômeno social e entendem que a ciência jurídica não se esgota na elaboração de uma teoria geral ou na técnica de logicar através de silogismos próprios de uma sentença judicial.*[3]

Para o advogado, o profissional do Direito, como para o estudante, a Sociologia Jurídica proporciona uma visão mais ampla e real do fenômeno jurídico. Revela-lhes que o Direito não é somente um conjunto de normas estáticas, frias, que devem ser aplicadas independentemente de qualquer finalidade ou objetivo, mas também um

---

[2] THEODORO JÚNIOR, Humberto. *Direitos do consumidor.* 5. ed. Rio de Janeiro: Forense, 2008. p. 294.
[3] GOMES, Orlando. *Introdução ao direito civil.* 3. ed. Rio de Janeiro: Forense, 1971. p. 14 e 16.

fato, a realidade social dinâmica em permanente evolução, à qual as normas deverão se ajustar sob pena de perderem a finalidade, tornando-se ineficazes e obsoletas.

Podemos concluir afirmando que, se dermos a devida atenção à Sociologia Jurídica e progredirmos suficientemente em seu estudo, será possível evitar a improvisação em inúmeras questões administrativas e legislativas, alcançando a necessária adequação entre os fins sociais e as normas jurídicas que se destinam a realizá-los. Os legisladores poderão cumprir melhor sua função prevendo as tendências da legislação; os governantes e os juízes serão capazes de dar aplicação mais precisa às normas de direito que tiverem sido editadas.

Capítulo 8
OBJETO DA SOCIOLOGIA JURÍDICA

O entendimento de Émile Durkheim. O pensamento de Georges Gurvitch. O objeto da Sociologia Jurídica na concepção de Edmond Jorion. O objeto da Sociologia Jurídica segundo Recaséns Siches. A posição de Renato Treves.

37. O OBJETO DA SOCIOLOGIA JURÍDICA

No estudo de toda ciência, é da maior importância precisar seu objeto, estabelecer seu método e conhecer suas leis. Por **objeto** entende-se o campo específico de atuação de uma ciência, o fim a que se propõe, o objetivo que visa alcançar. **Método** é o caminho que se deve seguir para alcançar os objetivos de uma ciência, o processo a ser aplicado para realizar suas finalidades. **Leis** são aquelas regularidades, fenômenos que se repetem com frequência no campo de uma ciência.

Vamos de ora em diante nos dedicar ao exame do objeto da Sociologia Jurídica, porque disso depende uma boa compreensão quanto à razão prática dessa disciplina.

Quando tratamos da autonomia da Sociologia Jurídica, vimos que o seu objeto é o direito fato. Vamos procurar agora explicitar esse objeto, examinando a sua divisão interna. Em suma, procuraremos precisar o que está contido no estudo do direito como fato.

É preciso, entretanto, adiantar desde logo que, em torno dessa questão, não há perfeita concordância entre os autores, razão pela qual procuraremos expor o entendimento dos principais, para então adotarmos o entendimento que nos parece mais completo.

38. O ENTENDIMENTO DE ÉMILE DURKHEIM

Para esse notável sociólogo francês, um dos fundadores da escola sociológica do direito, seria objeto da Sociologia Jurídica:

a) a investigação de como as regras jurídicas se constituíram real e efetivamente;

b) o modo como as normas jurídicas funcionam na sociedade.[1]

---

[1] DURKHEIM, Émile. *Leçons de sociologie*. Paris: PUF, 1950.

No primeiro item, estaria incluído o exame das causas que determinam o surgimento das regras jurídicas, os fatos sociais que as suscitam, bem como as necessidades que visam satisfazer. Somente quando as normas estão ajustadas aos fatos é que poderão atender aos objetivos para os quais foram elaboradas.

No segundo item, procura-se saber dos resultados decorrentes da existência da norma, isto é, se está ou não sendo aplicada, se há ou não estrutura para isso etc.

39. O PENSAMENTO DE GEORGES GURVITCH

Georges Gurvitch foi um sociólogo e jurista russo que atuou prevalentemente na França e cujas obras foram traduzidas para vários idiomas. Em 1944, ele fundou a revista *Cahiers Internationaux de Sociologie* e ocupou uma cadeira de Sociologia na Universidade da Sorbonne, em Paris. Sua carta de Direitos Sociais, elaborada no final da Segunda Guerra Mundial, foi uma tentativa de afirmar um modelo jurídico de direitos sociais para o mundo pós-guerra.

Segundo Gurvitch, citado por Machado Neto, a Sociologia Jurídica pode ser dividida, de acordo com as diversas abordagens metódicas de seu objeto, em três itens:

a) Sociologia Sistemática do Direito ou Microssociologia do Direito;
b) Sociologia Diferencial do Direito, incluindo uma Tipologia Jurídica dos Grupos Particulares e uma Tipologia Jurídica das Sociedades Totais;
c) Sociologia Genética do Direito.[2]

No primeiro item, teríamos o estudo das relações das formas de sociabilidade por interpenetração (massa, comunidade, comunhão) com os fenômenos geradores do direito social, e das formas de sociabilidade por interdependência (relações de aproximação, de afastamento ou mistas) com os fenômenos originários do direito interindividual, bem como o estudo dos planos de profundidade do direito.

No segundo item, Gurvitch se serve de sua classificação dos grupos para estudar as relações do direito com cada tipo de agrupamento social, dando ênfase especial ao estudo da soberania e das relações das diversas ordens jurídicas com o direito estatal.

Por fim, o último item trata das relações de interinfluência que se estabelecem entre o direito, por um lado, e a base ecológica da sociedade, a economia, a religião, a moral, o conhecimento e a psicologia coletiva, por outro.

40. O OBJETO DA SOCIOLOGIA JURÍDICA NA CONCEPÇÃO DE EDMOND JORION

Para Jorion, como já assinalamos, a Sociologia do Direito e a Ciência do Direito constituem uma só e mesma disciplina, tendo por objeto o fenômeno jurídico, no que,

---

[2] NETO, Machado. *Sociologia jurídica*. 2. ed. São Paulo: Saraiva, 1990. p. 124.

data venia, se encontra superado. O autor belga, entretanto, propõe o seguinte quadro de tarefas para a Sociologia Jurídica:

a) Observação e análise dos fatos.
b) Seu tratamento tipológico (reagrupamento, classificação, estudos comparativos).
c) Estudo da gênese das regras jurídicas e de sua evolução.
d) Relação do Direito com outros fenômenos sociais (influência do Direito sobre a sociedade e vice-versa).
e) Definição, pela Sociologia do Direito, de seus próprios limites.[3]

41. O OBJETO DA SOCIOLOGIA JURÍDICA SEGUNDO RECASÉNS SICHES

O destacado professor espanhol, radicado no México, notável jurista, filósofo e sociólogo, deu grande impulso ao pensamento jurídico-filosófico latino-americano. Siches insere o direito nos objetos culturais, por ser criado pelo homem com o fito de realizar valores, considerando-o como parte da vida humana. A norma jurídica que não opera real e efetivamente não passa de um pedaço de papel, por isso ela deve reviver sempre que for aplicada. Siches atribui à Sociologia Jurídica duas séries de temas:

a) Estudo de como o direito, enquanto fato, representa o produto de processos sociais.
b) Exame dos efeitos que o Direito constituído causa na sociedade, sejam eles positivos, negativos ou de interferência com outros fatores.[4]

O primeiro item proposto por Siches trata do direito como fenômeno condicionado pela sociedade, como produto resultante de um complexo de fatores sociais. Já o segundo item cuida da influência conformadora ou condicionante do Direito sobre a sociedade. Em síntese, o direito é, ao mesmo tempo, um fenômeno condicionado e condicionante da sociedade.

Poderíamos ilustrar o entendimento de Siches mediante o seguinte quadro:

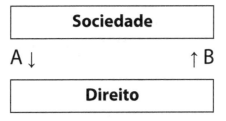

---

[3] JORION, Edmond. *De la sociologie juridique*: essai. Bruxelles: Université Libre de Bruxelles, 1967. p. 211.
[4] SICHES, Luis Recaséns. *Tratado de sociologia*. Porto Alegre: Globo, 1965. p. 693.

No primeiro plano (linha A), figura a sociedade como fator condicionante do direito. É a sociedade que dá origem ao direito, fazendo-o surgir das inter-relações sociais, sendo, portanto, um produto manipulado pela sociedade.

No segundo plano (linha B), figura o Direito constituído exercendo influência condicionadora sobre a sociedade. É inegável que, uma vez constituído em normas de conduta e disciplinamento, o Direito passa a condicionar o comportamento do grupo.

Para ilustrar as relações existentes entre a sociedade e o Direito, conforme o entendimento de Siches, poderíamos dizer que ocorre algo semelhante ao que se passa entre a sociedade e o indivíduo.

De todos os fatores que atuam sobre o indivíduo, sem dúvida o mais dominante é o sociocultural. Até se costuma dizer que somos produto do meio porque, em verdade, dele dependemos grandemente para tudo. Tomemos o exemplo de quem escreve um livro.[5] Em que medida o livro é produzido pelo seu autor? Quanto do autor em si, exclusivamente, haverá naquele livro? Começa que ele escreve em uma língua que não inventou, resultado de longa evolução histórica, de formação lenta e paulatina. Escreve sobre um tema que reflete uma soma de conhecimentos adquiridos em livros, revistas, jornais, escola, professores etc. – patrimônio da cultura universal assimilado graças a uma pluralidade de inventos sociais. Para escrever, depende o autor de uma série de recursos materiais, como tinta sintética, papel, luz artificial, computador, internet etc., fontes de trabalho e inventos de outrem. Ficaríamos alarmados se fôssemos pesquisar o que foi necessário, no correr dos séculos, para que ele pudesse estar escrevendo em uma folha de papel, ou em uma tela de computador, e não em um papiro ou coisa semelhante. Até o livro sair publicado, muitas outras pessoas terão que concorrer para a edição, não podendo ser esquecidas as figuras do editor, dos operários que manipularão as máquinas etc. Aí a obra sai publicada com o nome do seu autor na capa. Mas, na realidade, é obra exclusiva do autor?

Somos tão dependentes do social que nem poderíamos falar a língua que pretendêssemos. Não teríamos com quem falar. Por isso, a maior dificuldade de quem vai para um país diferente é a língua. Se quiser se comunicar, terá que aprender a língua falada no meio social para onde vai.

O gênio não existiria se não fosse o social, pois deve mais à coletividade do que a si mesmo. Newton, Einstein e outros não passariam de um pajé ou cacique se tivessem nascido em uma tribo indígena. O próprio Newton afirmou: "*Se vi mais longe foi porque estive sustentado em ombros de gigantes*".

Entretanto, apesar de receber tanta influência condicionante do meio social, o indivíduo exerce influência sobre o grupo. Todo progresso, mudança cultural etc. surgem na sociedade graças aos condutos da criação individual. Não foi a sociedade,

---

[5] Exemplo de NETO, Machado. *Sociologia jurídica*. 2. ed. São Paulo: Saraiva, 1990. p. 139-140.

mas, sim, o indivíduo, que inventou o cálculo infinitesimal, a lâmpada elétrica, a máquina a vapor. O impulso criador da mudança cultural e do progresso social é, pois, o indivíduo. É que a sociedade, por mais que condicione o indivíduo, não consegue a socialização integral de todos os indivíduos, o que é bom, pois, caso contrário, seria a massificação. Certas zonas da personalidade não chegam a ser inteiramente socializadas, operando elas o milagre da inovação.

Algo semelhante, como já se disse, ocorre entre o Direito e a sociedade. Como fato, é o Direito um produto social, elaborado pela sociedade. No capítulo sobre os Fatores Sociais da Evolução do Direito, ao qual nos reportamos, ficou evidenciada essa influência condicionadora da sociedade sobre o Direito, fazendo-o evoluir. Quando erigido em norma de conduta, entretanto, o Direito passa a disciplinar as relações sociais, condicionando condutas. Exercendo influência sobre o grupo, ao mesmo tempo que o Direito é condicionado, também condiciona. Essa reciprocidade de influência produz constantes modificações no direito fato, e, por sua vez, no Direito norma, que tem que disciplinar os novos fatos – evolução milenar que durará enquanto existir a sociedade.

Siches dá maior ênfase ao primeiro item da sua proposição temática, subdividindo-o em uma série de novos temas, todos resumíveis na questão da influência condicionadora da sociedade sobre o Direito, a saber:

I – Os fatores constantes da realidade jurídica.

II – Os dados (variáveis) da matéria social:

a) realidade de uma série de relações sociais não reguladas juridicamente, ou melhor – dado que a plenitude do ordenamento jurídico não permite tais vazios –, ainda não suficiente ou convenientemente reguladas;

b) tendências e correntes que ainda não obtiveram expressão normativa;

c) representações axiológicas das pessoas que integram o grupo;

d) mútuas correlações empíricas entre o Direito e outros produtos da cultura (religião, filosofia, arte, técnica, economia etc.);

e) fenômenos de organização espontânea;

f) necessidades e fins da vida humana que estejam pressionando em dado momento.

42. A POSIÇÃO DE RENATO TREVES

O ilustre sociólogo e filósofo italiano, professor nas Universidades de Messina e Urbino, em sua obra *La sociologia del diritto*, ao analisar os assuntos que têm constituído o objeto da Sociologia Jurídica, sustenta que eles se agrupam, principalmente, em três tipos de indagações:

1) estudo da eficácia das normas jurídicas e dos efeitos sociais que tais normas produzem;

2) estudo dos instrumentos humanos de realização da ordem jurídica e de suas instituições;

3) estudo da opinião do público a respeito do direito e das instituições jurídicas.[6]

De todos os autores mencionados, entendemos ser Renato Treves o que melhor colocou o problema relacionado com o objeto da Sociologia Jurídica. Os temas por ele propostos, além de mais compatíveis com o campo de atuação da Sociologia Jurídica, são mais abrangentes e, praticamente, envolvem os temas propostos pelos demais autores, razão pela qual vamos adotar essa classificação em nossos estudos daqui para frente.

Veremos o que é eficácia, quando a norma é eficaz e por quê; o que são efeitos, que tipos de efeitos as normas podem produzir, o que evidencia a influência condicionadora do Direito sobre a sociedade. Trataremos também dos agentes do Direito na sociedade e sua função, quando teremos oportunidade de ver que não adianta ter leis e não aplicá-las. É preciso uma estrutura adequada de pessoal e material para aplicar a lei, sob pena de a lei não atingir os seus objetivos sociais. Por último, trataremos da opinião pública, que, se atendida, funciona como termômetro a indicar ao legislador as mudanças a serem feitas na lei e nas instituições sociais.

---

[6] TREVES, Renato. *Sociologia del diritto*: origini, ricerche, problemi. Torino: Einaudi, 1993. p. 23-25.

Capítulo 9
EFICÁCIA DAS NORMAS JURÍDICAS E SEUS EFEITOS SOCIAIS

A noção de validade e de eficácia. Efeitos da norma. Eficácia da lei. Efeitos positivos da lei: de controle social; efeito educativo da norma; efeito conservador da norma; efeito transformador da norma. Efeitos negativos: pela ineficácia da lei; pela omissão da autoridade em aplicar a lei; pela falta de estrutura adequada à aplicação da lei.

No capítulo anterior, após examinarmos o pensamento de vários autores sobre o objeto da Sociologia Jurídica, destacamos o entendimento do Prof. Renato Treves, o qual, dissemos, tomaremos como roteiro de ora em diante.

Nossa tarefa será, pois, examinar o primeiro item da classificação por ele sugerida, procurando definir a eficácia e os efeitos das normas jurídicas; estabelecer as causas da ineficácia das leis e os tipos de efeitos que elas podem produzir e por quê.

Cumpre, então, lembrar que a **eficácia** está intimamente relacionada com a **validade** e a **existência**, três conceitos que a todo momento se repetem no estudo do Direito. Lei alguma (ou negócio jurídico) será eficaz sem que antes exista e seja válida, o que nos leva aos conceitos de **elementos, de requisitos e de efeitos**.

43. A NOÇÃO DE EXISTÊNCIA E DE VALIDADE

Para que uma coisa exista, é necessário que ela seja constituída com todos os seus elementos. E assim é porque os elementos são partes do todo, aquilo sem o qual a coisa não existe. Ato inexistente é aquele que não contém os elementos necessários para se constituir. Ele jamais será válido e, por via de consequência, não produzirá efeitos.

A **validade** depende dos requisitos e estes, por sua vez, dizem respeito à qualidade dos elementos. Havendo os elementos, existe o ato ou negócio jurídico, mas, para que este seja válido, é preciso que os seus elementos estejam revestidos de determinados requisitos. Por exemplo, se em um contrato uma das partes for incapaz, embora o contrato exista, não será válido por falta de um requisito essencial em um dos seus elementos – a capacidade.

Vemos, assim, que válido é aquilo que tem todos os seus elementos revestidos dos requisitos essenciais. Quando queremos saber se um ato ou negócio jurídico é válido, devemos verificar se foi elaborado com todos os seus elementos e requisitos essenciais.

O exame da situação jurídica de um ato ou negócio, portanto, inicia-se pela existência, se ele preenche os elementos necessários para que assim seja considerado. Nesse momento, não se analisam os requisitos dos elementos, as suas características, mas apenas a sua presença. Ultrapassado esse nível, verifica-se a validade do ato, as características dos elementos.

Lembramos agora que os elementos e requisitos legais de existência e validade do ato jurídico estão previstos no art. 104 do Código Civil. Faltando um deles, o negócio é inválido, nulo, não alcançando os seus objetivos.

Por isso é que se diz que "*válido é aquilo que está revestido de todos os seus requisitos legais*". Pode-se, pois, concluir que a validade decorre, invariavelmente, de o ato haver sido executado com a satisfação de todas as exigências legais.

A *invalidade*, para Emílio Betti, *é aquela falta de idoneidade para produzir, por força duradoura e irremovível, os efeitos essenciais do tipo, como sanção à inobservância dos requisitos essenciais impostos pela lei.*[1]

44. A NOÇÃO DE EFICÁCIA

Eficácia é uma consequência da validade: é a força do ato para produzir os efeitos desejados. Só o ato válido, revestido de todos os seus elementos essenciais, tem força para alcançar os seus objetivos. O ato nulo, inválido, que nasceu defeituoso, com falta de um de seus elementos, não tem força para tal, não produz efeitos, sendo, portanto, ineficaz.

Com essas considerações preliminares, cremos já poder agora tratar especificamente da eficácia da norma jurídica e dos seus efeitos, no aspecto sociológico, cujos conceitos não divergem do que já ficou assentado. Por razões didáticas, vamos começar pelos efeitos.

45. EFEITOS DA NORMA

Efeitos são todos e quaisquer resultados produzidos pela norma, decorrentes até mesmo de sua própria existência; qualquer consequência, modificação ou alteração que a norma produza no mundo social. Toda norma produz efeitos, pois sua própria existência já é um efeito. Os efeitos podem ser positivos ou negativos, como teremos oportunidade de ver.

---

[1] BETTI, Emílio. *Teoria geral do negócio jurídico*. Coimbra: Coimbra Editora, 1970.

Pelo que ficou dito, conclui-se que os efeitos envolvem um conceito amplo, genérico, abrangente, por isso que neles estão incluídos todos os resultados produzidos pela norma.

46. EFICÁCIA DA LEI

Se eficácia, como vimos, é a força do ato para produzir os seus efeitos, podemos, então, dizer que lei eficaz é aquela que tem força para realizar os efeitos sociais para os quais foi elaborada. Na precisa definição de José Afonso da Silva, um dos nossos maiores constitucionalistas, "***Eficácia** é a capacidade de atingir objetivos previamente fixados como metas. Tratando-se de normas jurídicas, a eficácia consiste na capacidade de atingir os objetivos nela traduzidos, que vêm a ser, em última análise, realizar os ditames jurídicos objetivados pelo legislador. Por isso é que se diz que a eficácia jurídica da norma designa a qualidade de produzir, em maior ou menor grau, efeitos jurídicos, ao regular, desde logo, as situações, relações e comportamentos de que cogita; nesse sentido, a eficácia diz respeito à aplicabilidade, exigibilidade ou executoriedade da norma, como possibilidade de sua aplicação jurídica*".[2] Entretanto, a lei só tem essa força quando está adequada às realidades sociais, ajustadas às necessidades do grupo. Só aí ela penetra no mundo dos fatos e consegue dominá-los.

Por conseguinte, eficácia é a adequação entre a norma e as suas finalidades sociais. Eficaz é a norma que atinge os seus objetivos, que realiza as suas finalidades, que atinge o alvo porque está ajustada ao fato.

Elaborar uma norma adequada à realidade social, portanto, deve ser a primeira preocupação do legislador, e a primeira tarefa da Sociologia Jurídica é fornecer ao legislador os elementos necessários à elaboração dessa norma. Legislador que não tem conhecimento da realidade social, que não está a par do desenrolar dos fatos, dos reais problemas e conflitos que se travam na sociedade, não tem condições de fazer leis. Por mais técnicas e eruditas que forem as leis que elaborar, serão elas carentes de conteúdo, vazias de propósito, não passando de um conjunto de estéreis formalidades. Poderão ser muito boas para outro lugar qualquer que tenha servido de inspiração ao legislador, nunca, porém, para a sociedade à qual se destinam.

A sociedade não espera pelo legislador. Como dizia Siches, a sociedade condiciona o direito fato, moldando-o a sua imagem e semelhança. Cabe ao legislador ajustar o Direito Positivo a essa realidade social, sob pena de nunca elaborar lei eficaz. A eficácia de uma lei depende do reconhecimento, da aceitação e da adesão da sociedade a essa lei.

Com efeito, a norma jurídica, como as demais normas sociais, para que seja cumprida, para que se converta em força efetivamente configuradora das condutas, exige um conhecimento, uma adesão da comunidade, isto é, da maior parte dos indivíduos

---

[2] SILVA, José Afonso da. *Aplicabilidade das normas constitucionais*. 7. ed. São Paulo. Malheiros. 2007. p. 66.

que integram o grupo. É graças a esse reconhecimento que a norma se incorpora à vida do grupo.

Nesse sentido é também a correta lição de Paulo Nader:

> *O legislador não pode ser mero espectador do panorama social. Se os fatos caminham normalmente à frente do Direito, conforme os interesses a serem preservados, o legislador deverá antecipar-se aos fatos. Ele deve fazer das leis uma cópia dos costumes sociais, com as devidas correções e complementações. O Volksgeist deve informar às leis, mas o Direito contemporâneo não é simples repetidor de fórmulas sugeridas pela vida social. Se de um lado o Direito recebe grande influxo dos fatos sociais, provoca, igualmente, importantes modificações na sociedade. Quando da elaboração da lei, o legislador haverá de considerar os fatores histórico, natural e científico e a sua conduta será a de adotar, entre vários modelos possíveis de lei, aquele que mais se harmonize com os três fatores.*[3]

Pelo exposto, verifica-se ser a eficácia um dos efeitos da norma. Efeito é gênero, eficácia é espécie. É o efeito típico da norma, seu efeito principal ou real. É certa qualidade do efeito produzido pela norma, um efeito condizente com suas finalidades.

47. EFEITOS POSITIVOS DA LEI

Tivemos oportunidade de ver que efeitos são todos e quaisquer resultados produzidos pela norma. Esses efeitos podem ser positivos ou negativos. **Efeitos positivos** são os resultados compatíveis com os interesses sociais, e **negativos**, *a contrario sensu*, são os resultados contrários aos interesses da sociedade. O estudo dos efeitos da lei é, em outras palavras, o estudo da influência condicionante do Direito constituído sobre a sociedade.

A norma, quando eficaz, produz, normalmente, efeitos positivos. Podemos até dizer que a eficácia é o principal efeito positivo da norma. A norma eficaz só não produz efeitos positivos se concorrerem outros fatores, como teremos oportunidade de ver.

Entre os efeitos positivos da norma destacaremos apenas quatro, quais sejam:

1) de controle social;
2) educativo;
3) conservador;
4) transformador.

---

[3] NADER, Paulo. *Introdução ao estudo do direito*. 21. ed. Rio de Janeiro: Forense, 1997. p. 27.

47.1. O controle social

O controle social é um dos temas mais importantes e abrangentes da sociologia. O seu objetivo comum é adaptar a conduta das pessoas (naturais e jurídicas) aos padrões de comportamentos dominantes.

Quanto aos modos de exercício, o controle pode ser de **orientação** ou de **fiscalização**. No que respeita aos destinatários, o controle social pode ser **localizado** ou **difuso** – fiscalização do comportamento de todos os cidadãos. Em relação aos agentes realizadores, o controle pode ser feito pelos **órgãos estatais** ou pela **sociedade** – pressão exercida pela opinião pública, pela família, pelo ambiente de trabalho.[4]

Em nosso entender, o controle social mais abrangente e efetivo é aquele exercido pelo próprio Direito. Vimos, quando tratamos da função social do Direito,[5] que as suas principais finalidades são prevenir e compor conflitos; destas, a função preventiva é a mais importante. O Direito é muito mais preventivo do que repressivo. E ai da sociedade se assim não fosse! A convivência se tornaria impossível.

Como o Direito previne os conflitos? Estabelecendo regras de conduta, de disciplinamento social. Dessa forma, exerce o Direito sobre todos um condicionamento que resulta em um controle do comportamento do indivíduo, do grupo e das instituições. Quando a norma não é aplicada convenientemente, vai se perdendo o controle da situação e a vida em sociedade vai se tornando impossível.

O controle social é exercido pelo Direito primeiramente pela prevenção geral – o condicionamento, a coação psicológica ou a intimidação exercida sobre todos, mediante a ameaça de uma sanção para o transgressor da norma. Isso faz que muitos, mesmo não querendo, ajustem o seu comportamento às prescrições legais para não sofrerem a sanção. Bertrand Russell observou, com toda a propriedade, que o bom comportamento até do cidadão mais exemplar deve muito à existência da polícia. É inconcebível uma sociedade na qual o comportamento social seja regulamentado apenas pelas sanções morais do elogio e da culpa.

Em segundo lugar, o controle é também exercido pela prevenção especial: a segregação do transgressor do meio social, ou a aplicação de uma pena pecuniária, indenizatória, para ter, da próxima vez que se sentir inclinado a transgredir a norma, maior estímulo no sentido de ajustar sua conduta às condições existenciais. O próprio Estado, a sociedade global, sofre o controle do Direito quanto à sua conduta, tanto assim que não pode punir sem que alguém tenha praticado um fato típico, não pode apoderar-se da propriedade de quem quiser, a não mediante os meios constitucionais etc.

---

[4] SABADELL, Ana Lucia. *Manual de sociologia jurídica*: introdução a uma leitura externa do direito. São Paulo: Ed. RT, 2002. p. 115.
[5] Segundo capítulo.

São instrumentos desse controle os princípios da *legalidade, impessoalidade, moralidade, publicidade e eficiência* impostos pelo art. 37 da Constituição Federal como de observância necessária para toda a Administração Pública direta e indireta de qualquer dos Poderes da União, dos estados, do Distrito Federal e dos municípios.

47.2. Efeito educativo da norma

Está mais que evidenciado, por meio de pesquisas e da própria experiência, que certos assuntos, temas ou questões tornam-se mais bem conhecidos do grupo social depois de serem disciplinados pela lei. É que a lei, antes de se tornar obrigatória, tem que ser divulgada, publicada, conhecida e, assim, à medida que vai sendo conhecida pelo grupo, vai também educando e esclarecendo a opinião pública.

Exemplo disso encontramos no Direito Trabalhista. Qualquer trabalhador dos nossos dias, mesmo o ignorante ou analfabeto, conhece os seus direitos. Sabe que tem direito a férias, 13º salário, fundo de garantia, repouso remunerado, aviso-prévio etc. Por quê? Onde aprendeu? Não foi com o patrão, nem na Escola de Direito, mas, sim, no próprio grupo. E ele sabe até mesmo onde e como reclamar os seus direitos.

A Constituição de 1988 nos fornece outro exemplo eloquente desse efeito educativo da lei. Conscientizou o cidadão dos seus direitos e do acesso à Justiça, no que foi coadjuvada pelo Código do Consumidor. Prova disso são os Juizados Especiais, grandemente procurados. Só no Estado do Rio de Janeiro, em 2018, foram 632.781 processos. As empresas, por sua vez, em face da nova postura dos consumidores, perceberam que teriam de atender melhor os seus clientes para não perdê-los; mais do que isso, constataram que podiam aprender com eles para melhorar seus produtos e serviços. Estruturaram-se adequadamente e colocaram em operação o Serviço de Atendimento ao Cliente (SAC), por meio do qual conseguiram padronizar procedimentos, racionalizar atividades, conquistar a fidelidade dos clientes e construir uma imagem positiva da empresa. Hoje, praticamente a totalidade do atendimento dos bancos 24 horas é feita eletronicamente. Uma grande fornecedora de serviço de telefonia atende mais de 25 milhões de chamadas por mês. É a função educativa do Direito.

Outro exemplo eloquente é a Lei Seca,[6] que entrou em vigor em 20 de junho de 2008. Em balanço feito no final do primeiro ano de vigência da Lei Seca, o Ministério da Saúde constatou que ela reduziu em 22,52% o índice de mortes no trânsito nas 27 capitais do País e em 23% o número de internações hospitalares de vítimas de desastres no trânsito. Reduziu também os casos de violência doméstica – vítimas de espancamento, especialmente mulheres e crianças.

Para o então Ministro da Justiça, o impacto da Lei Seca ainda não havia atingido os níveis esperados, mas os dados do Ministério da Saúde eram auspiciosos. "*Nossa conclusão* **é que se iniciou uma grande mudança.** *Não se trata de ter uma visão*

---

[6] Lei n. 11.705/2008.

*triunfalista da lei, mas de concluir que ela teve **efeitos altamente positivos**, não só na conduta das autoridades públicas para coibir o uso do álcool associado à direção, mas na enorme satisfação das pessoas que sopram o bafômetro ao serem fiscalizadas".*[7] Hoje, após mais de 15 anos da promulgação da lei, sabe-se melhor sobre suas consequências: um estudo – conduzido pelo Centro de Pesquisa e Economia do Seguro (CPES) e divulgado em 2017 – aponta que, entre 2008 e 2016, a Lei Seca teria evitado a morte de quase 41 mil pessoas.

47.3. Efeito conservador da norma

As normas jurídicas tutelam determinados bens da vida social, que se transformam em jurídicos quando recebem a proteção do Direito. Tomemos como exemplo o Direito Penal: todas as normas que incriminam o homicídio, o infanticídio, o aborto, visam à tutela da vida; as que incriminam o furto, o roubo, o estelionato, protegem o patrimônio, e assim por diante.

A norma tutela não somente bens mas também instituições. Quando o legislador entende que certas instituições são valiosas e indispensáveis à vida social, cerca-as, defende-as, estabelecendo em torno delas a proteção jurídica. Veja o caso da família. Trata-se de instituição basilar da sociedade. E o que se fez em relação a ela? Procurou-se protegê-la por meio de uma infinidade de normas. Há normas no Código Civil (um livro todo que só trata do direito de família), no Código Penal (dos crimes contra a família) e na própria Constituição, destinadas à proteção da família. Assim tem conseguido a sociedade, bem ou mal, preservar essa instituição através dos séculos e a despeito de todas as influências perniciosas que conspiram contra ela. O próprio Estado, que é a instituição maior, necessita da proteção do Direito, e, por isso, existem leis, a começar pela Constituição, destinadas a organizá-lo e conservá-lo.

A função conservadora do Direito, assinala o saudoso André Franco Montoro, liga-se ao caráter estático que ele representa ao garantir a manutenção da ordem social existente. Para muitos, essa é a característica essencial das normas jurídicas, mas, no entender do ilustre jurista, isso só é verdade em países plenamente desenvolvidos, estabilizados e organizados. Nos países em desenvolvimento e transformações profundas, o erro dessa posição é patente. Reduzir o direito a uma força conservadora é perpetuar o subdesenvolvimento e o atraso.[8] Daí a importância do Direito como instrumento de transformações sociais.

---

[7] *O Globo*, 18.06.2009.
[8] MONTORO, André Franco. *Introdução à Ciência do Direito*. 23. ed. São Paulo: Ed. RT, 1995. p. 595.

47.4. Efeito transformador da norma

É aqui que percebemos, mais diretamente, o efeito condicionante do Direito sobre a sociedade. Muitas vezes, em razão de necessidades sentidas, a norma estabelece novos princípios a serem observados, fixa novas regras a serem seguidas em determinadas questões, define a realização de certas modificações. A sociedade, então, para dar cumprimento à lei, tem que se estruturar, equipar-se, aparelhar-se, e assim, paulatinamente, vai operando sensíveis transformações em seu meio. Eis aí o efeito transformador da lei.

Exemplifiquemos esse ponto com a situação do trabalhador antes das leis trabalhistas. Qual era a situação dele? A mais lamentável possível. Trabalhava a vida toda e, depois de velho e cansado, era dispensado sem qualquer direito. Como não mais podia trabalhar, ficava ao desamparo, passando privações e causando problemas sociais graves. Isso teve que ser mudado: vieram as leis trabalhistas e previdenciárias, estabelecendo, em favor do trabalhador, direito a férias, indenização, aposentadoria, assistência médico-hospitalar, auxílio-doença, indenização por acidente de trabalho etc. E qual foi a consequência disso tudo? A sociedade teve que se estruturar, aparelhar-se para cumprir a lei, e o resultado foi uma transformação social. As fábricas e indústrias tiveram que oferecer melhores condições e ambiente de trabalho aos seus empregados, muitas delas com refeitório, vestiário, escola, creche, ambulatório; foi necessário até a criação de um gigante nacional – o INSS (Instituto Nacional do Seguro Social) – para cuidar da aposentadoria e assistência médica dos trabalhadores, que, por ter se tornado grande demais, não funciona a contento.

Sem dúvida, o melhor exemplo do efeito transformador do Direito vamos encontrar nas leis econômicas que implantaram o Plano Real. A economia do País estava à deriva, com uma inflação astronômica corroendo o salário do trabalhador, gerando miséria, fome, desequilíbrio social e abusos econômicos de toda ordem. A estabilização da moeda, que esperamos seja duradoura, trouxe uma melhor distribuição de renda, efetivo controle dos preços, maior poder aquisitivo da população, que, em consequência, passou a comer mais e melhor. A reforma econômica desencadeou outras reformas: na previdência, na Administração Pública, no monopólio estatal, na privatização de estatais, na ordem tributária, todas com amplo apoio da sociedade, gerando profundas alterações na realidade brasileira.

Isso tudo evidencia que o Direito, quando corretamente utilizado, pode ser o grande instrumento de uma política do desenvolvimento nacional. Certas leis, como as orçamentárias, comandam a execução de planos de desenvolvimento social, mediante normas que promovem a educação, a saúde, o bem-estar, a cultura e a participação equitativa de toda a população na renda nacional.

Sob o título "A década ganha", Ricardo Paes de Barros, pesquisador do Ipea (Instituto de Pesquisa Econômica Aplicada), escreveu:

> *Desde o início do novo milênio, a renda per capita vem aumentando para todos, embora os mais pobres tenham experimentado o maior crescimento*

(...). A renda dos mais pobres cresce a um ritmo chinês, enquanto que os mais ricos percebem taxa de crescimento similar à da Alemanha.

Esta diferença é reflexo de uma queda sem precedentes no grau de desigualdade no país, que, aliada ao crescimento econômico, fez com que reduzíssemos a extrema pobreza à metade ao longo do último quinquênio, velocidade cinco vezes mais acelerada que a preconizada pelo Primeiro Objetivo do Milênio (reduzir a extrema pobreza à metade em 25 anos).

*Assim, tão fundamental quanto o espetacular progresso alcançado é a **manutenção desta trajetória. Como o ambiente econômico e a natureza da pobreza se alteram continuamente, o grande desafio à frente é desenhar e redesenhar os programas sociais para que não se perca a excepcional efetividade demonstrada até então.**[9]*

Lamentavelmente, isso não ocorreu; a transformação social obtida pela influência das leis econômicas que implantaram o Plano Real foi neutralizada pelas desastradas leis econômicas dos últimos 15 anos, que deram causa à maior crise econômica do nosso país, gerando desemprego, inflação, pobreza, criminalidade e desigualdade.

48. EFEITOS NEGATIVOS DA NORMA

Elaborada para produzir efeitos positivos, pode a norma, entretanto, em dadas circunstâncias, produzir efeitos negativos, contrários aos interesses sociais. É claro que, quando isso chega a acontecer, é tempo de revogar a lei, substituindo-a por outra mais adequada.

Lembramos três hipóteses em que a lei produz efeitos negativos:

1) quando for ineficaz;
2) quando houver omissão da autoridade em aplicá-la;
3) quando inexistir estrutura adequada à aplicação da lei.

48.1. Efeitos negativos pela ineficácia da lei

A eficácia da norma depende do reconhecimento, da aceitação ou da adesão da sociedade a essa norma, ou, como observa Siches: "*A norma jurídica – igualmente como as demais normas sociais – para que seja cumprida, para que se converta em força efetivamente configuradora das condutas, exige um reconhecimento, uma adesão da comunidade, isto é, da maior parte dos indivíduos que integram o grupo. Graças a esse reconhecimento, a norma se incorpora à vida do grupo*".[10]

---

[9] *O Globo*, 27.12.2009.
[10] SICHES, Luis Recaséns. *Tratado de sociologia*. Porto Alegre: Globo, 1965. v. 2. p. 19-20.

Esse reconhecimento ou essa recusa, que gera a eficácia ou a ineficácia da norma, pode depender da legitimidade da autoridade que a estabeleceu, do conteúdo dela, ou de outros fatores. De um trecho da exposição de motivos do projeto de lei para a reforma do Poder Judiciário, elaborado por uma Comissão Especial do Congresso Nacional, em 1977, da qual foi Presidente o Senador Accioly Filho, podemos destacar três causas principais. O trecho é o seguinte:

> *Não elaboramos leis para ser estampadas nos livros, para ser lidas ou para ficar na história. As leis nascem para viver e só valem quando podem entrar no mundo dos fatos e ali governar. Valem pela força que têm sobre os fatos e como são entendidas nessa aplicação.*
>
> *As leis, entretanto, em constante conflito com os fatos, acabam superadas por estes e terminam por desmoralizar-se, estendendo-se o desapreço a toda a legislação.*
>
> *Às vezes o legislador, através da lei, quer alterar velhos hábitos e dar-lhes nova disciplina. Os hábitos, no entanto, teimam em sobreviver, e sobrevivem apesar da lei. Outras vezes, o legislador, levado pelo idealismo de pôr o País em dia com as conquistas da civilização, antecipa instituições e prevê soluções que naufragam num meio hostil, acanhado e despreparado. De outras feitas, no entanto, o legislador não consegue vencer as poderosas forças do misoneísmo que seguram, retardam e impedem as reformas, ou as tornam mofinas.*
>
> *O nosso País já é afamado pela distância entre a realidade e a norma jurídica.*

A primeira causa da ineficácia da lei, lembrada pelo Senador Accioly Filho, é a sua **desatualização**, que ele destacou ao dizer: "*As leis, entretanto, em constante conflito com os fatos, acabam superadas por estes e terminam por desmoralizar-se, estendendo-se o desapreço a toda a legislação*".

Com efeito, a lei, se bem elaborada, pode estar em perfeita adequação com a realidade social no momento de sua criação. Com o correr do tempo, entretanto, vai se desatualizando, vai sendo ultrapassada, pois os fatos são dinâmicos, evoluem constantemente, mas a lei é estática. Assim, o passar do tempo pode tornar a lei ineficaz. A maior parte de nossa legislação precisou ser reformulada exatamente por essa razão.

A segunda causa é o **misoneísmo**, que vem mencionado no seguinte trecho: "(...) *o legislador não consegue vencer as poderosas forças do misoneísmo que seguram, retardam e impedem as reformas, ou as tornam mofinas*".

Misoneísmo, como se sabe, é aversão sistemática às inovações ou às transformações do *status quo*, o que em nosso país constitui, na realidade, uma forte causa da ineficácia da lei. Velhos hábitos, costumes emperrados, privilégios de grupos, impedem que a lei seja aplicada ou mesmo elaborada. Às vezes porque há grandes interesses políticos, econômicos ou religiosos em jogo; outras vezes por mero comodismo da autoridade que não levou a sério a aplicação da lei. Por mais estranho que possa parecer, costuma-se entre nós dizer que a lei não pegou.

Só para ilustrar esse ponto, lembramos que o divórcio custou tanto a ser admitido pela nossa legislação em virtude das pressões da Igreja, frontalmente contrária à dissolução do vínculo matrimonial. Muitas leis que controlam as atividades das multinacionais, esses gigantescos organismos econômicos dos nossos dias, não são aplicadas em razão dos interesses econômicos em jogo. Interesses corporativistas impedem a reforma da Previdência, bem como a reforma Política.

A *antecipação da lei à realidade social existente* é a terceira causa de sua ineficácia. Accioly Filho põe isso em destaque no seguinte trecho: "*Outras vezes, o legislador, levado pelo idealismo de pôr o País em dia com as conquistas da civilização, antecipa instituições e prevê soluções que naufragam num meio hostil, acanhado e despreparado*".

O legislador vê algo que funciona muito bem em certo país mais adiantado e quer implantar no nosso. Não consegue porque não há suporte social, econômico, correspondência com a realidade, razão pela qual a lei cai no vazio. Cada legislador tem que elaborar a lei com base na realidade de sua sociedade.

Vemos, assim, que elaborar lei é algo diferente de fazer literatura, política ou história. A lei só tem força para "*penetrar no mundo dos fatos e ali governar*" quando é eficaz, isto é, quando ajustada à realidade social e inteiramente adequada aos fatos.

Lei ineficaz, portanto, produz efeitos negativos, porque não tem força para governar os fatos sociais, quer por ser artificial, fruto apenas do pensamento, quer por ter se tornado anacrônica, desatualizada, superada pela realidade social. É fogo que não queima, tiro sem bala. A consequência é que a lei se desmoraliza e estende o desapreço a todo o sistema.

Tinha razão Georges Ripert ao dizer: "*Quando o Direito ignora a realidade, a realidade se vinga ignorando o Direito*". Como fenômeno social que é, não pode o direito se afastar da realidade social, sob pena de não ser espontaneamente observado. Se não respeitar os costumes e os valores tradicionais, criará áreas de atrito que reduzirão a sua validade e eficácia.

48.2. Efeitos negativos pela omissão da autoridade em aplicar a lei

Vimos que a função principal do Direito é prevenir conflitos, controlar as relações sociais, o que realiza por meio do disciplinamento do comportamento mediante normas jurídicas armadas de sanção. No entanto, se a lei é transgredida e, por desídia, incompetência, prevaricação ou irresponsabilidade da autoridade, a sanção não é aplicada; se, quando surge o comportamento de desvio, nenhuma pena é imposta ao transgressor da norma, a autoridade nada faz – qual será o resultado? Vai se enfraquecendo aquela disciplina que a norma impõe a todos, vai se diluindo a sua função preventiva e, consequentemente, a transgressão sem punição vai estimulando novas transgressões. Quem transgride a lei impunemente sente-se encorajado a transgredir novamente, e o seu exemplo serve de estímulo a outrem. Nesse caso, a lei pode até ser eficaz, mas não produzirá efeitos positivos por omissão das autoridades.

Exemplo eloquente disso é o Código de Trânsito Brasileiro. Em janeiro de 1997, quando foi editado, havia uma grande expectativa de que ele haveria de pôr ordem em nosso trânsito caótico, dada a severidade de suas normas e a gravidade das penas, entre as quais a perda da carteira. Depois de vários anos de vigência, quase nada melhorou, porque as multas e outras sanções aplicadas não foram executadas. Há milhares de motoristas infratores, com a pontuação várias vezes estourada, dirigindo sem serem molestados. As autoridades do trânsito ainda discutiam se as multas registradas por *pardais*, câmeras eletrônicas, valem ou não; se é ou não obrigatório informar aos motoristas onde se encontram esses meios eletrônicos. Só em 2003 à Secretaria Nacional de Trânsito (Senatran) anunciou ter decidido criar o Registro Nacional de Infrações de Trânsito, que permitirá a cobrança das multas por infrações cometidas fora do estado onde os veículos estão registrados.[11]

Em resumo, depois de um começo promissor, o Código de Trânsito perdeu a sua força didática. Sequer reduziu a incidência de infrações graves, como excesso de velocidade e embriaguez ao volante. Está ameaçado de cair em desuso se não forem resgatados com urgência a sua letra, o seu espírito e as boas intenções que motivaram a sua aprovação há mais de duas décadas.

O mesmo pode acontecer com a Lei Seca. Pesquisa do Ministério da Saúde indica que o número de motoristas bêbados voltou a subir depois de ter registrado baixa sensível. Em alguns estados e municípios, a Lei Seca ainda não chegou. Porventura chegará?

É dado suficiente para comprovar que não basta uma legislação correta para enfrentar ameaças contra a sociedade. Paralelamente, é preciso manter instrumentos perenes de aplicação e fiscalização, para garantir o cumprimento da lei. Da leniência para a desmoralização das normas o caminho é curto, e é para essa indesejada possibilidade que o poder público deve atentar.

Embora o Código de Trânsito Brasileiro e a Lei Seca sejam diplomas legais apropriados para os fins que lhes deram origem, para manter sua eficácia como instrumentos de combate aos abusos no trânsito, a fiscalização constante é imprescindível, da mesma forma que, como corolário da vigilância, a punição exemplar dos motoristas que não obedecem às normas.

Por isso é comum dizer-se que, **pior do que não ter leis é tê-las e não aplicá-las**.

48.3. Efeitos negativos pela falta de estrutura adequada à aplicação da lei

Nesta terceira hipótese, poderemos ter leis boas e eficazes, autoridades competentes e responsáveis, mas a norma não atingirá seus objetivos sociais por falta de estrutura para uma eficiente aplicação do direito. Falta pessoal, falta material, faltam instalações, equipamentos, enfim, falta dinheiro. Torna-se impossível aplicar a lei sem os recursos humanos e materiais necessários. Como bem adverte Ana Paula de

---

[11] *O Globo*, 26.12.2003.

Barcellos: "*As palavras não são mágicas e não transformam, por si e automaticamente, o mundo dos fatos. Assim, o simples fato de uma norma constitucional ou legal prever um direito não produz sua realização; providências de vários tipos terão que ser tomadas e todas custarão dinheiro. (...) Desse modo, se efetivamente não houver recursos, as formas textuais mais claras e precisas não serão capazes de superar a realidade fática: serão normas irrealizáveis*".[12]

Quais serão as consequências dessa falta de recursos? As mesmas anteriormente mencionadas: transgressão sem punição e estímulo à ilicitude.

Esse, lamentavelmente, continua sendo o nosso grande problema atual. A Polícia, o Ministério Público e o próprio Judiciário não estão suficientemente aparelhados para aplicar a lei. Em julho de 2000, o Ministério da Justiça estimou que havia cerca de 204 mil foragidos da Justiça brasileira e mais de 275 mil mandados de prisão não cumpridos no País. Em São Paulo, os mandados de prisão não cumpridos chegavam a 200 mil, segundo estimativa do Professor Flávio Gomes, por falta de pessoal e estrutura. No Rio, o então titular da Delegacia de Busca e Capturas (Polinter) admitiu que, dos 90 mil mandados de prisão expedidos no estado, pelo menos 60 mil já haviam caducado por prescrição, morte ou decisão judicial. Ainda assim, sobravam 30 mil para uma equipe de 50 policiais, uma média de 600 mandados por policial.[13] Em levantamento divulgado em 2016, o número de mandados de prisão aguardando cumprimento apenas no estado do Rio de Janeiro era de 130 mil, dos quais 10 mil estão há mais de 20 anos engavetados.[14]

Em 22 de setembro de 2003, o então Juiz Camilo Ribeiro Rulière, da 9ª Vara Criminal do Rio, tomou uma decisão extrema, mas que já está se tornando comum na Justiça. Por falta de um laudo do Instituto de Criminalística Carlos Éboli (ICCE), foi forçado a conceder liberdade provisória a quatro traficantes. Os acusados foram soltos, mas o problema continuou: o ICCE fechou 2003 com cerca de cem mil laudos atrasados. São cem mil inquéritos parados aguardando provas técnicas. Enquanto a criminalidade cresce assustadoramente, sobretudo no denominado *poder paralelo*, a Justiça fica impedida de julgar em decorrência da falta de estrutura do organismo policial e de seus institutos de criminalística, por carência de aparelhos e de material humano. O então Presidente do Tribunal de Justiça do Rio, Desembargador Miguel Pachá, comentando a decisão do juiz Camilo, disse: "*A polícia, muitas vezes, não faz um trabalho de perícia eficiente, o que acaba levando a sociedade a culpar o Judiciário. Se o inquérito chega ao juiz sem qualquer prova técnica ou testemunhal, como pode o juiz*

---

[12] BARCELLOS, Ana Paula de. *Curso de direito constitucional*. 3. ed. Rio de Janeiro: Forense, 2020. p. 200-201.
[13] *O Globo*, 23.07.2000.
[14] *O Globo*, 02.05.2016.

condenar alguém? Depois dizem que a polícia prende e o juiz solta. Isso não é verdade, pois o juiz não pode condenar sem provas, nem manter ninguém preso".[15]

Outro exemplo lamentável dessa falta de estrutura foi noticiado pelo *O Globo* de 08.01.2004. Assassino confesso de 12 crianças no Sul (Paraná, Santa Catarina e Rio Grande do Sul), depois de condenado a 27 anos de prisão, fugiu da cadeia em União da Vitória, no Paraná. Quase dois anos depois, em novembro de 2003, foi detido no Rio Grande do Sul sob suspeita de assassinar outra criança. Todavia, como nada constava sobre ele no Infoseg (sistema nacional destinado a integrar todas as informações policiais e judiciais), apesar de existir mandado de recaptura contra ele expedido desde abril de 2002, foi liberado no mesmo dia. Apenas em 07.01.2004 foi novamente preso, dessa feita por ter sido reconhecido pelo amigo de outra criança assassinada quatro dias antes. Se no Infoseg constasse a informação sobre a condenação anterior do criminoso, ou pelo menos do mandado de recaptura contra ele existente, parte das mortes poderia ter sido evitada.

Em nota, a Secretaria de Segurança do Paraná alegou que, em 2003, decidiu limpar seu banco de dados do Infoseg porque o sistema nacional apresentava falhas que prejudicariam sua utilização. A Secretaria Nacional de Segurança Pública, por sua vez, disse que, em maio de 2003, o Governo do Paraná pediu para retirar seus dados do Infoseg porque a qualidade das informações era ruim e o estado pretendia melhorá-la, mas isso não foi feito.

Moral da história: embora criado, pelo Ministério da Justiça, em 1988, o Infoseg, iniciativa da maior importância e extremamente necessária no combate à criminalidade em um país continental como o nosso e superpopuloso, ainda hoje não funciona eficientemente por deplorável omissão das autoridades responsáveis pela segurança pública e falta de recursos.

Por isso, repetimos, **pior do que não ter leis é tê-las e não aplicá-las**. Montesquieu tinha toda a razão ao dizer: "*Quando vou a determinado país, não indago se aí há leis boas, porque leis boas há em toda parte, mas, sim, se as executam*".

O Brasil, lamentavelmente, é campeão em resolver problemas elaborando leis, sem, todavia, executá-las. Edita a lei, faz uma grande propaganda, organiza uma imensa demagogia, anuncia aos quatro cantos que o problema está resolvido, e tudo acaba aí; nada é feito no sentido de executá-la. Por meio de um prodigioso processo mental, toma-se o dito pelo feito, confunde-se o projeto com a realização, a intenção de resolver o problema com a solução em si. E, quando a lei é aprovada, e nada faz acontecer, em vez de se discutir o que fazer para dar-lhe execução, os legisladores se reúnem e aprovam outra lei.

Foi exatamente isso que ocorreu quando entrou em vigor o **Estatuto da Criança e do Adolescente**. Os políticos da época anunciaram por toda a imprensa que o problema do menor no Brasil estava resolvido; o então Presidente da República, em visita

---

[15] *O Globo*, 21.12.2003.

a Nova York, ao ser indagado sobre a questão da criança em nosso país, anunciou a criação do Ministério da Criança e acrescentou: *"Gostaria de ver iniciativas como essa se estenderem para outras nações"*. A simples edição de uma lei e a criação de uma entidade governamental foram tomadas por uma solução. Uma mera fantasia burocrática virou remédio de tal eficácia que até se recomendaria sua exportação.

A realidade, porém, é outra, bem diferente. Pouco aconteceu de positivo em relação ao menor depois da vigência do Estatuto da Criança e do Adolescente, dada a distância entre a lei e a sua execução. Por falta de recursos, instituições adequadas e gente competente, os menores continuam abandonados na rua, sem assistência, sem alimentação e sem educação. A situação talvez até tenha piorado, sendo prova disso a chacina da Candelária, que teve repercussão mundial. Sempre que um adolescente pratica um crime bárbaro, de repercussão nacional (morte dos pais, assassinato de um casal de namorados no interior de São Paulo e outros), reacende a discussão a respeito da reforma do Estatuto da Criança e do Adolescente. Ganha fôlego a antecipação da maioridade para 16 anos. Para alguns setores da sociedade, o problema seria resolvido com a diminuição da maioridade penal de modo que permitisse punição exemplar dos adolescentes criminosos. Afinal, eles passam pouco tempo nas instituições de recuperação, voltando às ruas com mais ódio de tudo e de todos e mais experientes em atos criminosos.

A questão do ECA é item prioritário em qualquer equacionamento efetivo do problema da segurança pública. Por melhor que seja, o ECA não é irretocável, mas não tem cabimento pensar que a simples antecipação da maioridade penal resolverá o problema da criminalidade dos adolescentes. É preciso definir um projeto amplo de aperfeiçoamento do ECA e das instituições que educam ou reeducam os adolescentes que lá chegam; que lhes possibilite uma profissionalização.

São também necessárias ações sociais preventivas destinadas a preparar os jovens para uma paternidade ou maternidade responsável, com planejamento familiar e assim por diante. Se a família é tão importante para a educação das novas gerações, por que não envolvê-la nessa tarefa? As estatísticas demonstram que o planejamento familiar poderia contribuir decisivamente para a redução da desigualdade. Famílias sem renda e instrução têm o dobro de filhos da média brasileira de 2.4. A mulher de até um ano de escolaridade e renda baixa tem média de filhos de 4.12; com onze ou mais anos de instrução, a mulher tem, em média, 1.48 filho.

Lamentavelmente, esse irrealismo de nossa legislação escrita é bastante ntigo e conhecido. No passado, Capistrano de Abreu denunciou-o com ironia dizendo que ***"temos uma legislação quase perfeita. Só nos falta uma lei, a que mande cumprir todas as outras".***

Capítulo 10
ASPECTOS SOCIOJURÍDICOS DE ALGUMAS ÁREAS DO DIREITO

> *O sentido sociológico da Constituição: Constituição e democracia; características da Constituição brasileira de 1988. Direito de Família: divórcio; a situação da companheira e dos filhos ilegítimos; soluções legais paliativas antes do divórcio; a introdução do divórcio na legislação brasileira; a situação da companheira e dos filhos após a Constituição de 1988; União de pessoas do mesmo sexo. Direito Penal: violência urbana e poder paralelo; criminalidade de colarinho-branco; a macrodelinquência. Considerações gerais. Direito Financeiro e Tributário. Direito do Trabalho: interferência das forças sindicais no processo de formação do Direito do Trabalho. Direito do Consumidor: a responsabilidade objetiva do fornecedor de produtos e serviços; a concepção social do contrato.*

No capítulo anterior, examinamos a eficácia e os efeitos das normas jurídicas, quando pudemos conhecer os principais efeitos positivos e negativos que elas podem produzir. Vamos agora examinar aspectos sociojurídicos de algumas áreas do Direito, analisar os efeitos sociais produzidos por certas normas existentes (ou que já existiram) em várias áreas do nosso sistema jurídico, quando teremos oportunidade de conhecer a longa e penosa evolução transcorrida até chegarmos a uma razoável disciplina jurídica de certos fatos sociais. Veremos também que a ocorrência de novos fatos sociais, não previstos em nossa legislação atual, está a exigir urgentes soluções do legislador, sob pena de se tornar ainda mais difícil a vida em coletividade, principalmente nos grandes centros urbanos.

Essa incursão por vários ramos do Direito proporcionará, igualmente, uma demonstração eloquente da importância da Sociologia Jurídica para todo profissional do direito, como também para o legislador, por isso que lhes fornece os elementos necessários para bem aplicar o Direito e melhor elaborar as leis. É como um termômetro a indicar a temperatura dos fatos sociais, a fim de permitir a formulação de um correto diagnóstico e a apresentação de uma solução adequada.

Vamos começar pelo Direito Constitucional, que contém a estrutura jurídica da nossa sociedade.

49. O SENTIDO SOCIOLÓGICO DA CONSTITUIÇÃO

A Constituição é a Lei corporificadora do Estado, na qual se encontram os princípios fundamentais da sua estrutura organizacional. É chamada de Carta Magna ou Lei Fundamental porque, como o seu próprio nome diz, é a Constituição que cria ou constitui o Estado de Direito.

Vista pelo prisma sociológico, a Constituição pode ser legítima e eficaz, ou ilegítima, tudo dependendo de representar ela o **efetivo poder social** (forças políticas, econômicas, ideológicas etc.), ou distanciar-se dele, como bem colocou Ferdinand Lassalle, o mais expressivo representante do sociologismo constitucional, em sua clássica obra – *Que é uma Constituição?* Para ele, quando a Constituição não é o somatório dos *fatores reais de poder*, nada mais é que uma *folha de papel*, pois a Constituição real e efetiva é o fato social que lhe dá alicerce. "Os problemas constitucionais" – sustenta Lassalle – "*não são problemas de direito, mas do poder; a verdadeira Constituição de um país somente tem por base os fatores reais e efetivos do poder que naquele país reagem, e as constituições escritas não têm valor nem são duráveis a não ser que exprimam fielmente os fatores do poder que imperam na realidade social: eis aí os critérios fundamentais que devemos sempre lembrar*".[1]

Do ponto de vista sociológico, dessarte, é possível distinguir a **Constituição formal** – *a folha de papel* – da **Constituição real**, o efetivo exercício do poder. Assim, a *folha de papel* – Constituição formal – somente vale até o momento em que entre ela e a Constituição efetiva – aquele somatório de poderes gerador da folha de papel – houver coincidência; quando tal não ocorrer, prevalecerá sempre a vontade daqueles que titularizam o poder. Este não deriva da *folha de papel*, da Constituição escrita, mas dos *fatores reais de poder*.

Tais afirmações soam como heresia jurídica para os fetichistas da Constituição, mas têm base na realidade. Embora se diga que o Poder Constituinte Originário é inicial (porque não há outro antes), autônomo (porque não subordinado a nenhum outro) e incondicionado (porque não tem limites à sua atividade), é inegável que os constituintes estão comprometidos e limitados pelas forças sociais que os elegeram – *fatores reais do poder*. Por isso "*a Constituição não é um instrumento que, por sua simples existência, pode tudo e é capaz de transformar magicamente as relações existentes na sociedade. As relações de poder reais existentes na sociedade é que definem o que de fato acontece ou não – que direitos são garantidos e como o poder é exercido – de modo que a Constituição-documento, se não é informada por essa realidade ou não a reflete, será apenas uma folha de papel, sem eficácia prática. (...) Alguns exemplos ilustram a distinção que essa perspectiva traz à tona. Várias Constituições pelo mundo*

---

[1] LASSALLE, Ferdinand. ¿Qué es una Constitución? Buenos Aires: Siglo Veinte, 1946. p. 117.

*a fora – inclusive a brasileira de 1824 – garantiam a igualdade, mas conviviam com a escravidão; garantiam a liberdade de expressão, mas a censura era rotineira".*²

Inquestionável, portanto, que fatores ideológicos, políticos, econômicos, profissionais, religiosos, culturais e morais acabam por determinar a atuação dos constituintes. Já houve quem afirmasse que a *"a Constituição, numa imagem retórica, é o encontro do povo de um certo país em dado momento histórico para reexaminar seus valores morais, éticos, políticos, econômicos e sociais".*

Foi precisamente ao estudar a sintonia entre as normas constitucionais e a realidade do poder que Karl Loewenstein, citado por Luís Roberto Barroso, elaborou a sua celebrada **classificação *ontológica* das Constituições**, diferenciando-as segundo seu caráter normativo, nominal ou semântico.

> *A Constituição normativa é aquela não apenas juridicamente válida, mas que está, além disso, vivamente integrada na sociedade. Suas normas dominam o processo político ou, inversamente, o processo de poder se amolda às normas da Lei Maior, submetendo-se a elas. Para usar uma expressão de todos os dias: a Constituição é a roupa que assenta bem e que realmente veste.*
>
> *No outro extremo está a Constituição semântica, subalterna formalização da situação do poder político existente, para o exclusivo benefício dos detentores do poder de fato, que dispõem do aparato coativo do Estado. Se não houvesse nenhuma Constituição formal ou escrita, a vida institucional não seria perceptivelmente diferente. A roupa não veste, como no caso da Constituição normativa, mas esconde, dissimula ou disfarça.*
>
> *Entre a Constituição normativa e a Constituição semântica situa-se a Constituição nominal. Aqui, a dinâmica do processo político não se adapta às suas normas, mas conserva um caráter educativo e prospectivo. Existe, nesse caso, uma desarmonia entre os pressupostos sociais e econômicos existentes e a aspiração constitucional, a ser sanada com o passar do tempo, pelo amadurecimento esperado. A roupa fica por certo tempo guardada no armário e será vestida quando o corpo nacional haja crescido. Confortavelmente, sem pressa, os detentores do poder esperam pelo futuro, seja do país grande potência, do país rico ou do país educado.*³

Em suma, teoricamente, uma Assembleia Nacional Constituinte pode tudo, mas quando se reúne já traz compromissos indeclináveis e imanentes de suas origens sociais. A maior prova de que a Constituição tem que se ajustar aos fatores reais de poder está

---

² BARCELLOS, Ana Paula de. *Curso de direito constitucional*. 3. ed. Rio de Janeiro: Forense, 2020. p. 14.

³ BARROSO, Luís Roberto. *Interpretação e aplicação da Constituição*. 5. ed. São Paulo: Saraiva, p. 252.

no fato de periodicamente ter que ser revista ou emendada, como vem acontecendo com a nossa Constituição em vigor, para ajustar os seus preceitos às novas realidades sociais e corrigir os equívocos ou exageros do constituinte de 1988.

50. CONSTITUIÇÃO E DEMOCRACIA

A visão sociológica da Constituição defendida por Lassalle encontra abundante campo de comprovação em nosso país. Em 180 anos de independência e pouco mais de 100 anos de República, em uma lastimável sucessão de percalços, foram editadas no Brasil nada menos do que oito Constituições, em um melancólico estigma de instabilidade por falta de harmonia entre o instrumento formal e o real.

Tomemos para exemplo disso a própria *Democracia*, um dos pilares do Estado Democrático de Direito. Desde o século XIX, quase todos os Estados declaram, solenemente, no texto de suas respectivas Constituições, que a *fonte do poder é o povo, ou que todo poder dele provém*. No entanto, na maioria das vezes tal declaração não passa do papel, simples princípio nominal ou teórico, cortina de fumaça para esconder regimes autoritários, como aconteceu na América Latina nas últimas décadas do século passado. No Brasil, por exemplo, tanto a Constituição de 1967 como a emenda de 1969 continham a expressiva fórmula de democracia indireta ou representativa: "*Todo poder emana do povo e em seu nome é exercido*". Nesse período, entretanto, tivemos um regime autoritário, onde a federação foi totalmente desconsiderada e neutralizada pelo poder central, sem qualquer participação do povo até mesmo na escolha dos seus governantes, relegando-se a plano secundário os poderes Legislativo e Judiciário.

Tão marcante foi o caráter centralizador e autoritário da organização política e social brasileira, apesar de professar a democracia em todas as suas Constituições, que mereceu do saudoso Senador Afonso Arinos, um dos nossos maiores constitucionalistas, o comentário famoso de que, *sociologicamente, o Brasil é um Império*.

Isso está a indicar que a verdadeira democracia é muito mais que uma forma nominal de associação política; mais do que um mero ideal escrito no papel ou simples texto constitucional sem qualquer correspondência com a consciência e a realidade social de cada povo. Está a indicar que a verdadeira democracia há de ser uma real tentativa de alteração do caráter autoritário e centralizador da sociedade, de modificação do funcionamento do poder, a fim de ensejar ao povo, verdadeiro titular do poder, a oportunidade de influir nas grandes tomadas de decisões. Há de ser um processo integrado e evolutivo de constante participação do povo na atividade estatal decidindo, executando a decisão e transformando a realidade.

Tal integração, no entanto, exige mais que a fria participação do eleitor que comparece às urnas apenas para cumprir um dever legal, ou motivado por falsas promessas eleitoreiras, veiculadas pelos órgãos de informações que condicionam e manipulam a verdade. O voto, por si só, embora valioso, não garante justiça, liberdade, e salvaguarda ao indivíduo, nem às minorias em um Estado democrático. Não é raro que o governante, embora respaldado por milhões de votos, afasta-se dos seus compromissos democráticos, empolgado pelo fascínio do poder, perdendo a legitimidade inicial.

Daí por que a integração democrática impõe a consciência e a responsabilidade na escolha, a maturação sobre os desdobramentos do processo político e o acesso às informações que embasarão a participação lícita no processo decisório.

Não pode existir uma democracia por decreto, porque a democracia é, simultaneamente, um ideal, um projeto e, sobretudo, uma prática. A liberdade, na célebre frase de Louis Blanc, não é somente o direito, mas ainda o poder de ser livre. É preciso, pois, por meio de um processo realmente democrático, fazer cessarem as desigualdades, neutralizar os desequilíbrios, realizar a justiça social, porquanto só assim será possível impedir que a liberdade produza exatamente a sua negação. A liberdade é consentida ao homem em sociedade para desenvolver suas energias, e não para esmagar a do seu semelhante.

50.1. Características da Constituição brasileira de 1988

A luta pela normalização democrática no Brasil e pela conquista do Estado de Direito Democrático começou assim que se instalou o golpe de 1964 e, especialmente, após o AI-5, que foi o instrumento mais autoritário da história brasileira. Essa luta, entretanto, que se manteve contida por quase vinte anos, tomou as ruas a partir da eleição dos governadores em 1982 e se intensificou no início de 1984, quando as multidões correram entusiásticas e ordeiras aos comícios em prol da *eleição direta* para Presidente da República, interpretando o sentimento da nação em busca do reequilíbrio da vida nacional, que só poderia consubstanciar-se em uma nova ordem constitucional que refizesse o pacto social.

Frustrou-se, contudo, essa grande esperança, não só pela rejeição da emenda constitucional da eleição direta como também pela morte de Tancredo Neves, o mais destacado representante das forças democráticas brasileiras. O Presidente José Sarney, todavia, cumprindo os compromissos democráticos assumidos por Tancredo, enviou ao Congresso Nacional a tão esperada emenda constitucional convocando a Assembleia Nacional Constituinte, e esta, por sua vez, depois de prolongado trabalho e acirrados debates, aprovou um texto moderno, razoavelmente avançado, com relevantes inovações para o constitucionalismo brasileiro e até mundial.

As inovações se fizeram presentes, primeiramente, na ordem social, colocando em destaque o homem e seus direitos fundamentais, não só os individuais como também os coletivos, tanto assim que praticamente se inicia a Constituição com a consagração desses direitos – direitos e deveres individuais e coletivos no art. 5º e nos seus 79 incisos, e direitos sociais, neles incluídos os dos trabalhadores, nos arts. 6º a 11 –, diferentemente da Carta anterior, que tratava desses direitos na sua parte final (art. 153).

A dignidade da pessoa humana passou a ser princípio fundamental da Constituição (art. 1º, III), fundamento da atividade estatal, o que significa que o homem é o centro, sujeito, objeto, fundamento e fim de toda atividade pública.

Com efeito, o objetivo primordial da ordem jurídica, a sua própria razão de ser é o homem, a sua vida digna e a sua condição social, para que lhe permita ser feliz.

Por isso, a espinha dorsal de uma constituição é o seu sistema de direitos fundamentais assegurados a qualquer pessoa humana. E a Constituição da República brasileira erigiu em princípio fundamental a dignidade da pessoa humana exatamente por isso.

É a "Constituição Cidadã", na expressão do saudoso deputado Ulysses Guimarães, Presidente da Assembleia Nacional Constituinte que a produziu, não só porque houve ampla participação social em sua elaboração, mas sobretudo porque se volta decididamente para o cidadão e o social.

No respeitante à organização político-administrativa e à divisão dos poderes, pode-se dizer que a Constituição de 1988, diferentemente da anterior, que era centralizadora e autoritária, assumiu uma postura liberal. Praticamente, fez renascer a Federação, conferindo maior soma de competências legislativas e administrativas aos estados e municípios, dando-lhes ainda mais recursos tributários, já que não há verdadeira autonomia, nem política nem administrativa, sem numerário para execução de suas tarefas constitucionais.

Pode-se concluir dizendo que a Constituição de 1988 afastou o federalismo nominal da ordem constitucional anterior, buscando resgatar o verdadeiro princípio federalista por meio de um sistema de repartição de competências entre o poder central e os poderes estaduais e municipais.

Não obstante tantos pontos positivos, a Constituição de 1988 tem inúmeros dispositivos que ainda não passaram da *folha de papel*, tais como existência digna, justiça social, função social da propriedade, pleno emprego, valorização do trabalho (art. 170 e incisos); ensino fundamental obrigatório e gratuito, atendimento especializado aos portadores de deficiência, atendimento em creche e pré-escola às crianças de 0 a 6 anos (art. 208, I, III e IV); assistência integral à saúde da criança, do adolescente e do jovem (art. 227, § 1º); educação como direito de todos e dever do Estado, igualdade de condições para o acesso e permanência na escola, valorização dos profissionais do ensino etc.[4]

Todas essas normas e muitas outras, que ressoam precisamente inócuas, padecem do mesmo mal: não passaram do papel; não são aplicadas, efetivamente, no dia a dia da vida do cidadão. É por isso que se diz que o **"Brasil é ainda um país inconstitucional"**. Ao criar um Estado de bem-estar social de país desenvolvido, a Carta brasileira se tornou incompatível com a realidade do País. Nas palavras do constituinte Roberto Campos, prometia *"uma seguridade social sueca com recursos moçambicanos"*. Para o ex-ministro da Fazenda, Maílson da Nóbrega, *"da elaboração da Carta saiu um conjunto incoerente que abrigou utopias, intervencionismo, patrimonialismo, paternalismo e corporativismo"*.

Em suma, para se constituir uma sociedade justa, não basta proclamar direitos, é preciso concretizá-los; não basta garantir o direito à vida, mas também à vida digna;

---

[4] CF, arts. 205 e 206, I e V.

não basta garantir a liberdade, senão aquela que garanta também a igualdade social, econômica e política.

51. DIREITO DE FAMÍLIA

Em nenhuma outra área do direito houve tão grande evolução como no Direito de Família. Foram tantas as modificações sociais ocorridas nas últimas décadas que não seria demais afirmar que temos hoje, mormente após a Constituição de 1988, um novo Direito de Família. Em razão disso, inúmeros diplomas legislativos foram produzidos nas oficinas do direito, como veremos a seguir, em busca da necessária harmonia entre a realidade social e a lei.

51.1. Divórcio

Havia uma norma em nossa Constituição de 1969[5] que considerava o **casamento indissolúvel**. Em razão dessa norma, que figurou desde 1934 em nossas Constituições, não podia haver divórcio no Brasil; somente o desquite, hoje chamado de separação judicial, que dissolve apenas a sociedade conjugal, produzindo efeitos patrimoniais para os cônjuges, deixando íntegro, entretanto, o vínculo conjugal.

Tal norma, sem dúvida alguma, objetivava a proteção do casamento e da família legítima. Entendia-se que o divórcio destruiria o casamento, levando de roldão a família, "célula *mater*" da sociedade. Pensava-se, em outras palavras, que, proibindo descasar, estariam resolvidos todos os problemas que conspiram contra o casamento.

51.2. A situação da companheira e dos filhos ilegítimos

Apesar de a Constituição vedar a dissolução do casamento, inúmeros problemas surgiam no seio da família, oriundos das mais variadas causas, dando ensejo ao desfazimento dos lares. Marido ia para um lado, mulher para outro, ficando entre eles os filhos, geralmente os mais prejudicados, servindo de instrumento de chantagem emocional.

Com o correr do tempo, os cônjuges separados ou desquitados se uniam de fato a outra pessoa, formando novo lar. Muitas vezes essa união ilegal, ou pelo menos não reconhecida pela lei, tornava-se uma união sólida, estável, dando origem a novas famílias, com filhos, amizade, amor, compreensão e calor humano.

Inicialmente, a sociedade tolerava com reservas essas uniões: todo mundo sabia e comentava quando, em determinado edifício, havia um casal cujos componentes não eram casados. Depois, tantos foram os casais de união de fato, em todas as camadas sociais, que a sociedade passou a aceitá-los plenamente, sem quaisquer reservas, como se fossem marido e mulher. As novas uniões passaram a ser normalmente admitidas

---

[5] CF, art. 175, § 1º, da Emenda n. 1/1969.

pelos costumes, mas continuavam a ser repelidas pela lei. Inúmeras famílias, bem constituídas do ponto de vista social, com pais e filhos vivendo em harmonia e felicidade, plenamente integradas na sociedade, eram mantidas à margem da lei. Eram ilegítimas, ilegais. Filhos e companheira não tinham qualquer direito ou amparo legal. Aqueles eram considerados filhos ilegítimos ou mesmo adulterinos, que sequer poderiam ser reconhecidos, e esta, a concubina, repudiada pela lei.

Do ponto de vista social, essas famílias "ilegais" eram mais úteis e recomendáveis que as primitivas, legítimas, mas já destruídas pela separação. Muita gente queria regularizar a situação, dar nome à mulher, reconhecer os filhos, estendendo-lhes proteção legal, mas não podiam. O vínculo matrimonial era indissolúvel.

A pretexto de proteger um vínculo matrimonial já de fato inexistente, a lei repudiava famílias bem constituídas, gerando desigualdades, ressentimentos e outros graves problemas sociais, entre os quais o desamparo econômico. Em síntese, a norma constitucional que visava à proteção do casamento, além de não conseguir impedir-lhe a dissolução, impedia a realização de outros casamentos verdadeiros. Só prejudicava.

A nova realidade social em torno da família e do casamento evidenciou que não era o divórcio, em si, o responsável pela destruição do casamento. Há outras causas (sociais, econômicas, psicológicas, afetivas, culturais) profundas, que devem ser pesquisadas e combatidas se se quiser de fato manter o vínculo matrimonial indissolúvel. Se assim não fosse, a situação da família no país onde não há divórcio seria muito melhor do que em outro onde há, e isso, como se sabe, não é verdade. Basta fazermos uma comparação entre o Brasil, antes do divórcio, e os Estados Unidos para constatarmos que não estávamos em melhor situação. Não basta, pois, para impedir a ruína do casamento, proibir descasar, e se "deitar em berço esplêndido", como se fez em nosso País, fechando os olhos para a realidade. É preciso, repetimos, conhecer e combater as verdadeiras causas do fracasso matrimonial.

Evidenciado igualmente ficou que o divórcio não é causa da ruína do casamento, mas, sim, remédio, panaceia, solução extrema para casamentos já desfeitos, arruinados, sem solução. E, como qualquer remédio, dele só faz uso quem precisa, quem está doente. O fato de existir o divórcio não quer dizer que todos vão se divorciar, só por divorciar-se. Mesmo nos países divorcistas, há milhões de casais unidos pelo casamento há 20, 30, 50 anos e que nunca pensaram em se divorciar, simplesmente porque o casamento deles não está enfermo, não precisa de remédio.

Em face de tudo isso, a conclusão lógica era de que a indissolubilidade do vínculo matrimonial não passava de mera ficção jurídica, um dogma religioso, sem qualquer utilidade prática ou social. Além de não proteger a família legítima, prejudicava as famílias ilegítimas, isto é, não impedia o fracasso do casamento, mas impedia a regularização das novas uniões.

Se o nosso legislador atentasse para a realidade social, o divórcio teria sido introduzido muito antes em nossa legislação. Tal não ocorreu em virtude da pressão exercida pela igreja, para a qual o casamento é uma instituição divina, sagrada e impassível de ser desfeita pelo homem.

51.3. Soluções legais paliativas antes do divórcio

Convém relembrar, até como registro histórico, a sucessão de leis que ocorreu antes do reconhecimento dos filhos ilegítimos e a atribuição de direitos à companheira. Primeiramente, foi promulgado o Dec.-lei n. 4.737, de 27 de setembro de 1942, permitindo o reconhecimento dos filhos de desquitados havidos fora do matrimônio, o que equivale dizer que, até então, tais filhos não podiam ser registrados em nome de seu verdadeiro pai, ou mãe, mesmo que desquitado.

Todavia, o aludido decreto-lei não satisfez, porquanto só possibilitava reconhecimento de filho havido fora do matrimônio depois do desquite do genitor. Não se referia ele às outras causas de terminação da sociedade conjugal, como a morte de um dos cônjuges, de modo que, embora extinto o vínculo conjugal, lícito não era promover o reconhecimento do filho havido extramatrimônio.

Somente com a Lei n. 883, de 21 de outubro de 1949, é que se tornou possível o reconhecimento de filhos havidos fora do matrimônio após a dissolução da sociedade conjugal por desquite, morte de um dos cônjuges ou anulação do casamento.

Nesse ínterim, a jurisprudência fez verdadeiros malabarismos para reconhecer alguns direitos patrimoniais à concubina, ora com base na sociedade de fato, ora a título de indenização, até que a própria lei passou a atribuir-lhe direito à pensão previdenciária,[6] bem como à indenização por acidente de trabalho.[7] Posteriormente, a Lei de Registros Públicos[8] permitiu o uso dos apelidos do amásio pela companheira.

51.4. A introdução do divórcio na legislação brasileira

O divórcio só foi permitido por meio da Emenda Constitucional n. 9, de 28 de junho de 1977, que, alterando o § 1º do art. 175 da Constituição de 1969, passou a dispor: "*O casamento poderá ser dissolvido, nos casos expressos em lei, desde que haja prévia separação judicial por mais de três anos*".

Como se vê, foi cauteloso o legislador ao permitir o divórcio após prévia separação judicial por mais de três anos, tempo que entendeu necessário para revelar se a separação era ou não definitiva.

Posteriormente, a Lei n. 6.515, de 26 de dezembro de 1977, conhecida por Lei do Divórcio, regulou os casos de dissolução da sociedade conjugal. Finalmente, em 13 de julho de 2010, foi promulgada a Emenda Constitucional n. 66, cujo § 6º do art. 226 da Constituição da República passou a ter a seguinte redação: "*O casamento civil pode ser dissolvido pelo divórcio*". O casamento, portanto, rendeu-se incondicionalmente ao divórcio. Não há mais qualquer anteparo entre o divórcio e a vontade unilateral de qualquer dos cônjuges.

---

[6] Dec.-lei n. 7.485/1945, Lei n. 4.069/1962.
[7] Dec.-lei n. 7.036/1944 (revogado).
[8] Lei n. 6.015, de 31.12.1973.

Esses, em síntese, os efeitos negativos produzidos pela norma constitucional que considerava indissolúvel o vínculo matrimonial, e as peripécias sociais pelas quais passamos até que o dogma ou ficção fosse afastado pela Constituição.

Segundo as estatísticas do Registro Civil, divulgadas pelo IBGE (Instituto Brasileiro de Geografia e Estatística) em 17.12.2012, em 2011 o Brasil registrou 351.153 divórcios, um aumento de 45,6% em relação a 2010. Atribui-se o aumento, pelo menos em parte, à mudança da lei que suprimiu completamente os prazos para o divórcio. O Distrito Federal tinha o maior índice de divórcio do País: 4,8 para cada mil habitantes. Em seguida, apareciam Rondônia (4,7) e Acre (3,8). No Rio, a taxa era de 1,9, e em São Paulo, 3,4. Dados do IBGE apontam que, de 1984 a 2016, enquanto a população brasileira cresceu 70%, os casamentos avançaram 17%, mas os divórcios aumentaram 269%. No Brasil, são registradas por dia, em média, 581,8 dissoluções de casamentos.

Foi também apontada a faixa etária em que homens e mulheres mais se divorciam. No grupo de mulheres, a maior taxa se deu entre 30 e 34 anos: 7,3. Em seguida, 7,2, na faixa etária de 35 a 39 anos. Em relação aos homens, os divórcios acontecem, principalmente, nas faixas de 35 a 39 anos e 45 a 49 anos (7,0).

Outro dado interessante mostra que o maior número de casamentos desfeitos se deu entre aqueles que tinham de 5 a 9 anos de casados (20,8%). Entre o 1º e o 4º ano, os divórcios representam 19,0%. Em seguida, o grupo que mais se divorciou tinha entre 10 e 14 anos de casados.[9] Esses dados estatísticos são de extrema importância para aqueles que estudam e buscam entender as verdadeiras causas do divórcio.

Levantamento recentemente divulgado pelo IBGE registrou 386,8 mil divórcios em 2021, número 16,8% maior em relação ao ano anterior. Estatísticas do Registro Civil do IBGE revelaram ainda que a taxa geral de divórcios para cada mil pessoas de 20 anos ou mais subiu de 2,15% em 2020, para 2,49% em 2021. Houve, por sua vez, uma redução no tempo médio entre a data do casamento e a data da sentença ou escritura do divórcio nos últimos anos – de 15,9 anos, em 2010, para 13,6 anos, em 2021. Constatou-se ainda que a proporção de separações é maior entre os casais com filhos menores de idade – 48,5% dos divórcios. O crescimento equivale a 5,5 pontos percentuais em relação a 2010.Quanto à guarda compartilhada, o IBGE também registrou um aumento significativo do percentual em divórcios judiciais entre casais com filhos menores de idade. Em 2014, a guarda compartilhada era opção de apenas 7,5% dos casais divorciados e, em 2021, passou a ser adotada por 34,5% desses casais.

51.5. A situação da companheira e dos filhos após a Constituição de 1988

Após mais de meio século de lenta evolução da questão do divórcio, da companheira e dos filhos ilegítimos, a Constituição de 1988 encontrou uma base social para fazer as mudanças necessárias e o constituinte teve coragem para tanto, a saber:

---

[9] *O Globo*, 18.12.2012.

a) excluiu qualquer prazo ou condição para o divórcio (art. 226, § 6º, com a redação dada pela Emenda Constitucional n. 66/2010); *b*) reconheceu a *união estável* entre o homem e a mulher como entidade familiar, determinando à lei facilitar a sua conversão em casamento (art. 226, § 3º); *c*) igualou para todos os efeitos (herança, alimentos, reconhecimento) os direitos e as qualificações dos filhos, havidos ou não da relação do casamento, proibindo a designação de filiação legítima ou ilegítima, bem como quaisquer outras designações discriminatórias relativas à filiação (art. 227, § 6º).

Importa dizer que, após a Constituição de 1988, o filho havido fora do matrimônio, até então designado de filho adulterino, tem o direito subjetivo de ser reconhecido, voluntária ou coativamente, não mais subsistindo as limitações anteriores. Sobreveio, finalmente, em 29.12.1992, a Lei de Investigação de Paternidade,[10] que ampliou ainda mais as hipóteses de reconhecimento voluntário e de investigação de paternidade, conferindo, inclusive, ao Ministério Público legitimidade para propor a respectiva ação.

O Código Civil de 2002, como não poderia deixar de ser, manteve a disciplina no seu art. 1.596, que diz: *"Os filhos, **havidos ou não da relação de casamento**, ou por adoção, terão os mesmos direitos e qualificações, proibidas quaisquer designações discriminatórias relativas à filiação"* (grifo nosso).

Em relação à companheira, a Lei n. 8.971, de 29.12.1994, concedeu-lhe direito a alimentos, desde que conviva há mais de cinco anos com o homem solteiro, separado judicialmente, divorciado ou viúvo, ou dele tenha prole, e prove a necessidade. Conferiu-lhe também o direito de participar na sucessão do companheiro (herança) nas condições previstas nos seus arts. 2º e 3º.

Por último, a Lei n. 9.278, de 10.05.1996, regulamentou o § 3º do art. 226 da Constituição Federal – união estável – reconhecendo como entidade familiar a convivência duradoura, pública e contínua, de um homem e uma mulher, estabelecida com o objetivo de constituição de família (art. 1º). Os bens móveis e imóveis adquiridos por ambos os conviventes, na constância da união estável e a título oneroso, são considerados fruto do trabalho e da colaboração comum, passando a pertencer a ambos, em condomínio e em partes iguais, salvo estipulação contrária em contrato escrito (art. 5º). Mantém a lei (art. 7º) o direito a alimentos ao convivente que deles necessitar uma vez dissolvida a união estável, assegurando-lhe também o direito real de habitação, enquanto viver e não constituir nova união ou casamento, relativamente ao imóvel destinado à residência da família.

O Código Civil de 2002, ao tratar da união estável nos seus arts. 1.723 a 1.727, manteve a mesma disciplina da Lei n. 9.278/1996, no que andou bem, pois aquela lei consolidou um longo trabalho doutrinário e jurisprudencial. O art. 1.724 praticamente repete o art. 2º da Lei n. 9.278/1996: *"As relações pessoais entre os companheiros obedecerão aos deveres de lealdade, respeito e assistência, e de guarda, sustento e educação dos filhos".* Salvo contrato escrito entre os companheiros, na união estável aplica-se

---

[10] Lei n. 8.560/1992.

às relações patrimoniais, no que couber, o regime da comunhão parcial de bens (art. 1.725), vale dizer, comunhão dos bens adquiridos depois da união.

51.6. União de pessoas do mesmo sexo

É indispensável a diversidade de sexo para a configuração da união estável? Essa é uma questão que gerou muita polêmica e que ainda enfrenta resistência. O principal argumento dos opositores às *uniões homoafetivas* era o de que, ao tratar a Constituição da família em seu art. 226 (bem como o Código Civil no art. 1.723), menciona apenas a relação entre homem e mulher. Essa cláusula era considerada exaustiva, isto é, encerrava o assunto em si mesma. Contudo, em 5 de maio de 2011, no julgamento da ADPF n. 132/RJ e da ADI n. 4.277/DF, o Supremo Tribunal Federal, antecipando-se ao legislador, em decisão unânime, reconheceu a legalidade das uniões civis entre pessoas do mesmo sexo, que passaram a ter os mesmos direitos dos heterossexuais.

Mediante nova interpretação, o Supremo Tribunal Federal mudou a compreensão do significado do que está na Constituição. Para os Ministros da Suprema Corte, a falta de menção não pode ser entendida como proibição à união homossexual. Eles basearam seus votos nos princípios constitucionais da dignidade, da igualdade, do afeto e da vedação de discriminação por orientação sexual.

Em seu voto, o Ministro Celso de Mello destacou:

> *Com este julgamento, o Brasil dá um passo significativo contra a discriminação e contra o tratamento excludente que têm marginalizado grupos minoritários em nosso País, o que torna imperioso acolher novos valores e consagrar uma nova concepção de Direito fundada em nova visão de mundo, superando os desafios impostos pela necessidade de mudança de paradigma, em ordem a viabilizar, como política de Estado, a instauração e a consolidação de uma ordem jurídica genuinamente inclusiva.*
>
> ***Enquanto a lei não acompanha a evolução da sociedade, a mudança de mentalidade, a evolução do conceito de moralidade, ninguém, muito menos os juízes, pode fechar os olhos a essas novas realidades.*** *Posturas preconceituosas ou discriminatórias geram grandes injustiças. Descabe confundir questões jurídicas com questões de caráter moral ou de conteúdo meramente religioso.* ***Essa responsabilidade de ver o novo assumiu a Justiça ao emprestar juridicidade às uniões extraconjugais. Deve, agora, mostrar igual independência e coragem quanto às uniões de pessoas do mesmo sexo. Ambas são relações afetivas, vínculos em que há comprometimento amoroso.*** *Assim, impositivo reconhecer a existência de um gênero de união estável que comporta mais de uma espécie: união estável heteroafetiva e união estável homoafetiva. Ambas merecem ser reconhecidas como entidade familiar. Havendo convivência duradoura, pública e contínua entre duas pessoas, estabelecida com o objetivo de constituição de família, mister reconhecer a existência de uma união estável. Independente do sexo dos parceiros, fazem jus à mesma proteção. Ao menos até*

que o legislador regulamente as uniões homoafetivas – como já fez a maioria dos países do mundo civilizado –, incumbe ao Judiciário emprestar-lhes visibilidade e assegurar-lhes os mesmos direitos que merecem as demais relações afetivas. Essa é a missão fundamental da jurisprudência, que necessita desempenhar seu papel de agente transformador dos estagnados conceitos da sociedade.

Nessa perspectiva, Senhor Presidente, entendo que a extensão, às uniões homoafetivas, do mesmo regime jurídico aplicável à união estável entre pessoas de gênero distinto justifica-se e legitima-se pela direta incidência, dentre outros, dos princípios constitucionais da igualdade, da liberdade, da dignidade, da segurança jurídica e do postulado constitucional implícito que consagra o direito à busca da felicidade, os quais configuram, numa estrita dimensão que privilegia o sentido de inclusão decorrente da própria Constituição da República (art. 1º, III, e art. 3º, IV), fundamentos autônomos e suficientes aptos a conferir suporte legitimador à qualificação das conjugalidades entre pessoas do mesmo sexo como espécie do gênero entidade familiar.

Torna-se indiscutível reconhecer, prossegue o Ministro Celso de Mello, que o novo paradigma, no plano das relações familiares, após o advento da Constituição Federal de 1988, para efeito de estabelecimento de direitos e deveres, decorrentes do vínculo familiar, consolidou-se na existência e no reconhecimento do afeto (...) se a nota essencial das entidades familiares do novo paradigma, introduzida pela Constituição de 88 é a valorização do afeto, não há razão alguma para exclusão das parcerias homossexuais, que podem caracterizar-se pela mesma comunhão e profundidade de sentimentos presentes nas relações estáveis entre pessoas de sexos opostos, que são, hoje, amplamente reconhecidos e protegidos pela ordem jurídica.

Mas não parou aí a evolução da jurisprudência sobre o tema. No Recurso Especial n. 1.183.378-RS,[11] a Terceira Turma do Superior Tribunal de Justiça admitiu o *casamento civil entre pessoas do mesmo sexo*. Eis a ementa do acórdão: *Direito de família. Casamento civil entre pessoas do mesmo sexo (homoafetivo). Interpretação dos arts. 1.514, 1.521, 1.523, 1.535 e 1.565 do Código Civil de 2002. Inexistência de vedação expressa a que se habilitem para o casamento pessoas do mesmo sexo. Vedação implícita constitucionalmente inaceitável. Orientação principiológica conferida pelo STF no julgamento da ADPF n. 132/RJ e ADI n. 4.277/DF.*

O Ministro Relator aduziu no seu voto que:

(...) nos dias de hoje, diferentemente das constituições pretéritas, a concepção constitucional do casamento deve ser plural, porque plurais são as famílias; ademais, não é o casamento o destinatário final da proteção do Estado, mas

---

[11] Julgamento ocorrido em 25.10.2011, do qual foi Relator o Ministro Luis Felipe Salomão.

apenas o intermediário de um propósito maior, qual seja, a proteção da pessoa humana em sua dignidade. Assim sendo, as famílias formadas por pessoas homoafetivas não são menos dignas de proteção do Estado se comparadas com aquelas apoiadas na tradição e formadas por casais heteroafetivos. O que se deve levar em consideração é como aquele arranjo familiar deve ser levado em conta e, evidentemente, o vínculo que mais segurança jurídica confere às famílias é o casamento civil. Assim, se é o casamento civil a forma pela qual o Estado melhor protege a família e se são múltiplos os arranjos familiares reconhecidos pela CF/1988, não será negada essa via a nenhuma família que por ela optar, independentemente de orientação sexual dos nubentes, uma vez que as famílias constituídas por pares homoafetivos possuem os mesmos núcleos axiológicos daquelas constituídas por casais heteroafetivos, quais sejam, a dignidade das pessoas e o afeto. Por consequência, o mesmo raciocínio utilizado tanto pelo STJ quanto pelo STF para conceder aos pares homoafetivos os direitos decorrentes da união estável deve ser utilizado para lhes proporcionar a via do casamento civil, ademais porque a CF determina a facilitação da conversão da união estável em casamento (art. 226, § 3º).

Após a jurisprudência avançar nesse aspecto, o Conselho Nacional de Justiça elaborou a Resolução n. 175/2013, vedando a recusa por parte de autoridades competentes da habilitação, celebração de casamento civil ou de conversão de união estável em casamento entre pessoas de mesmo sexo.

52. DIREITO PENAL

O Direito Penal é outra área do Direito muito sensível às questões sociais. Tudo ou quase tudo acaba nele repercutindo: explosão demográfica, crise de moradia, favelização, pobreza, ausência de educação, corrupção, fraude e assim por diante. A falta de segurança, por exemplo, figura em primeiro lugar em todas as pesquisas.

Renomado diretor de TV no Rio de Janeiro, ao ter a sua casa assaltada ao raiar do sol, ficou, juntamente com a sua família e mais oito amigos, por mais de duas horas sob a mira de revólveres de três jovens drogados. Acostumado à ficção, ele se viu dirigindo uma cena da vida real, ao persuadir os bandidos a tomá-lo como escudo, no lugar de uma das amigas de sua filha, ao mesmo tempo que berrava para a polícia parar de atirar.

Em relato dramático ao *O Globo*, o renomado diretor diz ter construído uma casa com salas de ensaios, camarins, estúdios onde inúmeras montagens seriam ensaiadas e produzidas... Mas agora era obrigado a dela sair violentado, tendo que mudar os seus sonhos e de sua família por motivo de assaltos múltiplos. *"Já não é mais possível viver nesta cidade exposta a essa vergonhosa violência, que atinge qualquer família ou qualquer cidadão a qualquer momento de sua vida. Entrego essa casa a um sonho de futuro, a uma cidade que um dia será maravilhosa, onde não precisaremos continuar fingindo que estamos dormindo, nem dentro de um filme sem final feliz."*

53. VIOLÊNCIA URBANA E PODER PARALELO

A violência urbana – fato público e notório –, na realidade, atingiu patamares vergonhosos e insuportáveis, gerando sentimento de insegurança generalizado e sem precedentes, que atinge cidadãos, moradias, escolas, hospitais e o comércio em geral. Nunca os assaltantes e traficantes agiram com tanta ousadia e desenvoltura como na última década.

Quais são as causas dessa violência, quem a promove, que efeitos produz?

Pesquisa feita pelo Datafolha em março de 2018 no Rio de Janeiro apurou o seguinte: *a)* um a cada três moradores já ficou em meio a um tiroteio nos últimos 12 meses; *b)* 92% dos entrevistados temem morrer em um assalto, troca de tiro ou bala perdida; *c)* 73% têm vontade de deixar a cidade por causa da violência.

Os resultados dessa pesquisa não surpreendem, apenas confirmam o que todo mundo já sabia. Primeiro, a crise de insegurança é geral, atingindo pobres e ricos, adultos e crianças, trabalhadores e donas de casa. Segundo, a causa dessa violência urbana não é apenas a miséria, a fome, a pobreza, a falta de moradia ou de investimento na educação, mas também a omissão do Estado (União, estados e municípios) na seleção, no treinamento e na remuneração dos policiais e no aumento dos seus efetivos.

Isso que o povo sabe e denuncia há muitos anos só agora tem sido admitido pelas nossas autoridades. Geraldo Alckmin, quando Governador de São Paulo, declarou em entrevista: "*A política de combate à violência no Brasil não dá resultados concretos porque falta ao governo federal tratar o assunto como prioridade, o que não está acontecendo com o governo atual. E prioridade é recurso, senão é só boa intenção. A grande contribuição que se poderia dar para resolver a insegurança nas cidades é disponibilizar recursos para a melhoria da área de tecnologia da polícia, que hoje não funciona*".[12]

A entrevista do então Governador de São Paulo merece apenas um reparo. A falta de prioridade não é apenas do governo atual mas também de vários anteriores e envolve, inclusive, os governos estaduais e municipais.

Em junho de 2002, após ter o Rio de Janeiro passado por queima de ônibus, rajadas de metralhadoras em prédios públicos, interdição da Avenida Brasil e da Linha Vermelha por bandidos, o então Presidente da República lá esteve e afirmou na abertura da IV Semana Nacional Antidrogas: "*O Estado tem que recuperar os espaços eventualmente perdidos para o crime organizado; uma situação como a atual nas favelas do Rio, a ponto de levar um membro do Judiciário a declarar que ali o estado não existe, já é degradação, anomia (ausência de leis); quando o Estado não existe é preciso repor porque senão não há cidadania. Há o arbítrio*".[13]

Após tão firme pronunciamento, era de se esperar medidas governamentais fortes e emergenciais, mas, ledo engano, tudo continuou como dantes no quartel de Abrantes.

---

[12] *O Globo*, 04.01.2004.
[13] *O Globo*, 20.06.2002.

O combate à violência urbana não depende só de medidas sociais, conforme demonstrou a pesquisa do Ibope, porque a violência não é promovida pelos pobres, desempregados, muito menos pelos favelados. No comando dela está o crime organizado, quadrilhas de traficantes de tóxicos e armas que, na ausência do estado, ocuparam os espaços deixados e formaram verdadeiro **poder paralelo**. E a organização é tão forte que a realidade demonstrou que os *chefões* continuam no comando mesmo depois de presos.

Como surgiu esse poder paralelo e como atua? As suas raízes são sólidas e profundas, na realidade assustadoras, conforme relato do Senador Roberto Saturnino Braga em artigo no O *Globo*.[14] Faz pelo menos 25 anos – um quarto de século – que predominou na polícia do Rio "**o pragmatismo dos realistas**". Com uma polícia de poucos recursos, de baixo efetivo e sem equipamento adequado, valeria mais, em termos de resultados práticos, fazer um acordo com o tráfico de drogas e concentrar a atenção e as forças no combate à criminalidade comum.

Assim, delimitaram-se dois territórios de ação e população distintos: o "morro" do tráfico e do povão e o "asfalto" onde vive a população que merecia ser protegida pela polícia. Essa divisão facilitava muito o cumprimento da cláusula fundamental – "nós não subimos lá e vocês não descem cá". Além disso, prossegue o Senador em seu relato, com o acordo, a polícia obtinha a colaboração do tráfico na preservação da paz no asfalto, especialmente nas imediações do morro, onde o tráfico era rigoroso na contenção do crime. O acordo evitava também incursões da polícia no morro, que frequentemente terminavam em abuso e violência, manchando a imagem do governo e tirando votos do eleitorado, que era crescente no morro. Isso tudo ainda garantia bons rendimentos para a polícia, que sempre participou dos resultados financeiros de uma atividade extremamente lucrativa.

Era um acerto informal semelhante ao que houve também com o jogo do bicho. E em ambos os casos havia uma racionalidade: o jogo do bicho não chegava a ser crime, era uma contravenção que, na verdade, não fazia mal a ninguém, era a loteria dos pobres, tanto que muita gente, com boas razões, recomendava sua legalização. Houve até um governador que chegou a institucionalizar o "bicho", mesmo contra a lei, obtendo dele, semioficialmente, contribuições para entidades filantrópicas. O tráfico não era tão inocente quanto o bicho, mas podia ter a sua nocividade limitada ao território do morro e à pequena parte da sociedade do asfalto que queria consumir drogas (e bem podia ter essa liberdade tolerada).

O acordo funcionou durante décadas. E o resultado foi considerado razoável pelas autoridades responsáveis e pela média da opinião da cidade, que só passou a se preocupar com a questão quando o cenário foi mudando de figura. O tráfico cresceu e ganhou *status* de negócio, suscitando disputas armadas, guerras particulares de gangues pelo controle dos pontos de maior lucratividade e investimentos muito maiores em

---

[14] O *Globo*, 02.01.2004.

armamentos eficazes para sustentar essa guerra. Por muitas vezes o tráfico promoveu ações no "asfalto" para arranjar dinheiro em momentos difíceis, ligando-o a grupos de sequestro e de assalto; exigiu um comando mais severo dos traficantes sobre a comunidade do "morro", para evitar deslealdades dentro dos grupos, promoveu atos de crueldade que chocavam as populações do "morro" e do "asfalto". Ademais, produziu choques e episódios frequentes de enfrentamento com a polícia, já quase completamente envolvida na participação dos lucros e cada vez mais ávida de ganhos naquele negócio que crescia incontrolavelmente.

Conclui o Senador. Surgiu então na cidade o crescente grito de "basta!". Mas era tarde: o poderio do tráfico tinha aumentado muito além do imaginado, muito mais que o da polícia, e se constituiu um inimigo cujo enfrentamento era cada vez mais difícil e desgastante para a polícia. Esta, sem recursos, perdia uma grande quantidade de homens e se desmoralizava em uma guerra que não tinha respaldo efetivo e decidido da cúpula dirigente, onde os pragmáticos continuavam dando as ordens na linha do acordo que se deteriorava.

Consequentemente, esse **poder paralelo** é mais forte do que admitem as autoridades policiais, não sendo suficiente para enfrentá-lo a mera "criação de um Gabinete de Gestão Integrada do Sudeste e o mapeamento das quadrilhas que atuam nos morros", conforme anunciado pelo então Secretário Nacional de Segurança. Esse mapeamento já é conhecido da população há muitos anos. Em 13 de abril de 2003, *O Globo* publicou a relação das áreas mais afetadas pelo poder paralelo. Em 32 bairros do Rio, os traficantes escolhem dia e hora para fechar escolas, até universidades, postos de saúde, estabelecimentos comerciais e industriais. Ninguém pode subir o morro ou penetrar em certas favelas sem autorização dos *chefões* do bando. O jornalista Tim Lopes, por descumprir essa regra, foi torturado e morto. Até o salvo-conduto para os ônibus circularem é dado pelo tráfico, que criou suas áreas de exclusão.

A própria Justiça fica impedida de chegar a certos lugares. Em 11 de junho de 2008, como relator de uma ação rescisória em curso no Órgão Especial do Tribunal de Justiça do Rio de Janeiro, assinei um mandado de citação de um dos réus da referida ação. Dias depois, o Oficial de Justiça que deveria cumprir o mandado lavrou a seguinte certidão: "*Certifico que em cumprimento ao mandado retro dirigi-me à Estrada José Rucas (parte), onde fui orientado por moradores para não prosseguir a partir do n. 1.000 da referida estrada, pois o n. 1.661 está situado no Complexo do Alemão, Vila Cruzeiro, local de frequentes assaltos e abordagens violentas de bandidos, sendo ainda considerado pelas autoridades policiais área de risco,* **onde nem mesmo a polícia entra sem que haja confronto***. Sendo assim, devolvo o mandado para que V. Exa. determine o que for de direito*". Veja a que situação chegamos.

De acordo com o Instituto Fecomércio, os gastos do comércio com segurança em 2017 giravam em torno de R$ 9,6 bilhões, ou cerca de 4,8% do faturamento. Com isso, lojas e bairros inteiros estão sendo esvaziados com a saída de indústrias e estabelecimentos comerciais por causa da violência e da degradação urbana.

Levantamento feito pela Comissão Contra a Violência e a Impunidade da Assembleia Legislativa do Estado do Rio fez constatações alarmantes. Entre 1992 e 2001, o tráfico executou cerca de cem líderes comunitários; outros trezentos diretores de associações tiveram que abandonar as favelas para não serem mortos; mais de quatrocentos dirigentes de entidades se associaram a bandidos.[15]

A força desse poder paralelo é tal que os moradores das favelas onde ele atua fazem manifestação contra a ação policial sempre que um traficante é morto. Seis ônibus foram incendiados pelos moradores da Favela Vila Cruzeiro, na Penha, onde foi torturado e morto o jornalista Tim Lopes, revoltados com policiais do 16º BPM (Olaria), acusados de matar dois traficantes.[16]

Para o sociólogo Geraldo Tadeu, da Uerj, que estuda a relação do tráfico com as comunidades, o envolvimento de líderes comunitários com traficantes passou a ser regra. Ele explica que, com o tempo, ocorreu um processo de subordinação dessas associações, a partir do crescimento exacerbado do tráfico como poder militar e econômico no âmbito dessas comunidades.

O sociólogo justifica ainda a influência do tráfico nas comunidades, alegando que o Poder Público limitou a sua presença nas favelas à repressão. Os traficantes ocuparam esses espaços. Eles têm um sistema previdenciário paralelo; dão dinheiro, cestas básicas. Têm também um sistema tributário paralelo e cobram impostos dos comerciantes. Além disso, têm um sistema de segurança complexo, com gerentes, "vapores" e "soldados". Nas favelas, há igrejas, associações e ONGs, mas o tráfico tem mais estrutura. É o grande poder paralelo.

Para Geraldo Tadeu, as comunidades não têm como reagir sem uma intervenção do Poder Público. O sociólogo defende, com absoluta propriedade, que o Estado adote ações estratégicas de médio e longo prazo.[17]

53.1. As milícias

Quando parecia que havíamos chegado ao final da linha, que não havia mais como piorar, surgiram as **milícias**. Em face da omissão do Estado – verdadeira ausência –, grupos de policiais e ex-policiais militares, bombeiros, vigilantes, agentes penitenciários, muitos deles moradores das comunidades, se organizaram para, inicialmente, oferecer proteção à população. Expulsaram os traficantes de drogas e, seguindo métodos semelhantes aos da máfia italiana, começaram a cobrar pela proteção, mas, à medida que se expandiram, passaram também a atuar na cobrança de taxas sobre a venda de imóveis, agiotagens e exploração de centrais clandestinas de TV a cabo, conhecidas como TV a gato.

---

[15] *O Globo*, 20.06.2002.
[16] *O Globo*, 20.06.2002.
[17] *O Globo*, 20.06.2002.

O surgimento das milícias em áreas antes dominadas pelo tráfico foi revelado pelo *O Globo* em abril de 2005. À época, relatórios da Secretaria de Segurança indicavam a presença desses grupos em 42 favelas no Rio. Vinte meses depois o número de áreas dominadas pelos paramilitares saltou para 92. A expansão dos paramilitares continuou acelerada, podendo ser comprovada pelo relatório da CPI das Milícias instalada na Assembleia Legislativa do Estado do Rio de Janeiro (Alerj). Em março de 2009, as milícias já atuavam em 200 comunidades só na capital do Rio, ou seja, 20,6% das 928 favelas da cidade. A zona oeste do Rio (Campo Grande, Santa Cruz etc.) concentra 60% desse tipo de ligações clandestinas, sendo a cobrança de pedágio de cooperativas de transporte alternativo a sua principal base de sustentação financeira. Os milicianos também já estenderam suas atividades a municípios da Baixada Fluminense (Caxias, Nova Iguaçu), bem como a Niterói, São Gonçalo e outros municípios do interior do estado do Rio.

Em um primeiro momento, eles se apresentam como protetores da população, cobram para garantir a segurança, ganhando a simpatia dos moradores. Após demarcar o território, passam a influir em outros seguimentos, mantendo as comunidades em uma espécie de camisa de força.

53.2. Unidades de Polícia Pacificadora (UPPs)

Convencido de que de nada adianta fazer incursões militares violentas e sangrentas nos morros, prender e matar alguns traficantes, apreender armas e drogas e depois se retirar deixando novamente a população entregue ao domínio do **poder paralelo**, o Governo do Estado do Rio de Janeiro, a partir de 2007, resolveu enfrentar traficantes e milicianos, reconquistando os espaços por eles dominados. A partir de um modelo de gestão criado com base em estudos do Instituto de Desenvolvimento e Gestão (IDG)), a Subsecretaria de Inteligência desenvolveu um plano de metas de redução da violência e da criminalidade no Rio de Janeiro, que tinha por carro-chefe as Unidades de Polícia Pacificadora (UPPs). O que eram?

A equipe da Secretaria de Segurança, após reconquistar espaços em morros, favelas etc., expulsando traficantes ou milicianos – o que às vezes foi feito com intensa luta armada –, instalava nos locais Unidades de Polícia Pacificadora, integradas por policiais militares especialmente escolhidos e treinados, que assumiam o controle permanente da segurança da população. Em síntese, as UPPs eram o Estado de volta aos morros e às favelas que há muito tinham sido por ele abandonados.

Relata-se, como registro histórico, que 2009 terminou com um saldo altamente positivo e promissor. Foram instaladas seis UPPs (Cidade de Deus – 120 mil moradores e 276 policiais; Batan – 40 mil moradores e 55 policiais; morro Dona Marta, no Botafogo – 6 mil moradores e 123 policiais; Chapéu da Mangueira e Babilônia, no Leme – 6 mil moradores e 100 policiais; Tabajaras e Cabritos – 3.091 moradores e 100 policiais; Pavão-Pavãozinho, em Ipanema – 8.140 moradores e 200 policiais); outras UPPs foram instaladas em 2010, beneficiando a Tijuca, a Rocinha/Vidigal, o Complexo do Alemão etc. Era a paz social que começava a ser reconquistada.

Sob o título "*O Réveillon da Pacificação*", a mídia proclamou que pela primeira vez, com seus morros pacificados pela polícia e livres do terror imposto por traficantes de drogas, Copacabana teve um réveillon nota dez. Com queima de fogos aplaudida pela multidão de 2 milhões de pessoas, asfalto e morro celebraram em paz a chegada de 2010.[18]

53.3. O Alemão era o coração do mal

O plano de metas de redução da violência e da criminalidade no Rio de Janeiro prosseguiu com grande sucesso em 2010 e 2011. O dia 28 de novembro de 2010 marcou a retomada do Complexo do Alemão, "**o coração do mal**", na definição do então secretário de segurança pública José Mariano Beltrame.

Depois de mais de 30 anos de domínio do tráfico, o maior conjunto de favelas do Rio – 13 favelas que tangenciam cinco grandes bairros do subúrbio carioca – foi retomado dos traficantes, devolvendo a tranquilidade a mais de 85 mil moradores. Em uma verdadeira operação de guerra, 2.700 agentes da polícia com tropas das Forças Armadas, tanques e helicópteros blindados invadiram e ocuparam o Complexo do Alemão em pouco mais de uma hora, operação acompanhada pela televisão por todo o País.

O então prefeito Eduardo Paes anunciou a elaboração de um plano de ação com serviços da prefeitura para a área, incluindo escolas, creches e clínicas de família. O lugar onde nem a Justiça tinha acesso iria se tornar ponto turístico, até com teleférico com bela vista.

A retomada da Rocinha, uma das mais famosas favelas do Brasil, foi outra grande vitória do plano de metas de redução da violência e da criminalidade. Ocorreu na madrugada de 14 de novembro de 2011, sem o disparo de um só tiro, libertando uma comunidade que durante 40 anos esteve sob o domínio dos traficantes. Resultou na prisão de 70 traficantes – entre eles o Nem e outros chefes da quadrilha – e na apreensão de um verdadeiro arsenal de fuzis, granadas, bombas artesanais e mais de 60 mil balas de diversos calibres, o que bem demonstra que existia ali um pequeno exército. Representou, ainda, a liberdade de ir e vir para cerca de 100 mil pessoas.

53.4. As UPPs eram apenas o primeiro passo

Pesquisa realizada em agosto de 2011 pelo Instituto Endeavor Brasil, da Universidade George Washington (U.S.A.), em 23 comunidades beneficiadas pelo programa de Unidades de Polícia Pacificadora (UPPs), revelou que 72,4% dos entrevistados acreditavam que não haveria envolvimento de PMs com corrupção ou seria muito pequeno, e que os policiais eram bem preparados. A pesquisa revelou, ainda, que a

---

[18] *O Globo*, 01.01.2010.

pacificação mexeu com a vida deles: 92% diziam ser felizes ou muito felizes e 70,3% acreditavam que é importante viver em segurança.[19]

Não há dúvidas, portanto, de que as comunidades pacificadas estavam reaprendendo a respeitar o poder policial, e o policial estava reaprendendo a respeitar o morador de comunidade. Foram anos de abandono do poder público; os jovens nasceram conhecendo a polícia corrupta, violenta, agressiva, que entrava na favela atirando, sem saber quem iria atingir. Para muitos deles, era estranho agora cruzar com um policial no beco e dar bom-dia.

Esse e outros aspectos levaram o secretário Beltrame a advertir que **as UPPs não eram solução definitiva para os problemas de segurança do Rio, mas apenas o primeiro passo**. Em homenagem que lhe foi prestada pela Pastoral do Menor, na última semana de maio de 2014, Beltrame leu um texto que classificou como um "recado" à sociedade:

> *O governo fez seu dever de casa. Entregou todas as UPPs prometidas. Hoje, 10% dos cariocas moram ao lado de uma delas.* ***Mas reduzir o debate da violência a uma resposta da polícia será sempre insuficiente.*** *O sistema de segurança não é a polícia apenas. Claro que ela tem suas obrigações, mas não apenas ela. Não temos o hábito de dividir responsabilidades. O vício é repassar a culpa e virar as costas. Acho que a UPP acendeu uma esperança e abriu os olhos das pessoas, mas ela não é a solução sozinha.*

De fato, a pacificação não se completaria sem uma correspondente política de ações sociais. Cabia também ao Estado se fazer presente com serviços essenciais como saúde, educação, água, saneamento, coleta de lixo e iluminação pública, serviços públicos que há décadas não chegam aos morros. Era fundamental que o Poder Público tivesse uma política que garantisse a retomada definitiva para a cidadania das comunidades antes subjugadas pelo crime; que o Estado se fizesse presente com programas perenes de inclusão social, e não apenas com o seu braço coercitivo.

De imediato, era preciso socorrer os jovens que deixaram o tráfico, cerca de 3.600 que compunham a chamada *"geração do limbo"*, cuja maioria encontra grandes dificuldades para a reintegração na sociedade. A Secretaria Estadual de Assistência Social anunciou um programa de tutoria e acompanhamento desses jovens, no qual seriam investidos R$ 120 milhões, sendo R$ 90 milhões do Banco Mundial e R$ 30 milhões do governo estadual.

**No entanto, lamentavelmente, tudo não passou de promessa. A chegada do Poder Público, com seus instrumentos de inclusão social, não ocorreu. Pelo contrário, uma corrupção endêmica e sem precedentes se instaurou na Administração

---

[19] *O Globo*, 11.12.2011.

Pública municipal, estadual e federal, aliada a equivocadas políticas públicas (obras faraônicas e fraudulentas para a Copa do Mundo e as Olimpíadas), exaurindo os recursos necessários até para manter as UPPs existentes, fazendo que tudo voltasse à estaca zero, ou, pior ainda, a um estágio mais trágico que o anterior.

Na esteira da crise econômica que se instaurou no estado e no País, a promessa de melhor qualidade de vida para os 700 mil moradores das 38 regiões com UPPs não foi cumprida. O Complexo do Alemão, por exemplo, voltou a conviver com níveis alarmantes de criminalidade e problemas de infraestrutura. Seu teleférico de R$ 210 milhões, parado há mais de dois anos, é o maior símbolo do abandono de um Rio que não aparece nos cartões-postais.

Um a um, órgãos da prefeitura, como o Centro de Referência de Assistência Social (Cras), desceram o morro. Empresas, como casas lotéricas e agências bancárias, também. Obras do Programa de Aceleração do Crescimento (PAC) ficaram incompletas, com ruas e tudo mais por terminar. **Voltaram as incursões policiais, os tiroteios e o domínio do tráfico.**

Com o recrudescimento da violência, tornou-se necessária a Intervenção Federal no Rio de Janeiro, emprego das Forças Armadas para restabelecer um pouco da ordem e segurança na "cidade maravilhosa". Foi, sem dúvida, a parte mais triste e escabrosa da história do Rio.

Conclui-se do exposto que a **violência urbana** não é uma consequência da pobreza, miséria ou falta de instrução; tampouco decorre da falta de leis ou da atuação do Judiciário. É ação direta de um **poder paralelo** que nasceu e cresceu com a tolerância, pelo menos omissão, do Poder Público. Não é possível combatê-lo com medidas paliativas e demagógicas como as que vinham sendo tomadas. É preciso disposição política das três esferas de poder – federal, estadual e municipal. **Combater a violência urbana de forma pontual e isolada é o mesmo que tentar matar a árvore só arrancando as folhas.** Drogas não nascem nos morros nem são ali industrializadas; armas não são fabricadas por favelados nem por crianças desnutridas e sem escola. Tudo vem de fora, até mesmo de outros países, de sorte que, sem uma ação integrada da União, dos estados e dos municípios, planejada e duradoura, não haverá reconquista dos espaços perdidos, muito menos da segurança que todos almejamos.

54. CRIMINALIDADE DE COLARINHO-BRANCO (*WHITE-COLLAR CRIME*)

Trata-se de uma categoria não convencional de crimes e criminosos. Ela se distingue da criminalidade convencional pelo fato de ser integrada por pessoas de alta classe e respeitabilidade, detentoras de poder político ou econômico, que, por isso mesmo, se julgam acima da lei.

Entre nós, como bem assentou o saudoso Professor Heleno Fragoso,[20] o Direito Penal tem sido um amargo privilégio dos pobres e desfavorecidos, que povoam nossas

---

[20] Relatório da Reunião da Comissão Internacional de Juristas da ONU.

prisões horríveis e constituem a clientela do sistema. A estrutura geral de nosso direito punitivo, em todos os seus mecanismos de aplicação, deixa inteiramente acima da lei os que têm poder econômico ou político, que dela se livram com facilidade pela corrupção e pelo tráfico de influências, tornando puramente ilusória a igualdade proclamada nos documentos políticos.

O Centro Internacional de Criminologia Comparada da Universidade de Montreal, segundo o mesmo Professor Fragoso, em conjunto com o Instituto de Criminologia da Universidade del Zulia, em Maracaibo (Venezuela), e outras instituições de pesquisa do continente americano, entre as quais o Instituto de Ciências Penais do Rio de Janeiro, realiza extenso projeto de pesquisa sobre a criminalidade de colarinho--branco na América Latina. Em razão dessas pesquisas, pode-se destacar que os fatos que constituem tal criminalidade apresentam as seguintes características:

a) os autores pertencem, como já se disse, às elites dirigentes (econômica, financeira ou política) da formação social;

b) o fato antissocial é praticado no exercício da atividade;

c) o dano causado pela ação é extenso e considerável, atingindo, em regra, a coletividade, ou o patrimônio de indeterminado número de pessoas. Pela extensão dos resultados, tais crimes são muito mais graves do que o furto e o roubo que punimos com tanta severidade, visto que, além de atingirem a coletividade, são capazes de abalar a própria estrutura econômica ou política do país. Mas o pior de tudo é que ficam impunes os seus autores, nada lhes acontecendo.

Não sendo possível a enumeração exaustiva das ações antissociais que caracterizam os crimes de colarinho-branco, podemos, todavia, destacar os fatos que acarretam:

a) danos contra a vida e a saúde da coletividade;

b) danos contra o patrimônio da coletividade;

c) danos contra o patrimônio estatal da coletividade.

Os fatos antissociais que acarretam danos à vida ou à saúde da coletividade, segundo o Professor Fragoso, podem ser aqui colocados:

a) abusos praticados em relação à força de trabalho;

b) exploração predatória dos recursos naturais;

c) produção industrial imprópria ou defeituosa.

Em relação à *força de trabalho*, podemos considerar:

1) redução do trabalhador à condição sub-humana pelos salários incapazes de repor as energias consumidas no trabalho, inclusive por meio da exploração de trabalhadores rurais (boias-frias) empregados na lavoura na época das colheitas;

2) exaurimento físico e mental do trabalhador, pela imposição de ritmos excessivos de trabalho e tarefas monótonas e embrutecedoras (produzindo doenças ou lesões ocupacionais);

3) condições de insegurança ou de fadiga excessiva, causando mortes e acidentes.

A exploração predatória dos recursos naturais apresenta-se por meio da destruição do ambiente vital produzido pelo trabalho milenar da natureza, seja pela exploração desordenada, seja pela poluição. A exploração desordenada conduz à destruição do ambiente vital (exaustão e erosão do solo, bem como desflorestamento sistemático, criando desertos e provocando secas), inclusive com o emprego de produtos químicos, que eliminam insetos e microrganismos necessários ao equilíbrio ecológico e intoxicam o consumidor. A poluição, em qualquer de seus aspectos, constitui débito social ilegítimo do processo industrial, e não o preço do progresso, como propõe a ideologia dominante.

A produção industrial imprópria ou defeituosa atinge a vida ou a saúde da coletividade, não só no que tange aos produtos alimentícios ou medicinais mas também quanto a outros produtos (*e.g.*, projetos da indústria automobilística que desatendem, por imposições do mercado, a exigência da segurança); medicamentos prejudiciais ao organismo; produtos alimentícios de primeira necessidade, como o pão, contendo elementos químicos altamente nocivos à saúde etc., de acordo com constantes denúncias feitas ultimamente pela imprensa.

Danos ao patrimônio da coletividade apresentam-se por meio de métodos irregulares e fraudulentos de enriquecimento. Temos aqui a administração ruinosa de determinadas empresas, em especial as ligadas ao mercado financeiro, produzindo quebras que afetam amplos segmentos da coletividade de investidores (além de outros setores das classes dominantes), ou, alternativamente, como acontece no Brasil, provocando injeções maciças de dinheiros públicos (créditos e financiamentos) ou encampações oficiais, com efeitos negativos idênticos.

Temos ainda toda a sorte de **fraudes e manipulações no mercado de ações**, bem como a propaganda fraudulenta que causa dano ao patrimônio de indeterminado número de consumidores, lesados também frequentemente no peso e na quantidade de mercadorias comercializadas.

Finalmente, as manobras mais variadas que visam proporcionar a alta de preços de gêneros ou bens de consumo essenciais.

O estouro de vários bancos de alguns anos para cá, alguns deles dirigidos por altas personalidades de nosso cenário político e econômico, causando bilhões de prejuízo aos cofres públicos e particulares, e o rompimento de barragens, causando a morte de centenas de pessoas, poluição de rios e perene destruição da natureza, bem ilustram esse ponto.

Danos ao patrimônio estatal da coletividade podemos identificar na evasão de impostos, que se pratica mediante balanços fictícios e subfaturamento, produzindo lesão incomparavelmente maior do que a representada pela criminalidade contra o patrimônio convencional.

Igualmente a corrupção administrativa de alto nível, ligada à concessão de favores ou privilégios especiais, lesivos por vezes aos interesses vitais e estratégicos da coletividade, ou da própria integridade nacional. A corrupção surge, outrossim, na celebração de contratos públicos, viciando concorrências e superfaturando os preços. É certo que algumas práticas são diretamente lesivas a outros grupos dominantes, mas seus efeitos atingem a coletividade também.

Ademais, poder-se-ia mencionar aqui a ação predatória da economia nacional praticada por meio de empresas transnacionais, que abusam do poder econômico, eliminando a concorrência de grupos nacionais e fazendo que seja entregue a estrangeiros o controle de áreas essenciais da economia da nação.

Lamentavelmente, a nossa legislação penal ainda é deficiente na configuração e na punição dessa criminalidade chamada de colarinho-branco, sequer dispomos de recursos técnicos para a sua rápida e eficiente apuração, o que faz crescer o sentimento de impunidade para os que não são pobres.

55. A MACRODELINQUÊNCIA

Essa expressão é modernamente utilizada para indicar o **crime organizado**, envolvendo a prática de ilícitos sofisticados em que a vítima é a coletividade e os danos são difusos. De difícil detecção, esses delitos são praticados com o emprego da moderna tecnologia e decorrem, basicamente, do uso abusivo de instrumentos da economia, como fraude no mercado acionário e de câmbio, falsificação de moeda e títulos da dívida pública, **lavagem de dinheiro obtido ilicitamente, fraudes com transferências bancárias**. A macrodelinquência tem alguns pontos em comum com a criminalidade do colarinho-branco, podendo ser identificada pelas seguintes **características:** *a*) abuso de poder econômico e político, valendo-se com constância do uso indevido de informações privilegiadas a título de consultoria; *b*) requer alta especialização profissional e completo domínio operacional dos meios tecnológicos para a sua execução; *c*) reveste-se de uma aparência de legalidade absoluta, pois costuma apoiar-se em atividades legais que lhe dão cobertura tática para os negócios ilícitos; *d*) condutas criminosas transnacionais; *e*) mutabilidade na forma de operar-se, em constante consonância com as mudanças dos mecanismos econômicos, para dificultar a identificação das operações ilícitas; *f*) impunidade dos autores, em razão, por um lado, da sofisticação dos meios usados aliada à estrutura e, por outro, da falta de leis penais adequadas.

A transnacionalização é uma das maiores dificuldades no combate à macrocriminalidade. Os criminosos utilizam países de acordo com os seus interesses e as facilidades que neles encontram, pois o Direito Penal e a atuação da polícia são limitados pelo princípio da territorialidade e da soberania dos Estados. Estão entre os países preferidos os chamados *paraísos fiscais*, onde o dinheiro ilícito entra e sai com facilidade. **Outra dificuldade no combate da macrocriminalidade resulta do fato de conseguirem os criminosos adaptar-se rapidamente às constantes mudanças da economia, o que não acontece com o legislador e as leis. Quando o legislador vai trabalhar em cima da realidade econômica, ela já não mais se encontra no patamar que se pretendia**

regulamentar. Para elaborar leis eficazes nessa área da criminalidade, o legislador teria que ter profundo conhecimento da realidade econômica e estar permanentemente atento para prever as possíveis mutações de seus mecanismos. Enquanto isso não acontecer, o combate ficará circunscrito aos sintomas, sem nunca chegar às causas.

A estrutura política e econômica existente está de tal forma montada que oculta e protege essa criminalidade dourada, de modo que pouco ainda sabemos a seu respeito. Impõe-se, assim, a recomendação de ampla pesquisa, devendo ser utilizadas as técnicas de pesquisa sociológica aperfeiçoadas pela experiência, inclusive o estudo de casos.

Quanto às medidas a serem adotadas, deverão abranger desde a completa reforma da estrutura política e econômica do País, com o estabelecimento de uma ordem social mais justa e democrática, até a reformulação da legislação penal, em que as ações examinadas deveriam ser tipificadas como crimes sujeitos a graves penas.

De uma coisa, entretanto, devemos nos conscientizar: enquanto tivermos crimes e criminosos acima da lei, de nada adiantará a repressão à criminalidade convencional. **É a macrocriminalidade que provoca desníveis sociais, crises econômicas, aumentos incontroláveis de preços, elevação da inflação, condições de vida sub-humanas, causas principais, por sua vez, da criminalidade comum.**

Em entrevista concedida à revista *Veja*, em novembro de 1995, o Delegado Hélio Tavares Luz, então Chefe da Polícia Civil do Rio de Janeiro, indagado sobre qual crime que dará mais trabalho para a polícia brasileira, respondeu:

> LUZ – *O crime do colarinho-branco, a sonegação fiscal, a lavagem de dinheiro. Quando quiserem combater esse tipo de crime não haverá mais condições. Crime, por definição, é o que ofende aquilo que a norma jurídica quer proteger. No caso dos crimes do colarinho-branco, viola-se a norma que protege a sociedade como um todo, que resguarda o bem comum, que é a arrecadação do Estado. É um problema grave por esse ângulo e, também, pelo fato de serem crimes fora do alcance da polícia.*
>
> VEJA – *Como assim?*
>
> LUZ – *A polícia tem um problema de formação. Não tem o conhecimento básico para combater os crimes do colarinho-branco. Um policial não está suficientemente aparelhado para entrar nos meandros de um crime cometido na especulação na bolsa de valores. Não conseguimos, portanto, alcançar essa turma. Além disso, há o fato de que, para a sociedade, os engravatados não são considerados marginais. Estourar um ponto do jogo do bicho, perseguir um integrante do Comando Vermelho, prender o Miltinho do Dendê são ações que não causam nenhum tipo de problema. Mas, na hora de entrar nos escritórios refrigerados do 18º andar da Avenida Rio Branco ou num gabinete atapetado na Avenida Paulista, a coisa se complica.*

É verdade que já temos uma legislação que pune os *crimes econômicos* – Lei n. 7.492, de 16.06.1986, que define os crimes contra o Sistema Financeiro Nacional, e Lei

n. 8.137, de 27.12.1990, que define os crimes contra a Ordem Tributária Econômica e as Relações de Consumo –, mas, lamentavelmente, essas leis não têm alcançado os objetivos desejados, não só pelas penas extremamente brandas nelas previstas como também pela imprecisão dos seus tipos. Os tipos penais abertos, que permitem várias interpretações, criam confusão e concorrem para a impunidade. Ademais, a nossa polícia não está suficientemente aparelhada nem especializada para investigar tal tipo de criminalidade.

De se louvar, bem por isso, o esforço, o avanço e os resultados obtidos pela chamada *"Operação Lava-Jato"*. Após anos de corajosa dedicação, valendo-se de métodos modernos e eficientes de investigação, logrou-se apurar e punir crimes de fraude e corrupção de valores astronômicos, condenando alguns dos maiores empresários do País, além de grandes políticos, entre os quais um ex-presidente de fama internacional. Foi a efetividade chegando à nossa Justiça Penal, mas, lamentavelmente, pouco durou. Com a volta dos donos do poder, tudo foi desfeito.

55.1. O caos dos presídios brasileiros

Há um verdadeiro abismo entre a nossa legislação e os nossos presídios. Não obstante a Constituição dispor, em seu art. 5º, XLIX, *"que é assegurado aos presos o respeito à integridade física e moral"*, o sistema carcerário brasileiro, que está entre os piores do mundo, faz justamente o contrário – desrespeita a integridade física e moral dos presos, mantendo-os em condições deploráveis, como a superlotação, a falta de separação entre detentos processados e condenados. Tanto é assim que o então Ministro da Justiça, Professor José Eduardo Cardozo, afirmou, no final de 2012, que *"as prisões brasileiras são medievais e que preferia a morte a cumprir pena em uma delas"*.

Os números são impressionantes apesar de imprecisos. Fala-se em 550 a 750 mil presos no Brasil (dados do Departamento Penitenciário Nacional – Depen). Temos a terceira maior população carcerária do mundo; perdemos apenas para os Estados Unidos e a China; ultrapassamos a Rússia em 2015. Eram 699 mil brasileiros presos naquele ano, contra 646 mil russos. No entanto, a capacidade máxima das 1.312 unidades prisionais brasileiras é de, aproximadamente, 310 mil detentos, o que importa dizer que há um déficit de mais de 370 mil vagas, gerando uma superpopulação carcerária, verdadeiros amontoados de presos em todas as unidades da federação. O resultado é a superlotação, com taxa de ocupação nacional em 197%, ou seja, há 19 pessoas presas para cada 10 vagas.

Ainda pior, o número de detentos provisórios chega a 40% no Brasil. Dos 699 mil presos no País, 292 mil esperam por julgamento, segundo relatório da Comissão Interamericana de Direitos Humanos (CIDH) da Organização dos Estados Americanos (OEA), divulgado pelo *O Globo* em 06.09.2014. Estudos do Ipea sinalizam que 37% desses presos provisórios acabam absolvidos ou recebendo outro tipo de pena, que não a prisão. Assim, prendemos mal e antecipamos a punição como prática corriqueira de Justiça. Há, portanto, total desrespeito à integridade física e moral dos presos, justamente o contrário do que determina a Constituição.

Impressiona também o número de crescimento de presos. De acordo com o levantamento do Instituto Avante Brasil, nos últimos 23 anos (1990/2012) o crescimento chegou a 511%, e, no mesmo período, a população nacional aumentou apenas 30%. Nos dez últimos anos (2003/2012), houve um aumento de 78% no montante de encarcerados no País, contra apenas 5% nos Estados Unidos.

Michael Bloomberg, prefeito de Nova York, afirmou que, nos últimos dez anos, o total de encarceramento naquela cidade diminuiu 32%. Em 2011, Nova York contava com a taxa de 474 presos por cada 100 mil habitantes, enquanto a média americana, no mesmo ano, era de 650 presos para cada 100 mil habitantes.

Quais são as razões da equação menos presos e menos crime? O ex-prefeito responde: *"As táticas efetivas da polícia para prevenir o crime e a expansão dos programas sociais em matéria de justiça. Algumas pessoas dizem que a única maneira de frear o crime é o encarceramento massivo. Provamos que isso não é certo: a exitosa prevenção do crime e o freio aos ciclos da atividade criminosa podem salvar milhares de pessoas de irem para a cadeia. **É preciso educar para não punir**".*[21]

No Brasil, o que estamos fazendo? Acelerando nossa fábrica de encarceramento de massa, pois as condições dos nossos presídios são, há muitas décadas, autênticas universidades do crime. A reincidência é de, aproximadamente, 70%.

Parece que nos esquecemos que **punir custa mais caro do que educar**. O governo federal despende cerca de R$ 2.500 por mês para cada presidiário, muito mais do que aplica por um estudante universitário.

Agrava muito esse quadro o fato de não ser admissível a tradicional desculpa de falta de recursos. O Fundo Penitenciário Nacional (Funpen), criado em janeiro de 1994, recebe, por lei, 3% das loterias e 50% das custas processuais. Desde a sua criação recebeu cerca de R$ 6,7 bilhões em valores atualizados. No entanto, como esclarece o relatório do próprio Ministério da Justiça, *"os repasses do fundo são classificados como transferências voluntárias, ou seja, não decorrem de obrigação constitucional ou legal e, dessa forma, suas dotações orçamentárias fazem parte da chamada base contingenciável que o governo federal dispõe para obtenção do superávit primário".*

Em 2016, o montante repassado pelo Funpen para os estados foi de R$ 1,2 bilhão (R$ 44,7 milhões para cada uma das 27 unidades da federação). Desse total, mais de R$ 800 milhões são destinados à construção de novos presídios e à reforma e à ampliação dos que já existem. Contudo, segundo o TCU, somente 2% desse valor (R$ 18,9 milhões) foram, de fato, investidos até agora. Como se vê, o caos do sistema carcerário brasileiro é um problema de gestão.

O SISDEPEN foi criado para atender o sistema de acompanhamento da execução das penas, da prisão cautelar e da medida de segurança aplicadas aos custodiados do sistema penal brasileiro (Lei nº 12.714/2012). Trata-se de ferramenta de coleta de

---

[21] *O Globo*, 01.01.2013.

dados do sistema penitenciário brasileiro que concentra informações sobre os estabelecimentos penais e a população carcerária.[22]

55.2. Parceria Público-Privada (PPP) na construção e administração de penitenciárias. Luz no fim do túnel

Entre as questões urgentes e explosivas a serem enfrentadas em relação ao nosso sistema carcerário, está na pauta a que diz respeito à privatização de presídios. A despeito da discussão sobre a conveniência de entregar às mãos da iniciativa privada o destino e a ressocialização de milhares de presos, a privatização dos presídios ganhou força a partir da onda neoliberal que enxugou o Estado a partir da década de 1980 em vários países, em particular EUA e Inglaterra. Diferentes graus de participação da iniciativa privada são constatados em países tão diferentes quanto Austrália, Nova Zelândia, África do Sul, Israel, França e Alemanha, entre outros. O exemplo mais radical encontra-se nos EUA, onde não apenas a administração do presídio como também as execuções penais estão nas mãos de empresas privadas.

No Brasil, a experiência teve início no estado de Minas Gerais, o primeiro a inaugurar, no município de Ribeirão das Neves (em 15.01.2013), um complexo penitenciário composto de cinco unidades, construído pela chamada Parceria Público-Privada (PPP). O investimento de R$ 280 milhões na construção do complexo penitenciário foi bancado pelo consórcio GPA, que ganhou a licitação com o governo de Minas Gerais em 2009 e será responsável pela administração de tudo nos presídios (onde trabalharão 800 empregados), com exceção do acompanhamento da execução penal dos presos, a cargo de 300 servidores.

À crítica de que isso seria a privatização dos presídios, responde Rômulo de Carvalho Ferraz, então secretário de Defesa Social de Minas: *"Temos 129 presídios com 46 mil presos, além de 140 cadeias públicas da Polícia Civil com sete mil presos, o que totaliza 53 mil encarcerados. Não temos como administrar isso com eficiência porque o serviço público é burocrático e demorado. (...) Além disso, não há recursos para a construção de presídios porque os custos são elevados, na base de R$ 40 mil por vaga. Decidimos criar uma PPP que deixasse nas mãos da iniciativa privada a construção e a administração do presídio enquanto tomamos conta da obrigação constitucional de administrar a execução da pena".*

O contrato entre o governo de Minas e o consórcio GPA estabelece 380 indicadores que vão avaliar a prestação do serviço, como qualidade de alimentos e roupas, atendimento médico, horas gastas com educação e terapia ocupacional, participação em oficinas de trabalho, entre outros. Cada presídio possui capacidade para abrigar seis oficinas diferentes de trabalho, que serão criadas a partir de parcerias entre governo e empresas privadas.

---

[22] Dados e estatísticos do Sistema Penitenciário disponíveis em: https://www.gov.br/senappen/pt-br/servicos/sisdepen.

Há muito entusiasmo com o projeto, considerado pelos especialistas no sistema presidiário como um divisor de águas porque traz um elemento de gestão transformador. Se a empresa administradora do presídio (o consórcio) não cumprir os indicadores de qualidade estabelecidos no contrato, receberá penalidades financeiras, podendo até chegar à rescisão do contrato.

Em seus quase seis anos de existência, nunca houve motim, rebelião ou mortes violentas no complexo de Ribeirão das Neves; houve apenas duas fugas. O complexo abriga 2.016 detentos, distribuídos em três unidades: duas para regime fechado e uma para regime semiaberto.

O governo de Minas paga R$ 3.500 mensais *per capita* à empresa GPA (Gestores Prisionais Associados), que administra o complexo. Todavia, somente a metade do valor (R$ 1.750) refere-se ao custo do preso e à manutenção da cadeia. A outra metade é reembolso pelos investimentos na construção do complexo, erguido e equipado pela iniciativa privada, ao custo de R$ 280 milhões (valores de 2012). O presídio conta com instalações médicas e odontológicas, salas de aula, oficinais de trabalho e áreas de lazer.

De acordo com a GPA, dois mil presos têm atividades educacionais no presídio. As aulas vão da educação fundamental, passando pelo ensino técnico e universitário. Há 80 matriculados em cursos do Pronatec e 32 fazem faculdade à distância. Outros 60 seguem cursos religiosos. Há também aulas de música. Em 2014, houve oficinas de teatro para a montagem de apresentações.

O presídio oferece 349 vagas de empregos, proporcionadas por 17 empresas. Se não há atividades, o detento em regime fechado só pode ficar duas horas no pátio. Por isso, livros, aulas e ofertas de empregos são procurados.

Os presos circulam algemados e permanecem assim enquanto aguardam médicos, dentistas ou psicólogos. Ficam com as mãos livres quando em atividade, como trabalho, aulas, refeições, lazer, sempre em áreas gradeadas e vigiadas. O sistema de segurança tem 792 câmeras, portas automatizadas, detectores de metal e aparelhos de raio X. Estão sendo implantados *scanners* corporais para acabar com as revistas íntimas dos visitantes. As três unidades têm bloqueadores de celular.

O complexo é regido pela Lei das PPPs. O modelo é um tipo de privatização, e não uma cogestão, como em Manaus, onde os serviços foram terceirizados para uma empresa, pela Lei das Licitações. Em Minas, os parceiros privados são responsáveis por todas as obras e melhorias no complexo, pela prestação de serviços e pelo trato direto com os usuários do sistema.

Não há carcereiros, mas monitores, que trabalham com colete, sem armas letais. Os policiais, com armamento pesado, estão nas muralhas e no entorno do complexo. A segurança, em qualquer ocorrência, é feita pela PM, que faz a escolta dos presos – ações previstas no contrato da PPP. Os administradores têm de prestar contas bimestrais ao governo e são avaliados permanentemente: têm de manter o bom desempenho em 380 indicadores avaliados por consultoria independente. Em caso de irregularidades, estão sujeitos a multas, bem como suspensão de pagamentos, e podem até perder a concessão.

O complexo penitenciário de Ribeirão das Neves, que funciona desde 2013 e conta com mais de dois presos, serviu de exemplo para São Paulo e Manaus. A empresa Umanizzare administra seis presídios em Manaus com resultados altamente positivos. Em São Paulo, o governo resolveu, a partir de 2019, compartilhar com empresas privadas a gestão de quatro novos presídios, cada um com capacidade para 768 presos. Programou também Parceria Público-Privada com empresas destinada à construção de três complexos prisionais com capacidade para algo entre 10 e 12 mil presos. Esse novo modelo de presídios, dadas as boas expectativas que oferece, tem sido saudado como **uma luz no fim do túnel**. Que assim seja.

55.3. A Lei Seca – efeitos positivos

A Lei n. 11.705, de 19 de junho de 2008, popularmente denominada Lei Seca, é um testemunho eloquente dos efeitos positivos que uma lei pode produzir quando, além de eficaz, recebe a adesão do Poder Público e da sociedade na sua aplicação. Em março de 2010, o Grupamento de Socorro de Emergência (GSE) do Corpo de Bombeiros do Rio de Janeiro divulgou os resultados obtidos em um ano pela Operação Lei Seca, da Secretaria Estadual de governo, lançada com o objetivo de combater com rigor a mistura de álcool e direção. A Operação Lei Seca evitou que pelo menos 4.535 pessoas morressem ou se ferissem em acidentes de trânsito – uma queda de 21,8% no número de acidentados se comparado a igual período do ano anterior (2009).

No período de 2009 a 2015, foram realizadas 20.295 *blitze*, 2,8 milhões de motoristas fiscalizados, 183.219 motoristas foram flagrados dirigindo sob o efeito do álcool, 174.509 carteiras de habilitação foram recolhidas, 521.316 multas foram aplicadas, 100.974 veículos foram rebocados, e, melhor de tudo, o número de mortes no trânsito foi reduzido em 28%. Não é de se admirar, portanto, que a Lei Seca tem 90% de aprovação da população.

> *O saldo da Operação Lei Seca é altamente positivo.* Isto se deve à definição de uma política pública de governo, ao estabelecimento dos focos de fiscalização e à conscientização, o que contribuiu para a mudança de comportamento dos cidadãos. Participam da operação policiais civis e militares, o Detran e a CET-Rio. Apoiam a ação a UERJ, a UFRJ, a Sociedade Brasileira de Ortopedia e Traumatologia, a ONG Trânsito Amigo, 260 associações de taxistas, a Fetranspor (Federação das Empresas de Transportes de Passageiros do Estado do Rio de Janeiro), a SuperVia, o Metrô-Rio e as Barcas S/A.[23]

Lamentavelmente, em outros estados a Lei Seca não apresentou resultados tão positivos, o que bem revela que não basta ter leis boas; é preciso aplicá-las com eficiência.

---

[23] *O Globo*, 20.03.2010.

56. CONSIDERAÇÕES GERAIS

Existem ainda outras questões que estão a exigir estudo aprofundado e urgente definição do legislador: a maconha deve ser descriminalizada? Como explicar o seu uso nas praias? A eutanásia deve ou não ser autorizada? Na França, no mesmo dia em que se comemorou uma decisão inédita judicial autorizando um caso de eutanásia no país, o Tribunal Europeu dos Direitos Humanos a anulou.[24] A liberação do aborto, tal como proposto pelo Conselho Federal de Medicina (CFM), deve ser acolhida pela nossa legislação?

Assinale-se por último que novos fatos sociais necessitam ser enfrentados com rigor, como a violação da intimidade com instrumentos e aparelhos eletrônicos. É inadmissível que alguém fotografe uma pessoa famosa em sua intimidade e venda impunemente essa fotografia à imprensa para obter ganho fácil ou divulgue ao mundo pela internet. A escuta telefônica, por seu turno, vulgarmente chamada de grampo, chegou até o Palácio do Planalto, tal a ousadia dos seus praticantes, escudados na impunidade.

57. DIREITO FINANCEIRO E TRIBUTÁRIO

Os efeitos sociais das leis que disciplinam o regime das finanças públicas e privadas, bem como das leis tributárias em geral, principalmente as repercussões que provocam na opinião pública, observa F. A. de Miranda Rosa, são algumas das questões a merecer pesquisa acurada da Sociologia Jurídica.[25]

Por razões que precisam ser estudadas, há uma grande distância entre a eficácia teórica e a real das leis fiscais em geral. Embora todos estejam de acordo quanto à necessidade de pagar tributos como forma de custear os serviços públicos – segurança pública, transportes, saúde, educação –, há uma resistência permanente por parte dos contribuintes quanto a pagar efetivamente os tributos exigidos pelos órgãos legiferantes, procurando os mais variados meios para fugir ao seu império.

Tomemos para exemplo o caso do imposto de renda. Em tese, nada há mais justo que cada um contribuir para as necessidades públicas proporcionalmente às suas rendas. No entanto, em todos os países em que foi instituído não há exemplo de aceitação mansa, ou de aplicação fácil desse tributo. Chegou-se mesmo a formar a ideia de que constitui virtude, ou pelo menos habilidade, esperteza, sonegar o imposto de renda. Frequentemente, em reuniões sociais, pessoas respeitáveis vangloriam-se de terem conseguido burlar o imposto de renda em vultosas quantias. Jamais confessariam que subtraíram um níquel de quem quer que seja – isso seria tremendamente desonroso –, mas, quanto aos tributos, é algo perfeitamente tolerável pelos costumes e até enaltecedor.

---

[24] *O Globo*, 25.06.2014.
[25] ROSA, F. A. de Miranda. *Sociologia do Direito*. 7. ed. Rio de Janeiro: Zahar Editores, 1973. p. 118-119.

Esse descompasso, como já se disse, entre a eficácia pretendida com relação às leis tributárias e a sua aplicação real constitui fato importante a reclamar maior atenção dos sociólogos, dos economistas, dos juristas e das autoridades em geral. Sem dúvida, se as causas da resistência pudessem ser levantadas e eliminadas, as leis fiscais seriam recebidas de forma mais pacífica pela sociedade e os resultados seriam muito mais satisfatórios, isto é, arrecadar-se-ia mais com menos esforço.

Provavelmente, uma das causas da resistência ao pagamento do imposto de renda decorre da injustiça dos critérios utilizados em sua fixação. É conhecido o processo de aumento avassalador de tributos nas últimas décadas. A carga tributária no Brasil era de 23% do PIB há vinte anos. Hoje, bate nos 37,5%. Para qualquer país, imposto nas alturas é igual a ineficiência e perda de competitividade, além de outro convite à informalidade. Elevar a carga tributária a título de resgatar a chamada "dívida social" acaba por agravar essa dívida. A nossa carga tributária é a maior dos países da América Latina, e até acima da taxa dos países desenvolvidos como os Estados Unidos e o Japão. Entretanto, lastimavelmente, essa enorme carga tributária não encontra retorno em benefício social.

O Instituto Brasileiro de Planejamento e Tributação (IBPT) localiza o Brasil no último lugar da lista na relação entre impostos e desenvolvimento social, embora se encontre entre os 30 países de maior carga tributária no mundo. Serviços essenciais como saúde, educação, saneamento, transporte e segurança não são prestados ou são de péssima qualidade, daí o protesto popular pedindo escolas e hospitais "padrão Fifa".

Se não bastasse, é extremamente perverso o nosso sistema tributário ao usar e abusar dos chamados **impostos invisíveis,** tributos indiretos que incidem, principalmente, sobre o consumo. Um quilo de feijão custa o mesmo preço para o maior empresário do País e para o seu mais humilde operário. O impacto dos **impostos invisíveis (ICMS etc.)** é enorme sobre as famílias pobres, cuja maior parte do rendimento é destinada ao consumo. De forma indireta, essas famílias acabam entregando, compulsoriamente, ao Estado cerca de 54% de sua renda mensal de dois salários mínimos.

O próprio governo reconhece a necessidade de uma reforma tributária no Brasil, pois a carga tributária, além de ser uma das maiores do mundo, não dá à população a contrapartida dos serviços em qualidade e quantidade necessárias. Quem pode paga duplamente: recolhe o imposto e compra os serviços que deveria receber em saúde, educação e segurança. Quem não pode comprar esses serviços, o que representa a grande maioria, padece nas filas do SUS, matricula seus filhos em escolas públicas comprovadamente deficientes, enfrenta transporte público calamitoso e padece pela falta de saneamento básico.

Em suma, a falta de confiança do público em geral na fiel aplicação dos tributos às finalidades a que se destinam é questão a ser enfrentada corajosamente. O esclarecimento da opinião pública a respeito do que foi feito com o dinheiro público – obras, educação, saúde etc. – ajudaria a quebrar a resistência e a angariar confiança.

58. DIREITO DO TRABALHO

O Direito do Trabalho oferece igualmente campo fértil à investigação sociológica porque se trata de um ramo do Direito no qual, mais do que em qualquer outro, se faz notório o condicionamento direto que a realidade social exerce sobre a ordem jurídica. Seu desenvolvimento tem sido rápido em virtude das constantes pressões exercidas pelos fatos sociais sobre as forças e os grupos detentores do controle da economia. Por essa mesma razão, a legislação trabalhista, ainda que nova, tem sido alterada com frequência.

Tão notório é o condicionamento social sobre as leis trabalhistas que podemos afirmar com segurança que todas as conquistas dos trabalhadores nesse ramo do direito, como férias de trinta dias, gratificação natalina, reajustes salariais, aposentadoria, decorreram das pressões feitas pelos órgãos de classe, acatadas, muito a contragosto, pelos patrões. Foram concessões feitas, passo a passo, sempre na menor medida possível, aos impulsos sociais das novas reivindicações de massa.

58.1. Interferência das forças sindicais no processo de formação do Direito do Trabalho

Segundo o Prof. Miranda Rosa, a influência sindical no processo de formação do Direito Trabalhista apresenta três facetas distintas, a saber:

a) ação sobre os órgãos legislativos e executivos, visando à edição de normas jurídicas convenientes aos interesses dos seus associados;

b) ação sobre o Judiciário, procurando obter decisões da Justiça favoráveis, capazes de condicionar um entendimento uniforme no sentido desejado;

c) ação sobre a opinião pública, tendente a criar ambiente social mais amplo, simpático às posições assumidas pelos grupos de trabalhadores vinculados a tais organizações sindicais.[26]

De acordo com o mesmo autor,[27] em alguns países essa influência é exercida direta e ostensivamente sobre os órgãos produtores do direito, às vezes até mesmo com certo exibicionismo para evidenciar a eficiência das organizações classistas e sindicais na defesa dos interesses de seus associados. Em outros, é mais discreta a intervenção dos sindicatos na formulação das normas jurídicas do trabalho, seja pelas características próprias do movimento sindical, seja pelas restrições que a organização política lhes impõe. Em qualquer das hipóteses, porém, a influência que exercem os órgãos

---

[26] ROSA, F. A. de Miranda. *Sociologia do Direito*. 7. ed. Rio de Janeiro: Zahar Editores, 1973. p. 117.

[27] ROSA, F. A. de Miranda. *Sociologia do Direito*. 7. ed. Rio de Janeiro: Zahar Editores, 1973. p. 116.

de classe é inegável, impressionante e inevitável. Exemplo disso tivemos na década de 1980 na Polônia, a despeito do regime político duro e austero lá existente. O líder sindical chegou à presidência daquele país.

O Brasil, que durante muitos anos esteve entre os países do segundo grupo, depois da abertura política vem se colocando no primeiro, conforme foi possível constatar por meio dos movimentos grevistas no ABC Paulista. Um líder sindical chegou à presidência do País e promoveu reformas constitucionais significativas, bem como na legislação ordinária.

Até onde essa influência é útil, necessária, válida e legítima, é questão a ser examinada mediante investigação profunda da realidade social determinante – **fatores reais do poder.**

O que foi dito nesta parte serve para demonstrar o que poderia e deveria ser feito em todos os ramos do Direito, com relação a determinadas realidades sociais por ele ainda não adequadamente disciplinadas.

59. LEIS PROTETIVAS DOS MAIS FRACOS

A Constituição Federal estabelece, no *caput* do seu art. 5º, que *"Todos são iguais perante a lei, sem distinção de qualquer natureza"*, garantindo a todos direito à vida, à liberdade, à segurança e à propriedade. O inciso I do mesmo artigo reforça esse princípio assegurando a igualdade entre homens e mulheres em direitos e obrigações. Mas não se trata de princípio novo em nossa ordem jurídica porque a Constituição do Império, jurada em 25.03.1824, já consagrava, no seu art. 179, a igualdade de todos perante a lei, e desde então esse princípio foi mantido em todas as constituições que se seguiram, até a atual.

Se assim for, indaga-se, por que então a nossa sociedade é tão desigual? Por que ainda temos grupos, classes ou categorias de pessoas que estão em flagrante desigualdade? A razão dessa disparidade decorre do fato **de ter sido meramente formal a igualdade perante a lei** proclamada por todas as nossas constituições anteriores; não passou da *folha de papel*, na consagrada expressão de Lassalle; não houve sintonia entre a norma constitucional e a realidade social. Na verdade, a denominada igualdade ou **isonomia formal** não leva em conta a **desigualdade real** ou **material** existente entre as pessoas, em razão da cultura, do sexo, da cor, das condições econômicas etc.

Em face da **desigualdade substancial** existente entre as pessoas, já se proclamou, desde Aristóteles na Grécia, que **a *verdadeira igualdade consiste em tratar desigualmente os desiguais na medida em que se desigualam***, e isso tem que ser feito por meio de leis especiais, protetivas dos mais fracos, visando à supressão das diferenças e desigualdades próprias de cada grupo ou classe de pessoas. A igualdade somente pode ser verificada entre pessoas que se encontram em situação equivalente, sendo levados em consideração os fatores ditados pela realidade econômica, social e cultural.

É o que Jorge Miranda, renomado constitucionalista português, denomina **discriminação positiva** nesta primorosa lição:

> *Os direitos são os mesmos para todos, mas como nem todos se acham em igualdade de condições para os exercer, é preciso que estas condições sejam criadas ou recriadas através da transformação da vida e das estruturas dentro das quais as pessoas se movem (...) mesmo quando a igualdade social se traduz na concessão de certos direitos ou até certas vantagens especificamente a determinadas pessoas – as que se encontram em situações de inferioridade, de carência, de menor proteção – a diferenciação ou a **discriminação positiva** tem em vista alcançar a igualdade e tais direitos ou vantagens configuram-se como instrumentais no rumo para esses fins.*[28]

Em suma, o princípio da isonomia garante que as normas não devem ser simplesmente elaboradas e aplicadas indistintamente a todos os indivíduos; vai além, ao considerar a existência de grupos minoritários e hipossuficientes que necessitam de uma prestação especial para que alcancem a **igualdade real**, esta, sim, uma exigência do princípio maior da dignidade da pessoa humana.

Portanto, a igualdade prevista na Constituição de 1988 é a **igualdade substancial**. Se assim não fosse não haveria diferença entre ela e a Constituição do Império, que, como vimos, consagrava também o princípio da igualdade de todos perante a lei, mas permitia a convivência do indigitado princípio com a vergonha do regime escravocrata. Essa igualdade superficial, discriminadora, paradoxal, repita-se, não é mais a igualdade que a Constituição atual apregoa. Vivemos um novo tempo, em que a Constituição se propõe a não ser mera folha de papel, mas, pelo contrário, coadjuvante e protagonista do ordenamento jurídico. De documento formal, limitador do poder estatal e definidor da organização governamental, passou a configurar-se em lei material, efetiva, protetiva, consagradora dos direitos humanos.

O nosso Estado Democrático tem, pois, compromisso com a igualdade real, substancial, e não meramente nominal. Nesse contexto, assumem relevância política e jurídica as leis protetivas dos mais fracos, uma vez que a realidade demonstrou que, sem essa tutela específica, as normas jurídicas comuns não são suficientes para impedir a perpetuação de injustiças.

59.1. O Código do Consumidor

O Código de Defesa do Consumidor veio a lume, por expressa determinação constitucional, para defender e proteger o consumidor. Dispõe o art. 5º, XXXII, da Constituição Federal: "*O Estado promoverá, na forma da lei, a defesa do consumidor*". Defender o consumidor por quê? Porque ele é **vulnerável**, entendendo-se como tal a sua situação de fragilidade e desigualdade em face do fornecedor.

---

[28] MIRANDA, Jorge. *Manual de direito constitucional*. 3. ed. Coimbra: Coimbra Editora, 2004. t. IV. p. 225.

A **vulnerabilidade** é a espinha dorsal do CDC, a razão de ser da proteção do consumidor, a pedra fundamental do direito do consumidor. Não tendo nenhuma atuação no processo de produção, distribuição e comercialização de produtos e serviços, dele participando apenas na etapa final – o consumo –, o consumidor era ofendido, ferido, lesado em sua integridade física, econômica, psicológica ou moral. Reconhecendo-se a desigualdade existente entre o fornecedor e o consumidor, buscou-se estabelecer uma **igualdade real** entre as partes nas relações de consumo. As normas do CDC estão sistematizadas a partir dessa ideia básica de proteção de determinado sujeito: o consumidor, por ser ele **vulnerável**. A vulnerabilidade pode ser **fática, técnica** ou **jurídica**.

O Código do Consumidor, para cumprir a sua vocação constitucional – **promover a defesa do consumidor** –, estabeleceu uma política nacional de consumo, uma disciplina jurídica única e uniforme para tutelar todos os direitos materiais e morais dos consumidores.

Para termos uma ideia do campo de incidência do Código de Defesa do Consumidor (CDC) basta lembrarmos que todos somos consumidores; hoje mais de 200 milhões de consumidores no Brasil, gerando diariamente outros tantos milhões de relações em todas as áreas do mercado de consumo: saúde, habitação, vestuário, alimentação, transportes, segurança, produtos, serviços etc.

Entre as inúmeras inovações trazidas pelo CDC, merecem destaque aquelas que procuram proteger o consumidor nos pontos em que é mais vulnerável: a sua integridade físico-psíquica e a sua integridade econômica. Para atingir a sua finalidade no que diz respeito ao primeiro ponto, o CDC estabeleceu responsabilidade objetiva para o fornecedor de produtos ou serviços; no que tange ao segundo ponto, o Código adotou a concepção social do contrato.

59.2. A responsabilidade objetiva do fornecedor de produtos ou serviços

Até o Código do Consumidor, os riscos do consumo corriam por conta do consumidor. Entendia-se que o fornecedor de produtos ou serviços se limitava a fazer a chamada "oferta inocente", sendo tributados aos riscos do ato de consumir todos os acidentes de consumo. Falava-se até na aventura do consumo para indicar a situação daquele que se aventurava a consumir produto ou serviço. O CDC, atendendo a antiga exigência social, deu uma guinada de cento e oitenta graus ao transferir os riscos do consumo do consumidor para o fornecedor, colocando-se, nesse e em outros pontos, entre as melhores e mais avançadas legislações do mundo.

Hoje a responsabilidade do fornecedor é objetiva, vale dizer, responde pelos danos que causar ao consumidor independentemente de culpa, consoante os arts. 12 e 14 do CDC.

Funda-se a responsabilidade do fornecedor na *teoria do risco do empreendimento* (ou empresarial), que pode ser assim resumida: todo aquele que se disponha a exercer alguma atividade no campo do fornecimento de bens e serviços tem o dever de responder pelos fatos e vícios resultantes do empreendimento, independentemente de culpa. A responsabilidade decorre do simples fato de dispor-se alguém a realizar atividade de produzir, estocar, distribuir e comercializar produtos ou serviços.

59.3. A concepção social do contrato no Código do Consumidor

Na sua visão clássica ou tradicional, o elemento nuclear do contrato é a autonomia da vontade. Uma vez manifestada, a vontade cria um vínculo entre os contratantes do qual nascem direitos e obrigações. Tão forte é esse vínculo que se costuma dizer que o contrato é lei entre as partes.

A liberdade de contratar é o reflexo da filosofia do Estado Liberal que exigia uma separação quase absoluta entre o Estado e a sociedade, reconhecendo perfeita igualdade e absoluta liberdade entre as pessoas. O indivíduo estaria, assim, livre para contratar ou não contratar, para definir o conteúdo do contrato e ainda para escolher o parceiro contratual.

O progresso industrial, científico e tecnológico, entretanto, veio demonstrar que o dogma da liberdade contratual não passava de uma ficção. Em face do desequilíbrio econômico das partes – um forte, poderoso, e o outro fraco, sem oportunidade de escolha –, a liberdade de um importava em opressão do outro, já que não há igualdade real entre os homens na sociedade. Nas últimas décadas, tornou-se necessário substituir a concepção clássica do contrato por uma concepção social, o que só veio a ocorrer, de forma expressiva, no Código do Consumidor.

Por essa nova concepção, a autonomia da vontade deixa de ser o elemento nuclear do contrato, passando a ser substituída pelo *interesse social*. A eficácia jurídica do contrato não mais depende apenas da manifestação de vontade, mas também, e principalmente, dos seus efeitos sociais e das condições econômicas e sociais das partes que dele participam. O Estado passa a intervir na formação dos contratos de consumo, não só controlando preços mas também vedando certas cláusulas, impondo o conteúdo de outras, chegando ao ponto de obrigar a contratar em determinados casos. A autonomia da vontade só existe nas condições permitidas pela lei, que, na concepção social do contrato, não tem mais mero papel interpretativo ou supletivo, mas cogente; protege determinados interesses sociais e serve de instrumento limitador da autonomia da vontade.

Como exemplo dessa nova postura da lei em face do contrato de consumo, devem ser lembrados os Capítulos V e VI do CDC, que vedam a publicidade enganosa e abusiva,[29] proíbem as práticas comerciais abusivas e consideram nulas de pleno direito as cláusulas abusivas.[30]

Concluindo, pode-se afirmar que o Código do Consumidor é a mais revolucionária lei do século XX, fruto de um consciente e bem-sucedido esforço do legislador

---

[29] CDC, arts. 30 a 38 e 39.
[30] CDC, arts. 51 a 53.

para adequar a nossa legislação à realidade social no que diz respeito às relações de consumo. Tem sido proclamado que ele representa uma verdadeira mudança na ação protetora do Direito Civil brasileiro, pois, de uma visão liberal e individualista, passamos a uma visão social, que valoriza as legítimas expectativas das pessoas nas relações de consumo. Quanto aos efeitos positivos que essa lei vem produzindo, reportamo-nos ao que ficou dito no item 47.2.

Atente-se, todavia, para a advertência do Professor Kazuo Watanabe, um dos pioneiros do Direito do Consumidor em nosso país: *"De nada adiantará tudo isso sem que se forme nos operadores do direito uma nova mentalidade capaz de fazê-los compreender, aceitar e efetivamente pôr em prática os princípios estabelecidos no Código do Consumidor".*

59.4. O Estatuto da Pessoa Idosa

No censo de 2000, a população brasileira era de 170 milhões de pessoas, das quais 15 milhões tinham mais de 60 anos, equivalente a 8,6% do total. Hoje são mais de 21 milhões de pessoas com mais de 60 anos, 11,1% da população total, e as proporções apontam para 34 milhões de pessoas idosas em nosso país até 2025. Essa é a magnitude da questão social da pessoa idosa. O que tem sido feito para enfrentá-la?

Até o fim da década de 1990 praticamente nada havia sido feito; o envelhecimento e a velhice não faziam parte da agenda política do Brasil. As pessoas idosas brasileiras estavam nos asilos, excluídas, marginalizadas, desrespeitadas e esquecidas pela sociedade e até pela família. Até que 106 pessoas idosas morreram em uma mesma semana em um ainda chamado "asilo" no Rio de Janeiro. O fato chocou a opinião pública e revelou a necessidade de se enfrentar a questão do envelhecimento mesmo que se acreditasse que éramos um país de jovens.

Em 1994, foi sancionada a Política Nacional do Idoso, regulamentada em 1996, iniciando-se várias ações visando promover uma abordagem positiva do envelhecimento e superar preconceitos associados às pessoas idosas.

Apenas em 2003 foi aprovado o Estatuto do Idoso,[31] importante avanço para a garantia dos direitos das pessoas idosas, e, à medida que ele vem sendo implantado, as pessoas idosas brasileiras estão resgatando sua autoestima, e seus direitos são hoje mais respeitados em nossa sociedade. De uma pessoa idosa frágil e dependente, vista como peso na sociedade e necessitada de amparo, caminha-se para uma pessoa idosa ativa, que, além de ter ajudado a construir esta nação e ainda ser, muitas vezes, o esteio da família, continua contribuindo para a sociedade.

Além da plena aplicação do Estatuto do Idoso, outras medidas foram perseguidas, como a aprovação do Fundo Nacional do Idoso,[32] que autoriza deduzir do imposto de

---

[31] Lei n. 10.741/2003.
[32] Lei n. 12.213, de 20 de janeiro de 2010.

renda devido pelas pessoas físicas e jurídicas as doações efetuadas aos Fundos Municipais, Estaduais e Nacional do Idoso. Só assim poderemos construir uma sociedade mais justa para todas as idades.

59.5. A Lei Maria da Penha

A violência doméstica contra a mulher é fato que ocorre há muito tempo. Esse comportamento decorre da estratificação de uma cultura preconceituosa e machista em relação à mulher.

O problema se agravou, tomando dimensões gigantescas, porque se entendia, no âmbito policial, judicial e legislativo, que questões envolvendo marido e mulher, caracterizadas por violência física, psicológica e de natureza sexual contra a mulher, eram assuntos que deveriam ser tratados e resolvidos na intimidade, entre os personagens envolvidos, não se admitindo a interferência de terceiros. Em suma, "em briga de marido e mulher, não se mete a colher".

Uma vez mais, foi preciso acontecer um fato grave, que chocasse a opinião pública, para despertar a atenção e a ação das nossas autoridades. Em 1983, uma farmacêutica chamada Maria da Penha Maia Fernandes foi vítima de duas tentativas de homicídio perpetradas pelo seu então marido, Marco Antonio Heredia Viveros, economista.

Na primeira tentativa, Maria da Penha foi atingida por um tiro de espingarda, disparado por Marco Antonio quando ela dormia. O tiro atingiu-a em suas costas e, em razão das lesões, tornou-a paraplégica. Sobrevivendo ao atentado desfechado pelo próprio marido, que alegava ser autor do disparo um assaltante que se introduzira no quarto, afinal desmentido pela prova produzida, Marco Antonio tentou matar Maria da Penha por **eletrocussão**, quando ela ia tomar banho.

Marco Antonio foi submetido a julgamento pelo Tribunal do Júri, em 1986, e, após inúmeros percalços processuais, em 1996 foi condenado à pena de 10 anos e 6 meses de reclusão, permanecendo, no entanto, livre até 2002, quando foi finalmente preso, passados 19 anos da primeira tentativa de homicídio, e, sendo beneficiado com o regime de progressão da pena, cumpre-a em liberdade.

A demora na punição e a falta de rigor no tratamento de delitos dessa natureza, ou seja, os decorrentes de violência doméstica, levaram Maria da Penha, com o apoio de organizações feministas, a promover reclamação perante a Comissão Interamericana de Direitos Humanos quanto à leniência e à ineficiência do Estado brasileiro em cumprir as normativas internacionais.

A Comissão Interamericana de Direitos Humanos deliberou, no Relatório n. 54, de 2001, que, embora o Brasil tenha tomado algumas medidas destinadas a reduzir o alcance da violência doméstica e a tolerância estatal dela, essas medidas, entretanto, ainda não possibilitaram reduzir consideravelmente o padrão de tolerância estatal, particularmente em virtude da falta de efetividade da ação policial e judicial, com respeito à violência contra a mulher.

Entre as recomendações, o Relatório n. 54 preconizou a continuidade e o aprofundamento do processo reformatório do sistema legislativo nacional, a fim de mitigar a tolerância estatal à violência doméstica contra a mulher no Brasil, e, em especial, recomendou *"simplificar os procedimentos judiciais penais a fim de que possa ser reduzido o tempo processual, sem afetar os direitos e as garantias do devido processo e o estabelecimento de formas alternativas, às judiciais, rápidas e efetivas de solução de conflitos intrafamiliares, bem como de sensibilização com respeito à sua gravidade e às consequências penais que gera".*

A promulgação da Lei n. 11.340, de 7 de agosto de 2006, é resultante não só de regular processo legislativo, expressando a vontade popular, mas, sem dúvida, é o resultado da força e eficácia de convenções internacionais, ratificadas pelo Brasil. Essa lei foi gerada pelo inconformismo e pela dor, física e moral, de uma vítima de violência doméstica que buscava a aplicação da lei e sua efetiva execução.

A Lei n. 11.340/2006 representa a participação brasileira no concerto das nações, na efetividade do primado da liberdade, da igualdade e da solidariedade, pilares em que se assenta a dignidade humana. Por isso, foi batizada como **"Lei Maria da Penha"**.

A Lei Maria da Penha tem o escopo de criar mecanismos para coibir a violência doméstica e familiar contra a mulher, nos termos do § 8º do art. 226 da Constituição Federal, da Convenção sobre a Eliminação de Todas as Formas de Discriminação contra as Mulheres e da Convenção Interamericana para Prevenir, Punir e Erradicar a Violência Doméstica e Familiar contra a Mulher; altera o Código de Processo Penal, o Código Penal e a Lei de Execução Penal; e dá outras providências.

Vê-se, assim, que a Lei em comento tem o propósito não só de dar concreção ao comando constitucional de proteção à mulher como também o de atender às recomendações da Resolução n. 54, de 2001, da Comissão Interamericana de Direitos Humanos. Seus propósitos são abrangentes e multidisciplinares, dispondo sobre matérias cíveis e penais, as quais são analisadas e julgadas por um mesmo juiz, em uma visão integrativa do Direito, não apenas se circunscrevendo ao âmbito de proteção da mulher como vítima mas também resguardando a pessoa do agressor por necessitar de tratamentos especiais. Da mesma forma, as pessoas dos filhos, especialmente os menores que sofrem os efeitos e consequências da desagregação de seus pais.

Os elevados objetivos da Lei n. 11.340/2006, por seu aspecto multifacetário e multidisciplinar, não poderiam ser alcançados senão por meio de políticas públicas que articulem ações integradas de todos os entes estatais – União, Estados-membros, Distrito Federal e Municípios –, em conjunto com a sociedade civil, em geral, e com organizações não governamentais. Essas ações abrangem a integração do Poder Judiciário, do Ministério Público e da Defensoria Pública com as áreas de segurança pública, assistência social, saúde, educação, trabalho e habitação.

Na pauta de ações integradas, inserem-se campanhas educativas de prevenção à violência doméstica e familiar contra a mulher; a inserção nos currículos escolares, de todos os níveis de ensino, para os conteúdos relativos aos direitos humanos, com relação não só à violência doméstica e familiar contra a mulher mas também à equidade de gênero e de raça ou etnia.[33]

Editada em 2006, a Lei Maria da Penha contabiliza resultados alentadores para brasileiras vítimas de violência doméstica. Levantamento feito pelo Conselho Nacional da Justiça (CNJ), com base em informações dos tribunais, apurou, em 2016, que tramita nos estados ao menos 1 processo para cada 100 brasileiras. O Rio de Janeiro, onde foram instalados Juizados Especiais de Proteção da Mulher, apresenta bons resultados: em 2018, foram 23.814 medidas protetivas e 66.418 sentenças.

A Lei Maria da Penha, na visão da Ministra Cármen Lúcia, do Supremo Tribunal Federal, *"quebrou paradigmas e mudou o direito brasileiro"*. A declaração foi dada pela Ministra durante audiência pública no Senado para debater possíveis alterações nessa lei.[34] Ainda sobre os efeitos positivos da Lei Maria da Penha, afirmou a Ministra:

> *(...) a legislação representa um avanço no que se refere aos direitos humanos, em especial, na proteção dos direitos das mulheres (...) mudou completamente a forma como o Estado brasileiro e a justiça interpretam o espaço público e privado.* **O quarto de um casal, por exemplo, deixou de ser espaço privado para tornar público, quando houver violência contra a mulher.**

Para a Ministra Cármen Lúcia, *"a lei também transformou direitos declarados, como os direitos humanos, e está conseguindo derrubar questões como o medo e a vergonha, que antes impediam que as mulheres vítimas de violência denunciassem seus agressores"*.

59.6. As leis de cotas raciais. Ações afirmativas

Outra área em que a **neutralidade estatal** fracassou completamente é a que diz respeito às desigualdades étnicas. Negros e índios, em face do princípio da igualdade formal, não mereceram nenhum tratamento específico do Estado, não receberam proteção especial alguma. Havia mesmo quem sustentasse (e ainda há) ser inconstitucional qualquer política social protecionista em favor de negros e índios, por suposta violação dos princípios da isonomia e do mérito.

Martin Luther King, mártir dessa resistência nos Estados Unidos, bem colocou a questão. *"A cada vez que essa questão atual do tratamento preferencial para o negro é levantada, alguns de nossos amigos se retraem horrorizados. O negro deve obter a garantia da igualdade, concordam eles; mas ele não deve pedir nada além disso. Superficialmente, isso parece razoável, porém não é realista. Pois resulta óbvio que **se um homem é colocado**

---

[33] Trechos do artigo do Ministro do STJ Massami Uyeda na *Revista Justiça e Cidadania*, novembro 2009.

[34] 13.04.2011.

na linha de partida de uma corrida trezentos anos após outro homem, o primeiro terá que realizar um feito impossível para alcançar o seu competidor na corrida."[35]

Basta olharmos ao redor para constatarmos a situação de flagrante desvantagem dos negros também no Brasil. Alguns dados estatísticos comprovam a existência de tremenda desigualdade fática entre brancos e negros. Em consulta ao *site* da PNUD, tomamos conhecimento do Atlas Racial Brasileiro de 2004, sobre o tema "Insuficiência de Renda: pobreza e indigência", o qual mostra que **65% dos pobres e 70% dos indigentes brasileiros são negros.**

Além disso, conforme o estudo supramencionado, *"Não se verifica nenhum avanço na diminuição dos diferenciais entre negros e brancos pobres. A proporção de* **negros abaixo da linha de pobreza no total da população negra no Brasil é de 50%,** *enquanto é de 25% a de brancos no conjunto da população branca, desde 1995".*[36]

O mesmo estudo conclui que, no Brasil, a proporção de pobres na população revela a persistência da desigualdade racial brasileira, uma vez que não se tem verificado avanço na diminuição dos diferenciais entre negros e brancos pobres desde o início da década de 1980.

Conforme o Atlas Racial de 2004, o mesmo acontece com a proporção de negros abaixo da linha da indigência, que vem mantendo a tendência desde 1995, ou seja, **25% dos negros são indigentes,** enquanto só 10% dos brancos são indigentes.

No **campo educacional**, conforme Carlos Ari Sundfeld, é patente a diferença entre negros e brancos. A taxa de **analfabetismo entre negros com mais de 15 anos é de 33,7%**, enquanto apenas 7% dos brancos na mesma faixa etária não sabem ler e escrever.[37]

Dados do IBGE, na Pesquisa Nacional por Amostra de Domicílios de 2007, comprovam que, dos brasileiros com **ensino superior completo, 78% são brancos, enquanto 3,3% são negros e 16,5% são pardos.**

Essa desigualdade racial alarmante na área da educação tem seus reflexos diretos no campo do emprego. Pesquisa elaborada pelo Instituto Ethos mostra que **96,5% dos cargos executivos são ocupados por brancos e apenas 1,8% o são por negros. Nos cargos de gerência, o percentual é de 89% de brancos e 8,8% de negros.**

Portanto, fica claro que os negros estão em situação de inferioridade em relação aos brancos em todos os indicadores sociais relevantes. Além disso, a proporção de negros exercendo funções de maior destaque na sociedade, como na magistratura, nos parlamentos e nas empresas, é muito inferior, levada em consideração a proporção de negros na população brasileira.

---

[35] KING, Martin Luther. *Why we can't wait.* New York: Harper & Row, 1963.
[36] PNUD – Programa das Nações Unidas para o Desenvolvimento. Disponível em: www.pnud.org.br/publicações/atlas/textos.
[37] Direito Público e Igualdade Étnico-Racial.

A conclusão a que se chega é que não podemos afirmar que há igualdade de fato entre brancos e negros no Brasil. As consequências históricas do passado de sujeição e escravidão não foram apagadas. Não se trata de uma questão puramente econômica, mas de cunho notadamente racial.

As políticas universalistas não têm sido eficazes para reverter essa realidade. Políticas específicas, voltadas à inclusão dos afrodescendentes, são necessárias e urgentes para alterar esse quadro de discriminação.

Enquanto os negros estão sub-representados nas estruturas de poder, nas posições de destaque da sociedade brasileira, encontram-se super-representados nas cadeias, nos empregos subalternos e sub-humanos. São fatos que geram um sentimento de baixa autoestima e de inferiorização nos negros, reproduzindo um estigma que não se apaga.

O ex-Ministro Joaquim Barbosa Gomes, do STF, discorrendo sobre o tema, denuncia:

> *Brancos monopolizam inteiramente o aparelho do Estado e nem sequer se dão conta da anomalia que isso representa à luz dos princípios da Democracia.* Por diversos mecanismos institucionais raramente abordados com a devida seriedade e honestidade, *a educação de boa qualidade é reservada às pessoas portadoras de certas características identificadoras de (suposta ou real) ascendência europeia, materializando uma tendência social perversa, agravando ainda mais o tenebroso quadro de desigualdade social pelo qual o país é universalmente conhecido.* No domínio do acesso ao emprego impera não somente a discriminação desabrida, mas também uma outra de suas facetas mais ignominiosas – *a hierarquização* –, *que faz com que as ocupações de prestígio, poder e fama sejam vistas como apanágio dos brancos reservando-se aos negros e mestiços aquelas atividades suscetíveis de realçar-lhes a condição de inferioridade.*[38]

Nesse contexto, tornou-se imperiosa a instituição de políticas específicas voltadas à inclusão dos afrodescendentes também no Brasil, tal como já vinha ocorrendo em outros países, merecendo destaque, entre essas políticas, as **ações afirmativas**.

Ações afirmativas são políticas públicas voltadas ao desenvolvimento ou à proteção de certos grupos, com o fito de garantir-lhes, em condições de igualdade, o pleno exercício dos direitos do homem e das liberdades fundamentais. São medidas especiais para corrigir distorções resultantes da incidência meramente formal do princípio da igualdade, técnicas de distribuição de justiça, com o objetivo de promover a inclusão social de grupos excluídos, especialmente aqueles que, historicamente, foram compelidos a viver na periferia da sociedade.

---

[38] GOMES, Joaquim Barbosa. *Ação afirmativa e princípio constitucional da igualdade*. São Paulo: Renovar, 2001. p. 142.

Em suma, ações afirmativas são mecanismos institucionais voltados à concretização do princípio da igualdade material e da neutralização dos efeitos perversos da discriminação racial, de gênero, de sexo, de idade e de cor; formas de encurtar distâncias e promover os desfavorecidos.

Em sua obra pioneira sobre o tema das ações afirmativas no direito público brasileiro, o já citado Ministro Joaquim Barbosa Gomes recorre à preciosa definição da ministra **Cármen Lúcia Antunes Rocha**, que muito bem conceitua a ação afirmativa no plano jurídico-constitucional e nos dá o tom da função que ela se presta a exercer:

> (...) *a definição jurídica objetiva e racional da desigualdade dos desiguais, histórica e culturalmente discriminados, é concebida como uma forma para se promover a igualdade daqueles que foram e são marginalizados por preconceitos encravados na cultura dominante na sociedade. Por esta desigualação positiva promove-se a igualação jurídica efetiva; por ela afirma-se uma fórmula jurídica para se provocar efetiva igualação social, política, econômica e segundo o Direito, tal como assegurado formal e materialmente no sistema constitucional democrático...*[39]

59.7. Ações afirmativas: a evolução do instituto no direito comparado

As ações afirmativas tiveram origem em múltiplos sistemas e ordenamentos jurídicos, a partir do século XX, sempre em sociedades que se viam diante de situações de desigualdade latente, que estavam a demandar soluções de justiça compensatória e distributiva, como é o caso específico do sistema de cotas e de outras modalidades aplicadas em diversos países. Por exemplo, na Constituição indiana,[40] promulgada após a independência, quando, pela primeira vez, essas ações apareceram como um instrumento constitucional apto a dar plena efetivação ao princípio da isonomia, explorando-o em toda a sua densidade e perquirindo o seu conteúdo substancial. O seu escopo era corrigir as desigualdades resultantes do sistema de castas, inserindo naquela sociedade, não apenas de modo formal, os *dalits* (intocáveis) e os componentes de outras castas inferiorizadas.

As políticas atinentes às ações afirmativas foram plenamente aceitas e, quando a Suprema Corte indiana cogitou da inconstitucionalidade, especificamente quanto à reserva de vagas no âmbito do ensino universitário, no caso *State of Madras vs. Champakan Dorairajan*, seguiu-se uma forte reação, inclusive do parlamento, que, por emenda, fez constar menção expressa na constituição sobre a validade dos mecanismos de discriminação positiva.

---

[39] GOMES, Joaquim Barbosa. *Ação afirmativa e princípio constitucional da igualdade*. São Paulo: Renovar, 2001. p. 42.

[40] *E.g.*, arts. 330, 331 e 335.

Diante disso, as ações afirmativas foram cada vez mais utilizadas naquele país. A própria Suprema Corte, que outrora as havia considerado inconstitucionais em um caso específico, deixou assente que eram medidas que, longe de constituírem uma exceção à regra, se traduziam em meio eficaz para realizar o axioma da igualdade, como no caso *State of Kerala vs. N.M.Thomas*.

Assim como a Índia, a África do Sul, que, a exemplo daquele país, sofria com um radical fenômeno de segregação social, implantou, em sua Constituição, mecanismos de ações afirmativas para corrigir os resultados desastrosos decorrentes de anos de regime do *apartheid*. O art. 9º da Carta sul-africana é emblemático nesse sentido. Veja-se:

A igualdade perante a lei inclui a plena fruição de todos os direitos e liberdades. Para promover a obtenção dessa igualdade, medidas legislativas e outras que visem proteger ou favorecer pessoas, ou categorias de pessoas prejudicadas por discriminação injusta poderão ser tomadas.

Com isso, o país africano alcançou expressivos índices de diminuição da desigualdade e, principalmente, da *práxis* da discriminação.

Os Estados Unidos da América também adotaram o instrumento das ações afirmativas como forma de redução da desigualdade e do racismo. Primeiro, por meio das providências iniciais do governo Kennedy, com a edição da *Executive Order* n. 10.925, visando à igualação de oportunidades no mercado de trabalho, confirmando uma tendência verificada ainda no governo Roosevelt, quando a *Executive Order* n. 8.806, de 1941, impedia peremptoriamente a discriminação racial nas admissões de pessoal no serviço público. Em seguida, já no governo Lyndon Johnson, ditas ações foram, cada vez mais, conquistando amplitude. Posteriormente, passou-se a se utilizar, amplamente, a variada gama de instrumentos pertinentes à questão, entre eles o da reserva de vagas nas universidades, sendo certo que mesmo as entidades privadas passaram, por sua própria vontade e consciência, a adotar tais políticas. O maior exemplo do sucesso das ações afirmativas naquele país é do afro-americano Barack Hussein Obama. Esse ex-presidente dos Estados Unidos da América é egresso da Universidade de Harvard, onde ingressou como beneficiário da política de cotas que, naquela instituição, beneficia negros e latinos.

No Canadá, desde a *Charter of Rights*, veiculada pelo *Constitution Act* de 1982, como informa **Paulo Lucena de Menezes**, existe a denominada *affirmative action clause*, que estipula que *a isonomia não impedirá "qualquer lei, programa ou atividade que tenha como seu objeto a melhoria das condições de indivíduos ou grupos desfavorecidos, incluindo aqueles que já estão em desvantagem devido à raça, origem étnica ou nacional, cor, religião, sexo, idade, deficiência física ou mental", consagrada na section 15 do citado Constitution Act*.[41]

---

[41] MENEZES, Paulo Lucena de. *Ação afirmativa no direito norte-americano*. São Paulo: Ed. RT, 2001. p. 128.

Além desses países, dezenas de outros já adotam políticas de ações afirmativas, dentre os quais é válido citar: Austrália, Nova Zelândia, Israel, China, Rússia, Nigéria, Sri Lanka, Ilhas Fiji, Malásia, Colômbia, Suécia (art. 2º da Constituição), Alemanha (art. 6º da Constituição) e Finlândia (art. 50 da Constituição).

No Brasil, o tema ingressou na agenda nacional somente após a Conferência da ONU, realizada em Durban, na África do Sul, contra o racismo, a xenofobia e outras formas de intolerância correlata. Naquela ocasião, o documento do Estado brasileiro apresentado à Conferência reconheceu oficialmente a existência de racismo no Brasil e preconizou a adoção de políticas de ação afirmativa na educação e no trabalho. Desde então, iniciaram-se as medidas efetivas nesse sentido, como a edição do Decreto de 13 de maio de 2002, que criou um programa de ação afirmativa no âmbito da Administração Pública Federal.

São notáveis as tentativas já realizadas, desde o primeiro edital lançado pelo Ministério do Desenvolvimento Agrário e Agricultura Familiar, prevendo cotas de 20% para afrodescendentes, até o exemplo dado pelo Supremo Tribunal Federal que exigiu a observância de cota idêntica para a contratação de jornalistas por empresa de comunicação social selecionada para prestar serviços à Corte. É bem de ver que o sistema jurídico nacional comporta, ainda, ações afirmativas que beneficiam mulheres, estabelecendo a reserva de 30% das vagas das candidaturas nos partidos políticos; bem como outras, que beneficiam pessoas portadoras de deficiência, garantia constante de nossa Carta Magna,[42] juntamente com indígenas, negros e alunos da rede pública.

As ações afirmativas são, pois, uma exigência e um instrumento de nosso tempo. Elas provêm de uma maior tomada de consciência pelos povos, que, em uma busca crescente pela efetivação dos direitos humanos, têm absorvido mecanismos de inclusão pensados a partir de uma visão humanista que compreende a necessidade de estabelecerem-se não privilégios, mas benefícios que possam elevar a patamares superiores grupos sociais tradicionalmente alijados da cidadania.

59.8. A Lei de Cotas no estado do Rio de Janeiro

Bom exemplo de ação afirmativa é a reserva de vagas em universidades públicas para integrantes de setores marginalizados da sociedade.

O primeiro estado a instituir no Brasil a política de cotas foi o Rio de Janeiro, em 2003. Após cinco anos de positivos efeitos, nova lei foi editada,[43] com maior campo de abrangência, cuja constitucionalidade foi reconhecida pelo Órgão Especial do Tribunal de Justiça do Estado do Rio de Janeiro, na Representação por Inconstitucionalidade n. 9/2009, da qual fui o relator, julgada em 18.11.2009. Registro, com certo orgulho, que

---

[42] CF, arts. 37, VIII, e 203, IV.
[43] Lei n. 5.348/2008.

encerrei a minha carreira na magistratura com esse voto, proferido dois dias antes da minha aposentadoria compulsória por implemento de idade (70 anos).

Reconheceu o Tribunal que a **igualdade formal** só se efetiva após a garantia de sucesso da **igualdade material**, sem o que não passa de letra morta. Garantir o direito à igualdade sem permitir que este se realize materialmente é a falácia e o dilema dos direitos humanos nos dias de hoje. Nessa perspectiva, a ação afirmativa liga-se, por um vínculo inquebrantável, ao princípio da isonomia real. Ela é o instrumento eficaz a garantir sua concretização no seio da sociedade que, a exemplo da nossa, já nasce marcada pela desigualdade e pelo preconceito. Em suma, as ações afirmativas buscam suprir a lacuna entre o **enunciar direitos** e o **conferir direitos**.

O acórdão refutou e afastou todos os argumentos contrários à lei, conforme reproduzimos a seguir.

É simplismo alegar que a Constituição proíbe *discrímen* fundado em raça ou em cor. O que, a partir da Declaração dos Direitos Humanos, se buscou proibir foi a intolerância em relação às diferenças, o tratamento desfavorável a determinadas etnias. Basta olhar em volta para perceber que o negro no Brasil não desfruta de igualdade no que tange ao desenvolvimento de suas potencialidades e ao preenchimento dos espaços de poder.

É simplismo, igualmente, dizer que as cotas nas universidades não são o remédio adequado, que o tratamento a ser dispensado ao problema está em propiciar-se um ensino básico democratizado e de qualidade. É claro que as cotas raciais não constituem a única providência necessária, não são uma panaceia para todos os males. Contudo, não é mero paliativo, como alguns querem. Contribuirão, sem dúvida, para a formação de uma elite nova, equilibrada em diversificação racial, que em muito concorrerá para a construção da sociedade pluralista e democrática que o Brasil requer.

Como bem observou o douto Procurador do Estado que atuou no caso, Dr. Flávio de Araújo Willeman, *a política de cotas, para ser bem compreendida, deve ser posta em suas devidas balizas, sem que se a subestime ou superestime. Deveras, a política de cotas não é a única solução, tampouco é uma enganação. Ela consubstancia-se numa medida* **necessária e temporária**, *nem mais, nem menos do que isto*.

Defender, como muitos fazem, que a política de cotas e a melhoria no ensino público de base são ações, em si, excludentes é um erro. O fato é que uma complementa a outra. Se apostarmos todas as nossas fichas só na política de cotas, frustrar-nos-emos, pois, por mais que dela advenham bons resultados, ela não será uma medida temporária, mas permanente, porquanto a fonte dos problemas continua a produzi-los. Por outro lado, se acharmos que só a reforma do ensino básico é capaz de resolver a questão, veremos que, na previsão mais otimista de que haveria uma reforma total e imediata na integralidade do ensino público, os seus primeiros resultados somente se produziriam após o advento de uma nova geração (aproximadamente 25 anos), período durante o qual a desigualdade continuaria crescente. Desse modo, as reformas implementadas com vistas à melhoria dessa situação seriam insuficientes, pois a desigualdade teria aumentado e, nesses 25 anos, a realidade já seria outra, mais grave.

O problema, pois, tem de ser enfrentado nas suas duas pontas. É preciso atacá--lo na origem e no destino, conjuntamente. Se a Lei de Cotas não puder continuar a realizar essa função de contenção imediata e emergencial, **os desafios da também necessária reforma do ensino básico serão ainda maiores**, bem como o tempo que levaremos para corrigir os graves problemas da desigualdade e da má qualidade da educação em nosso Estado.

É preciso que se entenda que a política de cotas, embora de cunho emergencial e temporário, não é algo paternalista. Ela promove uma transformação social que acelera as outras mudanças que, com ela, são necessárias para o progresso do Estado. Quando negros e estudantes pobres de escolas públicas ganham a perspectiva de ingressarem no ensino universitário, eles têm uma alteração em seu comportamento. Em vez de abandonarem os estudos, por se revelarem inúteis, passam a desejar a conclusão do ensino médio. Assim, começam a exigir maior número de vagas, ao mesmo tempo que protestam por um ensino de maior qualidade.

Cumpre lembrar que a política de cotas não é capaz de inserir todos os seus beneficiários na universidade. Entre eles há também uma competição, pois o número de vagas é pequeno. Desse modo, ela dá aos seus destinatários a chance de chegar à universidade, mas exige que eles façam por merecê-la. A Lei de Cotas gera um inconformismo com o ensino oferecido pelo Estado por uma parcela da população, que compõe a sua clientela e sempre se manteve acomodada, pois o estudo era incapaz de lhe abrir portas para o futuro. Em suma, a política de cotas fomenta a busca por uma melhoria na qualidade do ensino público.

É simplismo, por último, sustentar que a política de cotas raciais poderia ser a origem de um comportamento racial discriminatório, que inaugura em nossa sociedade a segregação e o ódio aos negros.

Com a devida vênia, dizer que a política de cotas ocasionaria o advento de um *apartheid* até então desconhecido no Brasil é o mesmo que negar a nossa própria história. Significa fechar os olhos para a realidade cotidiana de negros humilhados. Imaginar que o ódio racial nasce de uma ação afirmativa é ingenuidade, ignorância ou má-fé.

Se a previsão diabólica de que se instauraria um conflito aberto entre brancos e negros por conta dessas políticas se concretizasse, ela não representaria nada além do fim da hipocrisia que impera em nossa sociedade. O enfrentamento racial que circunda as previsões dos que não desejam a igualdade, deveras, existiu, desde sempre, em nosso país, e permanece flagrante.

Defender que o racismo no Brasil é despido de violência simboliza a atitude própria daqueles que desconhecem – ou não se importam com – a violência com que os negros são tratados por algumas "autoridades", que acham normal fechar os vidros do carro quando um negro se aproxima, devido ao estereótipo criado de que negro é criminoso; que estão acostumados a ver negros limpando os seus ambientes de trabalho.

Eles primeiro negam a existência de racismo no Brasil e depois dizem que, quando ele existe, não traz consigo violência. No entanto, eles são brancos e compõem a elite. Será que os milhões de negros pobres do nosso país acham que não existe racismo, ou que o racismo brasileiro é pacífico? **Florestan Fernandes**, sociólogo de escol, foi um dos primeiros a trazer à luz a verdade dos fatos. E a verdade é que a sociedade brasileira possui um racismo estrutural tão arraigado que é incapaz de se dar conta dele mesmo e, em vez de combatê-lo, nega-o. E, negando-o, continua a propagá-lo, reproduzindo atitudes que já tinha internalizado como naturais.

Essa é uma modalidade sinistra de **ação afirmativa de sinal trocado**, fonte de perpetuação de desigualdades.

A Lei de Cotas tem o mérito de trazer para a universidade uma nova lição, que é a de ensinar aos estudantes não apenas a olhar o seu país superficialmente, mas, sobretudo, a enxergar o que veem; a meditar sobre as desigualdades que marcam a sociedade em que vivem; a reparar que não há diferenças entre indivíduos negros ou brancos, pobres ou ricos, com deficiências ou não, que justifiquem essas desigualdades; a buscar meios de superar as diferenças, sem desrespeitá-las; a traçar novos rumos para o progresso de toda a população, e não apenas da minoria posta no ápice de nossa pirâmide social.

Nesses anos todos em que a Lei de Cotas tem vigido em nosso Estado, revelou-se um sucesso. As diversas pesquisas sobre o tema, que se proliferam aceleradamente, apontam todas na mesma direção. Elas demonstram, à exaustão, que os alunos cotistas têm, na maioria dos cursos, um **Coeficiente de Rendimento (CR) maior ou igual** ao dos alunos não cotistas, e que os alunos cotistas possuem um **menor índice de abandono do curso** em relação aos não cotistas, espancando o mito de que eles largariam os estudos por falta de condições de se manterem na universidade.

Quer dizer, considerando o objetivo ínsito à universidade de formação de uma comunidade científica que alavanque o desenvolvimento da sociedade, podemos afirmar que os alunos cotistas despontam como os mais qualificados e interessados em atingir esse fim. Lembremos que a verba utilizada para custear as universidades estatais é dinheiro público e, como tal, deve se prestar a justificar políticas eficientes de avanço educacional e de inclusão social. É mediante a Lei de Cotas que a universidade pública e gratuita encontra sua razão de ser, pois, por meio dela, alcança essa dupla justificação.

A manutenção da antiga prática, esta, sim, paternalista, de o Estado despender vultosa verba para custear apenas os filhos da elite branca é flagrantemente contrária aos princípios da Administração Pública. Ademais, sob ótica meramente utilitarista, é um aviltamento à eficiência.

Pela Lei de Cotas, o estado do Rio de Janeiro, o primeiro a instituir essa política no Brasil, deu exemplo ao resto do País e demonstrou que o tempo da inércia e da complacência findou. É preciso, pois, diante do novo modelo de constitucionalismo que vivemos, não mais se limitar a editar normas proibitivas de discriminações ou concessivas de direitos. Acima de tudo, é necessário que o Estado assuma postura proativa no sentido de atuar para a concretização dessas normas. Nessa perspectiva, as leis assumem novos contornos. Não precisam apenas estar em consonância com a teoria do ordenamento jurídico; além disso, precisam conformar-se ao ordenamento social vigente. Não basta às leis, em nossos tempos, serem constitucionais, precisam ainda ser efetivas. Nesse cenário, a Lei de Cotas surge não como um diploma concessivo de direitos, uma vez que estes já são assegurados na Constituição e em outros diplomas. A Lei de Cotas, em verdade, é diploma concretizador de direitos de constitucionalidade induvidosa.

O histórico julgamento do Supremo Tribunal Federal reconhecendo a constitucionalidade das Leis de Cotas da Universidade de Brasília, ocorrido em 26.04.2012, quase três anos após o julgamento do Rio, deu extraordinário reforço às ações afirmativas no Brasil.

Entenderam os Ministros da Suprema Corte que, com as cotas, se busca temperar o rigor da aferição do mérito dos candidatos que pretendem acesso à universidade com o princípio da igualdade material. O mérito dos concorrentes que se encontram em situação de desvantagem, em virtude de suas condições sociais ou econômicas, não pode ser aferido pela ótica puramente linear com aqueles que partem de pontos de largada privilegiados. *"O merecimento é critério justo, mas apenas em relação a candidatos que tenham oportunidades idênticas, que partem do mesmo patamar."*[44] *"A meritocracia sem igualdade de pontos de partida é apenas forma velada de aristocracia."*[45]

Na realidade, são necessárias intervenções do Estado, por meio de ações afirmativas, a fim de se corrigir a desigualdade concreta, de modo que a igualdade formal volte a ter seu papel benéfico. *"As ações afirmativas não são as melhores opções; a melhor opção é uma sociedade com todo mundo livre, para ser o que quiser. Isso é um processo, uma etapa, uma necessidade em uma sociedade onde isso não aconteceu naturalmente."*[46] *"A partir desta decisão, o Brasil tem mais um motivo para se olhar no espelho da história e não corar de vergonha."*[47]

---

[44] Ministro Cezar Peluso.
[45] Ministro Marco Aurélio Mello.
[46] Ministra Cármen Lúcia.
[47] Ministro Ayres Britto, ex-presidente do STF.

Capítulo 11
INSTRUMENTOS HUMANOS DE REALIZAÇÃO DA ORDEM JURÍDICA

O Poder Legislativo: eleição dos legisladores. O papel desempenhado pela Justiça Eleitoral. O Poder Judiciário. Estrutura do Judiciário brasileiro: a Justiça Estadual; organização da Justiça federal; estrutura da Justiça Especial. Função do Superior Tribunal de Justiça e do Supremo Tribunal Federal. A crise do Judiciário em nosso país. Causas da crise do Judiciário brasileiro.

Após examinarmos, nos capítulos anteriores, o primeiro item da classificação proposta por Renato Treves para o objeto da Sociologia Jurídica – eficácia e efeitos das normas jurídicas –, vamos agora nos dedicar ao exame do segundo item da classificação – **estudo dos instrumentos humanos de realização da ordem jurídica e de suas instituições** –, quando teremos oportunidade de ver que não basta existirem leis boas e eficazes. É preciso também gente especializada e em número suficiente para aplicar a lei, bem como uma estrutura material adequada.

A máquina já substituiu o homem em inúmeras atividades, aumentando infinitamente as possibilidades de produção. Em certas atividades, entretanto, o homem é insubstituível, entre elas as atividades de elaborar e de aplicar leis. Ninguém melhor que Eduardo Couture ressaltou essa verdade. *"A sentença poderá ser justa ou injusta, porque os homens necessariamente se equivocam. Não se inventou, ainda, uma máquina para produzir sentenças. No dia em que for possível decidir os casos judiciais como se decidem as corridas de cavalos, mediante um olho mecânico que registra fisicamente o triunfo ou a derrota, a concepção constitutiva do processo perderá seu sentido e a sentença será uma mera declaração, como queria Montesquieu. Mas, enquanto não se puder encontrar essa máquina de fazer sentenças, o conteúdo humano, profundo e medular do direito não pode ser desatendido, nem desobedecido, e **as sentenças valerão o que valham os homens que a profiram**".*[1]

---

[1] COUTURE, Eduardo. *Introdução ao estudo do processo civil*. Buenos Aires: Depalma, 1949. p. 89.

Fácil é, desse modo, compreender que tão importante quanto ter leis eficazes é ter também estrutura material e humana para aplicá-las, caso contrário toda a ordem jurídica de uma sociedade pode ficar seriamente comprometida. Cabe aqui relembrar o que dizia Montesquieu: *"Quando vou a determinado país, não indago se há leis boas, mas se as executam, porque leis boas há em toda parte"*. Sim, porque pior do que não ter leis é tê-las e não aplicá-las.

Por instrumentos humanos de realização da ordem jurídica, portanto, devem ser entendidos aqueles órgãos ou instituições por meio dos quais a ordem jurídica de uma sociedade é declarada, assegurada, mantida, aplicada e modificada. Tais instituições, é óbvio, são integradas por criaturas humanas, o pessoal técnico e especializado que nelas atua, às quais a sociedade confere atribuições para elaborar e aplicar as leis. Do bom funcionamento dessas instituições e da eficiência do pessoal que nelas atua dependerá a eficácia da ordem jurídica, inclusive os efeitos sociais positivos que toda norma tem por finalidade produzir.

Desde que passou a prevalecer, nas sociedades democráticas, o princípio da separação dos poderes, dois deles estão diretamente ligados à ordem jurídica: o Poder Legislativo, que tem por função prevalente elaborar as leis, e o Poder Judiciário, cuja função principal é aplicar a lei ao caso concreto, compondo os conflitos sociais. De acordo com Seabra Fagundes, *a função legislativa liga-se ao fenômeno de criação do direito, ao passo que as funções administrativas e a judicial se prendem à sua realização. Legislar é editar o direito positivo; administrar é aplicar a lei de ofício; julgar é aplicar a lei contenciosamente.*[2]

60. PODER LEGISLATIVO

O Poder Legislativo em nosso país divide-se em três esferas, a saber:

1) *Federal* – composto da Câmara dos Deputados e do Senado Federal (sistema bicameral), que, em conjunto, formam o Congresso Nacional;
2) *Estadual* – formada pela Assembleia Legislativa de cada estado;
3) *Municipal* – constituída pela Câmara de Vereadores de cada município.

O Poder Legislativo Federal, por meio dos deputados federais e senadores, elabora leis para todo o território brasileiro (leis federais), sendo assim responsável pela declaração e modificação da ordem jurídica nacional. O Poder Legislativo Estadual só elabora leis para o âmbito territorial de cada estado e, mesmo assim, com relação àquelas matérias que não são da competência privativa da União. Por sua vez, a Câmara de Vereadores fica restrita às matérias do interesse dos municípios.

---

[2] FAGUNDES, Miguel Seabra. *O controle dos atos administrativos pelo Poder Judiciário*. 5. ed. Rio de Janeiro: Forense, 1979. p. 718.

Entre as funções públicas, a de legislar é, sem dúvida, a mais importante, porque dela emanarão leis a vigorar para todo o grupo social. E, se, para o exercício das mais simples funções, é necessário ter a pessoa certa no lugar certo, por maior razão é preciso que o legislador seja alguém preparado para o exercício dessa função e escolhido mediante criterioso processo seletivo.

60.1. Escolha dos legisladores

Hoje não mais se admite qualquer discussão sobre as vantagens de qualquer outro processo seletivo dos legisladores que não seja o da votação popular, visto estar consagrado em todas as sociedades democráticas o sistema da eleição direta para tal fim. E nem poderia ser diferente, já que a função legislativa é exercida por delegação do povo àqueles que foram escolhidos como seus mandatários ou legítimos representantes. Assim sendo, as questões mais relevantes sobre esse ponto consistem apenas em saber como evitar as distorções que têm ocorrido nas eleições diretas, a fim de tornar possível a escolha dos melhores legisladores.

Com efeito, ninguém mais desconhece que o processo de seleção dos membros do Legislativo está a exigir aprimoramento. Lamentavelmente, a eleição direta não tem produzido os efeitos desejados, não porque o brasileiro não saiba votar, como afirmou há algum tempo determinado político, mas, sim, pelas distorções que se verificam na sua execução. É notório, por exemplo, que temos um número excessivo de partidos políticos; currais eleitorais no interior de alguns estados; a manipulação da opinião pública pelos órgãos de comunicação nas grandes cidades; eleição conquistada em troca de facilidades, empreguismo e outros interesses econômicos; o voto vinculado a pequenas vantagens materiais, até distribuição de alimentos, em áreas de grande pobreza. A máquina eleitoral reelege os mesmos parlamentares a cada nova legislatura, a despeito de nada terem feito ao longo de muitos anos de vida pública; o poder econômico pesando em favor deste ou daquele candidato, financiando sua milionária campanha e comprando adesões. Como estas, muitas outras circunstâncias existem dificultando ou até mesmo impedindo que o processo seletivo dos legisladores proporcione um eficiente resultado.

Fala-se muito na reforma política e ela é realmente necessária. Não, entretanto, uma reforma parcial, casuística, destinada exclusivamente a assegurar a vitória àqueles que já se encontram no poder, como tem sido feito às vésperas de cada nova eleição. É preciso uma reforma de base, profunda, verdadeira, séria, destinada a realmente aprimorar o sistema existente. Para tanto, seria indispensável inicialmente uma pesquisa detalhada da realidade atual, levantando-se as suas principais deficiências, para a seguir serem elaboradas as reformas necessárias, apresentadas as soluções mais adequadas à realização dos interesses coletivos, e não simplesmente pessoais.

De tão velhas e conhecidas, algumas questões constam da pauta de todas as propostas de reforma política. Assim, por exemplo, o financiamento de campanha eleitoral por doações de empresas privadas. Segundo Oslain Santana, Delegado da Polícia Federal e diretor do Combate ao Crime Organizado, **pelo menos metade dos casos** de corrupção tem relação com financiamento de campanha eleitoral.[3] Isso levou a OAB a ajuizar, no Supremo Tribunal Federal, a Adin n. 4.650/2011, na qual pediu a total proibição do financiamento das campanhas eleitorais por empresas privadas.

No abalizado entendimento de Geraldo Tadeu Monteiro, cientista político e diretor do Iuperj, muitas são as razões que justificam a proibição. Em primeiro lugar, porque são as empresas privadas as responsáveis pelos altos custos das campanhas eleitorais. Em segundo lugar, porque a influência do dinheiro nos resultados eleitorais é direta. Análises estatísticas mostram que a correspondência entre número de votos e gasto de campanha é de, aproximadamente, 1 para 1, o que significa que são eleitos os que mais gastam. Isso representa uma enorme distorção do princípio democrático. Em terceiro lugar, **pelo potencial de corrupção contido nesse sistema de financiamento eleitoral.**

Registre-se, como relato histórico, que, nas eleições de 2010, apenas uma construtora contribuiu com mais de R$ 65 milhões para diferentes campanhas. Um dos maiores conglomerados financeiros do Brasil desembolsou R$ 23,6 milhões. Entre os dez maiores contribuintes, seis eram grandes construtoras. A pergunta que se deve fazer é: será por pura convicção política ou ideológica que essas empresas gastam essa fortuna? Se assim fosse, por que elas costumam contribuir com candidatos de diferentes partidos, coincidentemente em sua maioria partidos governistas?

Pesquisa conduzida pelo Kellogg Institute mostrou que cada real doado para campanhas eleitorais resulta em R$ 8,50 em contratos com o Poder Público. Nenhum investimento disponível no mercado é capaz de trazer tanto retorno.[4]

O Ministro do Supremo Tribunal Federal José Antonio Dias Toffoli, pouco antes de assumir a presidência do Tribunal Superior Eleitoral (TSE), afirmou que "*doações de empresas em eleições são quase extorsão. (...) o que é mais importante fazer em matéria de campanha é o que eu chamo de financiamento da democracia (...) Quem tem o direito de financiar a democracia? Se a democracia é o governo do povo, só o povo tem o direito de financiar a democracia. Isso significa dizer que as empresas não têm o direito de participar financiando campanhas eleitorais. Quem não vota não tem o direito de participar das eleições como financiadores. (...) O meu entendimento é que não cabe e não é permitido pela Constituição que pessoa jurídica financie a democracia*".[5]

A proibição do financiamento de campanhas eleitorais por empresas privadas foi apontada como a "mãe de todas as reformas da política brasileira", mas só ocorreu porque feita pelo Supremo Tribunal Federal, como o fez ao impor a verticalização das coligações (2002), ao derrubar a cláusula de barreira (2006), ao decidir que os mandatos pertencem aos partidos (2007) e ao julgar a constitucionalidade da Lei da Ficha Limpa (2012).

---

[3] *O Globo*, 20.10.2013.
[4] *O Globo*, 02.01.2014.
[5] *O Globo*, 04.11.2013.

Outra questão problemática é a nossa alta fragmentação partidária, que torna o Brasil o país com sistema partidário mais fragmentado do mundo. Isso é ruim para a democracia porque representa mais custos para se obter um governo de coalizão e menos eficiência administrativa. Liberação de verbas, emendas orçamentarias individuais, distribuição de ministérios, altos cargos no governo etc. estão vinculados a uma **coalizão partidária na base do governo**.

Carlos Pereira, cientista político e autor da tese – *Quais as condições para o sucesso presidencial na área legislativa? A conexão eleitoral brasileira* –, assim examina essa questão:

> *Prefiro interpretar as relações Executivo-Legislativo à luz dos incentivos institucionais das regras do sistema político brasileiro. Ele proporciona incentivos para comportamentos individuais e partidários, ao mesmo tempo. Por um lado, as regras eleitorais, o multipartidarismo e o federalismo agem descentralizando o sistema e incentivando comportamentos particulares. Por outro, as regras internas do processo de decisão do Congresso e os poderes constitucionais de legislar e de distribuir recursos do presidente agem incentivando a centralização do sistema e o comportamento partidário.*
>
> *Por causa dessas regras eleitorais, os parlamentares, para serem eleitos, se aproximam em demasia de suas bases eleitorais, com as quais estabelecem compromissos localistas. Ou seja, não há a mediação dos partidos políticos, o que faz com que o exercício do mandato seja voltado para atendimento destas demandas. Entretanto, é o Governo o responsável pela execução destas demandas, bem como é ele que centraliza o processo decisório e a agenda do Congresso. Assim, negociar com o Congresso punindo ou premiando parlamentares segundo seu desempenho é decisão do governo proveniente dos incentivos institucionais das regras do jogo.*
>
> *Diante de um desenho institucional como este, que proporciona incentivos paradoxais simultâneos, a atitude do Executivo, vinculando o atendimento das demandas dos parlamentares aos seus comportamentos de voto, não é nada mais do que o instrumento achado para mitigar as fragilidades de um sistema partidário fraco na arena eleitoral e fortalecê-lo dentro do Congresso, de forma a ver cumprida a sua agenda de governo. E a atitude do Legislativo, de continuar jogando este jogo, tem sido a única saída para a sobrevivência política dos parlamentares. O desafio, então, é redesenhar as instituições políticas sem cair na vala comum do moralismo.*[6]

---

[6] *O Globo*, 02.08.2000.

Qual seria esse redesenho das instituições políticas? Que sistema permitiria eliminar os inconvenientes e as distorções inevitáveis no atual sistema político? Essa é a questão.

Uma das soluções apontadas seria a adoção do *voto distrital misto*, sistema utilizado com sucesso em alguns países. Pelo voto distrital misto, os Estados são divididos em regiões e somente uma parte dos candidatos, geralmente a metade, é eleita por votação majoritária, e a outra metade (ou fração estipulada em lei) é escolhida pelo sistema proporcional, que, por sua vez, pode ser de votação *uninominal* (cada partido indica seu candidato para escolha do eleitorado) ou votação *plurinominal*, também chamado de *sistema de lista*, em que cada partido apresenta aos eleitores sua lista de candidatos. As listas podem ser *fechadas* ou *abertas*. No primeiro caso, o partido escolhe os candidatos que quer eleger e o eleitor vota no partido; não há voto nominal, somente voto na legenda; fortalece o partido, mas dá ensejo ao afastamento das minorias e ao engrandecimento da figura dos *caciques*. No caso de *lista aberta*, o partido não escolhe os candidatos que quer eleger; apresenta um número de candidatos fixado em lei, aprovados em convenção, e o eleitor tem a opção de votar no partido ou na pessoa do candidato de sua preferência.

Entre as vantagens desse sistema estaria também a de evitar distorções da representação popular que hoje ocorrem, como aquela do voto de Roraima valer sete vezes mais do que o de São Paulo.

Nelson de Carvalho, cientista político, fez um profundo estudo do nosso sistema político, no qual demonstrou que a nossa Câmara dos Deputados é dividida igualmente entre três tipos de políticos: os do primeiro grupo seriam os distritais puros, que dominam a votação em determinada área, conhecidos tecnicamente como concentrados/dominantes. Outro grupo seria o que ele chama de "a nossa variável nordestina do voto distrital", que fragmenta a votação pelo estado inteiro, com motivação paroquial. Por sua vez, o concentrado/não dominante, o terceiro tipo, seria o político das áreas metropolitanas, voltado para temas, que concentra sua votação em municípios muito grandes e, como não domina essa área, não pode reivindicar créditos por benefícios.

Segundo o estudo, para o candidato da área metropolitana, o primeiro recurso eleitoral é a atuação legislativa, a maneira como ele vota na Câmara. Já o político do distrital puro prioriza os recursos orçamentários. Por seu turno, os fragmentados/dominantes, que predominam no Nordeste, "são os que têm 40 prefeitos espalhados, e o primeiro recurso político deles é o encaminhamento das demandas das lideranças locais. Esses são fruto de uma distorção do voto distrital à brasileira, e acabariam com a adoção dos megadistritos".

Para Carvalho, "*o sistema distrital uninominal incentiva o paroquialismo, como nos Estados Unidos, onde os políticos locais não têm responsabilidade sobre as verbas. Se cada um for maximizar o benefício para o distrito, você projeta os interesses difusos da sociedade e provoca uma espiral de gastos. Com o distrital misto podemos ter aqui o pior dos dois mundos: dar à oligarquia partidária o domínio sobre a lista, e ao mesmo tempo contemplar o paroquialismo que já existe*".

Após essas ponderáveis reflexões, Nelson Carvalho propõe a adoção do sistema eleitoral utilizado na Espanha, em Portugal e na Grécia – países que passaram por transições democráticas parecidas com a nossa – que, em vez de adotarem o voto distrital misto, adotam os chamados *Distritos de Média Magnitude*, que elegem de 5 a 8 deputados, e não apenas um.

Com esse sistema, o interior do estado passa a atribuir justa representação a áreas que hoje viram colchas de retalho "atacadas por vários políticos que dispersam sua votação e não têm compromisso com nenhuma delas". Os países citados por Carvalho usam o sistema de lista, mas ele não tem definição sobre se o voto deve ser na lista ou diretamente no candidato.

Ele também vê vantagem nesse tipo de voto proporcional com distritos maiores "porque enxuga o número de partidos". Dentro do estado, "dá-se uma justa medida às diversas áreas, não acontece o fenômeno da sub-representação de áreas importantes como as metropolitanas, e dá uma visibilidade maior ao representante, eliminando a possibilidade dessa compra da representação inorgânica, que vai pegando um votinho aqui outro ali e em várias áreas distintas".

Conclui Nelson de Carvalho: *"Mesmo se fizermos voto distrital com lista fechada, para priorizar os partidos políticos em detrimento do voto pessoal, os caciques vão continuar dominando os partidos. Os distritos de média magnitude diluiriam a interferência direta do cacique local."*

A grande dificuldade em se aprovar uma reforma política está em que terá ela que ser votada pelos próprios parlamentares que trocam de partidos, votam motivados por favores políticos, praticam o clientelismo, enfim, por aqueles que eventualmente serão por ela prejudicados. A reforma política só vai sair quando, um belo dia, os líderes dos maiores partidos se sentarem à mesa e concluírem que todos estão sendo prejudicados, principalmente o eleitorado. Obter novas adesões na base da aritmética pode ser importante momentaneamente, mas a longo prazo só dá prejuízo.

60.2. O papel desempenhado pela Justiça Eleitoral

Justiça seja feita à Justiça Eleitoral brasileira. O voto eletrônico, a informatização da apuração das eleições, a organização do pleito e outras medidas administrativas adotadas fizeram das nossas últimas eleições um modelo para o mundo todo. No dia do pleito, milhões de brasileiros, jovens e velhos, cultos ou não, compareceram ordeiramente às urnas em todo o País, mesmo nos lugares longínquos e de difícil acesso, e conseguiram depositar o seu voto. Horas depois os resultados foram proclamados no Brasil todo. Um espetáculo democrático, de civismo e cidadania. Dessa forma a Justiça Eleitoral brasileira deu sua decisiva contribuição para o aprimoramento do sistema político vigente, não obstante as suas conhecidas deficiências.

Prossegue a Justiça Eleitoral nessa importante tarefa promovendo recadastramento dos eleitores e reivindicando debate mais profundo sobre a legislação eleitoral. O Tribunal Regional Eleitoral do Estado do Rio de Janeiro, por exemplo, recadastrou os eleitores em 24 municípios nos quais constatou desproporção entre o número de eleitores e de habitantes. A proporção estava acima de 70% da população, o que indicaria a existência de eleitores fantasmas. Promove também debate sobre o financiamento público da campanha eleitoral. A experiência demonstra que, se não há financiamento público, o candidato vai à luta buscar quem banque sua campanha, assumindo compromissos políticos com os mais variados e questionáveis segmentos sociais. Uma vez eleito, não deve nada ao partido. Assim sendo, não existe fidelidade partidária nem como prestar contas dos gastos com a campanha.

60.3. A Lei da Ficha Limpa é lição de democracia

Um dos presidentes do Tribunal Regional Eleitoral do Rio de Janeiro, em entrevista, disse: "*A legislação é quase risível. Se o candidato é derrotado, a prestação não vale nada. Ele pode ser candidato novamente mesmo com as contas rejeitadas. Se as contas forem julgadas depois da diplomação (e não há tempo para que sejam julgadas antes), também não tem nenhum efeito. Um verdadeiro faz de conta esse negócio de prestação de contas que não tem sentido objetivo*".[7] Pois bem, essa lastimável e constrangedora realidade foi finalmente superada pela chamada Lei da Ficha Limpa.

Em julgamento concluído em 16.02.2012, depois de longo debate, o Supremo Tribunal Federal reconheceu, por 7 votos a 4, a constitucionalidade da Lei da Ficha Limpa. Vitória de impressionante movimento de mobilização popular, organizado sem romper regras constitucionais.

Com efeito, o projeto de Lei "Ficha Limpa" nasceu de iniciativa popular que coletou mais de dois milhões de assinaturas em todo o País para impedir que pessoas condenadas pudessem se candidatar. A lei não deixa dúvidas: *ficam inelegíveis por oito anos, mais o tempo da pena definida pela Justiça, pessoas condenadas em segunda instância ou colegiado*, e não mais com o trânsito em julgado da sentença, escudo que permitia que donos de prontuário policial continuassem na vida política sem embaraços.

A Suprema Corte reconheceu que a Lei da Ficha Limpa foi um grande passo para a ética na vida política por estar em sintonia com os princípios da probidade e da moralidade administrativa previstos na Constituição. Embora não seja um elixir mágico de cura de todas as mazelas da política, é um expressivo progresso na luta pela moralização da política.

61. PODER JUDICIÁRIO

Nos tempos antigos, a justiça era privada e feita pelas próprias mãos. O credor podia exigir, pelos meios que bem entendesse, a obrigação do devedor. A vítima, ou seu vingador, podia infligir ao causador do dano mal idêntico ao produzido no ofendido, e

---

[7] *O Globo*, 26.12.2003.

assim por diante. Era a justiça do olho por olho, dente por dente, que se caracterizava mais como uma forma de vingança do que propriamente de justiça.

Obviamente, tal forma de justiça, prestada pelo particular interessado, sem imparcialidade, longe de compor os conflitos sociais, criava outros maiores, gerando uma verdadeira reação em cadeia. Ainda hoje temos exemplos do que ocorre quando o particular resolve fazer justiça com as próprias mãos, servindo como ilustração o conhecido caso ocorrido em uma cidade nordestina, onde durante algumas décadas duas famílias se destruíram mutuamente.

Chegou o dia em que a sociedade, após organizar-se política e juridicamente, e em face dos inconvenientes da justiça privada, resolveu assumir essa função, tornando-a exclusivamente sua – monopólio estatal. A partir daí só o Estado passou a ter o poder de fazer justiça, de aplicar a lei ao caso concreto para compor os conflitos sociais. Hoje, fazer justiça com as próprias mãos é uma forma de usurpação de função pública, caracterizando o crime previsto no art. 345 do Código Penal.

Essa relevante função pública, após a separação dos poderes, foi conferida ao Poder Judiciário, constituindo a chamada função jurisdicional. Cabe ao particular tão somente o direito de pedir justiça, de invocar a prestação jurisdicional sempre que dela necessitar, o que, por sua vez, caracteriza o direito de ação.

A função prevalente do Poder Judiciário, portanto, é distribuir justiça na sociedade, o que faz aplicando a lei ao caso concreto, compondo os conflitos sociais. Essa função, é necessário salientar, terá que ser exercida em favor de todos os que dela necessitarem – ricos ou pobres, cultos ou ignorantes, fracos ou poderosos –, no momento em que se tornar necessária. Não alcançará os seus objetivos sociais se a ação da justiça vier tardiamente e no lugar onde for necessária, pois, caso contrário, ficará a emenda pior do que o soneto.

Com efeito, se a Justiça se omitir ou retardar no exercício de sua função, o que será da sociedade? Os conflitos sociais continuarão ocorrendo porque existirão enquanto existir a sociedade. Os interessados não poderão resolvê-los por suas próprias mãos, já que isso constitui uma função exclusivamente pública, mas quem tem o dever de exercê-la não o faz. Com o correr do tempo, os conflitos se agravam e aumentam, tornando impossível a vida em coletividade e motivando o retorno à justiça privada.

Para que o Judiciário possa exercer eficientemente a sua função – fazer justiça a quem precisar, quando e onde for necessário – é indispensável que esteja devidamente estruturado e aparelhado. Tal como uma grande empresa prestadora de serviços, que, para realizar os seus objetivos, necessita de instalações, sede, agências, postos, pessoal etc. o Judiciário precisa de estrutura material e humana para desempenhar a sua tarefa.

Tomemos para exemplo do que estamos querendo enfatizar o caso do SUS (Sistema Único de Saúde), que se propõe prestar assistência médica e hospitalar a toda a população brasileira. O que é preciso para que possa realizar isso? Uma infinidade de hospitais, clínicas, postos de saúde etc. espalhados por todo o território nacional, tanto nas cidades como no interior, e neles uma multidão de médicos, enfermeiros, funcionários, gente técnica e especializada, empenhada na realização desse objetivo.

Faltando essa estrutura necessária, veremos filas aumentando cada vez mais nas portas dos ambulatórios, pessoas esperando às vezes meses para poderem ser consultadas, o que torna em completo fracasso o objetivo a que se propõe a entidade.

Coisa idêntica ocorrerá (e já tem ocorrido) com o Judiciário se lhe faltarem os instrumentos materiais e humanos necessários. Também ele terá que contar com instalações adequadas, postos de justiça, se assim podemos dizer, espalhados por todo o território nacional, tanto nas capitais como no interior, e neles uma multidão de Juízes, serventuários etc., gente técnica e especializada, dedicada à função jurisdicional, sob pena de se avolumarem os processos nas prateleiras.

62. RÁPIDA VISÃO DA ESTRUTURA DO JUDICIÁRIO BRASILEIRO

Em nosso país, o Judiciário se divide em duas esferas: federal e estadual. O Poder Judiciário Federal, por sua vez, subdivide-se em quatro áreas específicas, a saber:

1) Justiça Eleitoral – que só trata das questões relacionadas com o direito eleitoral;

2) Justiça Trabalhista – que cuida dos problemas que envolvem empregador e empregado;

3) Justiça Militar – cuja competência é julgar os crimes previstos no Código Penal Militar;

4) Justiça Federal – à qual competem todas as causas em que houver interesse da União ou de seus desmembramentos administrativos (autarquias e empresas públicas) como autora, ré ou simples interessada. Assim, por exemplo, se a União resolver desapropriar determinado imóvel, deverá propor a ação expropriatória perante uma das varas da Justiça Federal; se um particular pretender exigir da União indenização por dano material ou moral decorrente de ato praticado pela administração federal, deverá também apresentar sua postulação perante a mesma justiça.

À Justiça Estadual compete o restante das questões que podem ser levadas a juízo. Todas as demandas que envolvem conflitos de interesse entre particulares – questões de família, contratos, sucessões, crimes etc. –, bem como as demandas em que há interesse dos próprios estados, municípios e seus desmembramentos administrativos, são da competência da Justiça Estadual. Não há, no Brasil, justiça municipal. Isso evidencia, desde logo, que a grande sobrecarga de trabalho repousa sobre o Judiciário Estadual.

62.1. Estrutura da Justiça Estadual

Há duas instâncias na Justiça Estadual: *instância* é hierarquia ou grau de *jurisdição* – que é o poder de fazer justiça, aplicando a lei ao caso concreto. Temos, assim, a primeira e a segunda instâncias no Judiciário de cada Estado.

Em regra, é a justiça de primeira instância que toma conhecimento e decide em primeiro lugar as causas que são levadas à apreciação do Judiciário. Por isso, está em contato direto com as partes (autor, réu, testemunhas, advogados), atuando em toda a formação do processo, desde a primeira petição até a sentença final. Para não ser muito oneroso e difícil às partes o acesso a essa justiça, enfim, para que possa estar ao alcance de todos, está ela organizada em todo o território do Estado, tanto nas cidades do interior como na capital. As decisões da primeira instância são prolatadas por juiz singular, isto é, por um só julgador.

Cabe ao Código de Organização Judiciária de cada Estado estabelecer a organização da sua justiça de primeira instância, de modo que possa ela realizar, da melhor forma possível, as suas finalidades. Em linhas gerais, podemos dizer que todo o território do Estado é dividido em várias áreas denominadas comarcas, tal como ocorre com os municípios, muito embora nem sempre exista correspondência entre suas áreas geográficas. Em cada comarca, temos uma sede do Judiciário Estadual, que vem a ser o *foro*. Em cada foro, teremos pelo menos um órgão investido da função jurisdicional, que é o *juízo* ou a *vara*; e, em cada vara, um juiz, o escrivão, serventuários etc.

À medida que a comarca vai se desenvolvendo política, econômica e socialmente, aumentando a sua população, as atividades empresariais etc. e, consequentemente, aumentando o serviço da justiça, torna-se necessária a criação de novos juízos (uma ou mais varas), tantos quantos forem necessários para atender à demanda dos novos conflitos sociais, sob pena de tornar-se lenta, demorada, congestionada e deficiente a prestação jurisdicional.

Cabe também a cada estado organizar a sua justiça de segunda instância, podendo-se, todavia, dizer que as suas principais características são as seguintes:

1) toma conhecimento das causas em segundo lugar, em segundo grau, pois trata-se, em regra, de uma atividade revisora;

2) não está em contato direto com as partes, como a primeira instância, limitando-se à apreciação daquilo que já se encontra no processo;

3) só existe nas capitais dos estados, por isso que realizada por meio dos Tribunais de Justiça dos estados;

4) é uma justiça colegiada, visto que as decisões são ali prolatadas por, pelo menos, três julgadores. Assim, cada estado tem o seu Tribunal de Justiça, cujos membros são chamados desembargadores, divididos em várias câmaras, para onde são encaminhados os processos sempre que houver recurso de qualquer decisão da primeira instância. Apreciado o recurso, o processo é devolvido à vara de origem, onde a sentença será executada.

Temos ainda nos Estados os *Juizados Especiais Cíveis e Criminais*, cuja criação foi determinada pela Lei n. 9.099, de 26.09.1995, em substituição aos Juizados de Pequenas Causas. Previstos para desafogar a justiça comum, esses juizados julgam causas de menor complexidade (causas cujo valor não exceda a quarenta vezes o salário mínimo etc.) e infrações penais de menor potencial ofensivo (contravenções penais e crimes a que a lei comine pena máxima não superior a um ano), por meio de processo sumaríssimo, orientado pelos critérios da oralidade, da simplicidade e da celeridade. Essa lei prevê a participação de *conciliadores* e *juízes leigos* como auxiliares da Justiça na fase da conciliação, atribuindo, entretanto, exclusivamente ao juiz togado a competência para proferir a sentença caso não haja o acordo.

Da sentença cabe recurso para uma turma recursal composta de três juízes togados, em exercício no primeiro grau de jurisdição, reunidos na sede do juizado. Vale dizer que, das sentenças proferidas pelos juizados especiais, não cabe recurso para o Tribunal de Justiça, apenas para a turma recursal do próprio juizado. O objetivo, como se vê, é aliviar a carga de recursos daqueles tribunais, deixando-os com mais tempo para apreciar os recursos de maior complexidade.

Outra peculiaridade dos Juizados Especiais é a desnecessidade de advogado nas causas cujo valor não exceda a vinte salários mínimos, só se tornando obrigatória a sua participação se houver recursos.

Os Juizados Especiais são uma feliz ideia no sentido de dar celeridade às causas de menor complexidade, evitando que elas se misturem e caiam na vala comum das demais causas. O sucesso dessa ideia, todavia, depende da capacidade administrativa e econômica dos estados para darem cumprimento à lei, pois necessitarão de estrutura material e humana para isso (instalações, juízes, serventuários etc.).

Em 2018, entre janeiro e novembro, entraram (tombadas) 1.641.458 ações, número que representa alta de 2,5% em relação ao mesmo período nos Juizados Especiais Cíveis do Rio de Janeiro.

62.2. Organização da Justiça Federal

Há também na Justiça Federal duas instâncias, com as mesmas características da Justiça Estadual. A primeira instância federal existe, em regra, nas capitais dos Estados, e nas grandes cidades do interior; a segunda é exercida pelos Tribunais Regionais Federais, criados pela Constituição de 1988 em substituição ao antigo Tribunal Federal de Recursos. Esses tribunais, sediados nos principais estados – São Paulo, Rio de Janeiro, Rio Grande do Sul, Pernambuco e Brasília –, julgam os recursos oriundos da primeira instância da respectiva região, tornando mais célere a justiça.

62.3. Estrutura da Justiça Especial

A primeira instância da Justiça Militar só existe nas cidades onde há grupamento militar, geralmente nas capitais, e é integrada pelas Auditorias do Exército, da Aeronáutica e da Marinha. Trata-se de uma justiça cujas decisões são prolatadas por um colegiado. A segunda instância, com sede em Brasília, é constituída pelo Superior Tribunal Militar (STM), integrado por 15 ministros.

Por sua vez, a Justiça Trabalhista tem a sua primeira instância distribuída pelas principais cidades do Brasil, notadamente aquelas onde há maior concentração de trabalhadores. Já a segunda instância é constituída pelos Tribunais Regionais do Trabalho (TRTs). Há nessa justiça uma terceira instância, o Tribunal Superior do Trabalho, integrado por 27 ministros, com sede na capital da República, para onde vão os processos em hipóteses especiais.

Quanto à Justiça Eleitoral, a sua primeira instância é dividida em zonas distribuídas por todo o território nacional; a segunda instância, por seu turno, são os Tribunais Regionais Eleitorais (TREs), um na capital de cada estado; e, por fim, a terceira instância é o Tribunal Superior Eleitoral (TSE), com sede em Brasília.

62.4. Função do Superior Tribunal de Justiça e do Supremo Tribunal Federal

A Constituição de 1988, com o propósito de aliviar a sobrecarga do Supremo Tribunal Federal, criou o Superior Tribunal de Justiça, a quem compete zelar pela supremacia das leis federais e promover a uniformização da sua interpretação. Qualquer decisão dos tribunais estaduais ou federais, em que houver violação de lei federal, poderá ser reexaminada pelo STJ, por meio do recurso especial. Esse tribunal tem sede em Brasília, e os seus membros são chamados de ministros.

O Supremo Tribunal Federal, como o próprio nome diz, embora seja um órgão federal, sobrepõe-se a todo o aparelho judicial. É o mais elevado tribunal do Poder Judiciário no Brasil, o órgão máximo da Justiça, a cúpula do regime, abaixo do qual se encontram todos os Tribunais Superiores, os Tribunais de Justiça e os Tribunais Regionais Federais e do Trabalho. Em hipóteses especiais, previstas na Constituição, e por meio do recurso extraordinário, pode o Supremo reexaminar decisões de qualquer Justiça (Estadual, Federal ou Especial), prevalecendo a sua decisão como palavra final e imutável. Integrado por 11 ministros, é o Supremo o guardião da Constituição Federal, declarando a inconstitucionalidade das leis sempre que violarem princípios consagrados na Carta Magna. Tem ainda por função atuar como moderador dos demais poderes, o fiel da balança, no que exerce uma função eminentemente política.

62.5. A crise do Judiciário em nosso país

Há mais de cinquenta anos ouvimos as mesmas críticas ao Judiciário: a justiça é lenta, emperrada, burocrática, ineficiente e cara; os processos se prolongam por anos e anos a fio, quase se eternizam; a prestação jurisdicional se torna inócua e causa graves prejuízos aos jurisdicionados. Em defesa, os membros do Judiciário culpam o Executivo e o Legislativo: as leis processuais são mal elaboradas, estão desatualizadas, há excesso de recursos processuais e falta de recursos financeiros. Por sua vez, o Executivo e o Legislativo pregam a urgente necessidade de uma reforma do Judiciário, com controle externo e outras inovações.

Em que medida cabe ao Judiciário a culpa pela morosidade da justiça? Até que ponto a propalada reforma resolverá o problema do Judiciário? Essa é a questão nodal.

Quanto ao segundo item, seria conveniente lembrar que outras reformas do Judiciário já foram feitas sem qualquer resultado prático. Em abril de 1977, quando o Congresso foi fechado pela última vez, o pretexto utilizado foi a reforma do Judiciário. Aquela reforma, feita sob o mais rigoroso sigilo pelos donos da verdade da época, foi puramente teórica, demagógica, nunca passou do papel e, em alguns pontos, tornou a justiça pior. Na realidade, teve objetivos políticos, como a criação de senadores biônicos e outras aberrações constitucionais. Isso evidencia que a mera modificação de alguns pontos da Constituição não basta para resolver a crise do Judiciário.

No que diz respeito à lentidão da justiça, é forçoso reconhecer que não cabe ao Judiciário a culpa exclusiva. O Estado brasileiro, em todos os seus níveis, além de grande criador de conflitos, é um mau pagador. A cada novo e mirabolante plano econômico baixado pelo governo, milhares e milhares de ações são detonadas na Justiça; cada nova reforma implantada no País leva outros tantos milhares de pessoas ao Judiciário. Embora tenha plena consciência dos direitos dos aposentados, pensionistas, mutuários e contribuintes, a Administração não os reconhece, obrigando os titulares desses direitos a buscarem-nos na Justiça. E, mesmo depois de condenada, recorre abusivamente.

Prova disso são as filas intermináveis de aposentados e pensionistas do INSS pleiteando a revisão dos seus minguados benefícios nos Juizados Especiais Federais, o que poderia – e deveria – ser resolvido na esfera administrativa; milhões de ações em andamento na Justiça com idêntica finalidade; centenas de milhares de recursos repetitivos que abarrotam o Superior Tribunal de Justiça e o Supremo Tribunal Federal.

Mas não para aí a contribuição do Estado brasileiro à morosidade da justiça. Como já salientado, ele é também mau pagador. Mesmo depois de vencido em milhares de ações, não cumpre as decisões judiciais. Como os bens públicos não podem ser penhorados para pagar a condenação, a execução do Estado tem que ser feita por meio de precatórios, que nada mais são do que requisições de pagamento em dinheiro de débitos judiciais expedidas pelo Poder Judiciário ao Poder Executivo. Os precatórios expedidos até 1º de julho de cada ano deverão ser incluídos no orçamento do ano seguinte e pagos na ordem de apresentação. Só que os precatórios também não são pagos. Em agosto de 2000, São Paulo e Rio de Janeiro não pagavam os precatórios desde 1996. O primeiro devia aos credores judiciais (pensionistas, servidores, vítimas de acidentes etc.) cerca de 4,5 bilhões de reais, e o segundo 520 milhões. O calote dos precatórios é uma regra em quase todos os estados.

Pior que tudo, em 13 de setembro de 2000, o Congresso Nacional aprovou a Emenda Constitucional n. 30 autorizando o parcelamento das dívidas judiciais da União, dos estados e dos municípios em até dez anos. Vale dizer, o contribuinte que entra na Justiça para reclamar a devolução de um tributo que lhe foi cobrado indevidamente, depois de esperar dois ou três anos pela sentença que lhe concede a justa devolução, terá ainda que aguardar por mais dez anos o integral cumprimento dessa decisão. Esse tempo de espera será fatalmente debitado à morosidade da justiça. A quem interessa a lentidão da justiça?

63. CAUSAS DA CRISE DO JUDICIÁRIO BRASILEIRO. REPERCUSSÃO GERAL E RECURSOS REPETITIVOS

Diagnóstico baseado na prática e na observação permite-nos adiantar que três são as principais causas da crise do Judiciário: operacionais, funcionais e estruturais.

As causas operacionais estão relacionadas com a infraestrutura necessária ao bom funcionamento da justiça – recursos materiais, humanos e financeiros notoriamente deficientes, sobretudo na primeira instância.

Com efeito, para que a justiça de primeira instância possa funcionar adequadamente, é necessário que em cada comarca se criem tantas varas ou juízos quantos forem necessários para atender ao aumento do número de demandas decorrentes do desenvolvimento econômico, político e social do lugar. Em cada vara, por sua vez, é preciso ter instalações adequadas – cartório, secretarias, salas de audiência, gabinetes etc. – e gente para realizar o serviço da justiça – juiz, promotores, defensores, escrivães, serventuários, oficiais de justiça etc. – em número suficiente, sob pena de o serviço ficar acumulado e os processos paralisados.

Diariamente um juiz despacha dezenas e até centenas de processos, em cada um determinando uma série de providências ou diligências a serem cumpridas – *intime--se, cite-se, oficie-se, prenda-se, tome-se por termo* etc. O que acontecerá se não houver infraestrutura para que todos os despachos do juiz sejam cumpridos com eficiência e rapidez? Nada. O processo ficará parado por meses e anos a fio, aguardando o cumprimento da determinação judicial, com graves prejuízos para as partes. Recordo-me de ter, certa feita, constatado em poder de um só oficial de justiça mais de mil mandados pendentes de cumprimento, o que significa que havia mais de mil processos parados, só naquela vara, em virtude da omissão de um oficial de justiça ou de excesso de serviço.

Em países como a Itália e a França, de população estável e de economia já desenvolvida, o crescimento do movimento forense é vegetativo, no sentido de que só acompanha a complexidade, cada vez maior, das relações dentro da sociedade. Isso, todavia, não é o que ocorre em nações como a nossa, de alto índice de crescimento demográfico, em pleno desenvolvimento econômico e ingressando na sociedade de consumo.

No Brasil, após a Constituição de 1988, não houve propriamente um crescimento forense, mas, sim, verdadeira explosão judiciária. Os números apresentados pelo Conselho Nacional de Justiça (CNJ), em seu relatório anual *Justiça em Números*, bem retratam essa realidade. Em 1988, foram ajuizadas perto de 350 mil ações em todos os segmentos da justiça. Em 2001, deram entrada cerca de 12 milhões de feitos; em 2009, 25,3 milhões de novas demandas, número este que subiu para 26,3 milhões em 2011.

Atualmente, há cerca de 110 milhões de processos em andamento na Justiça brasileira, o que resulta em uma média de 4.445 processos por juiz e um processo para cada dois habitantes. Um número impressionante se comparado com a Austrália, onde há um processo para cada 6,4 mil cidadãos. Outra comparação importante: para cada 100 mil habitantes, há, no Brasil, uma média de 8 juízes; a média na Espanha é de 10 juízes, na Itália e na Argentina 11, na França 12 e em Portugal 17.

A menos que estejamos dispostos a aparelhar o Judiciário para enfrentar essa realidade, a distância se tornará cada vez maior entre a justiça e os seus objetivos sociais.

Pelo ângulo **operacional,** temos como certo que a maior necessidade do Judiciário não é a propalada reforma, mas, sim, *gestão*. É preciso investir em instalações de novos órgãos julgadores, aumentar o número de juízes, controlar a qualidade e a produtividade dos magistrados, modernizar equipamentos, informatizar toda a justiça, treinar e avaliar periodicamente os serventuários, padronizar métodos e procedimentos, melhor aproveitar os recursos humanos e materiais disponíveis, enfim, adotar métodos modernos e eficientes de gerenciamento e administração. Aí está, em nosso entender, a solução para a maioria dos problemas que emperraram a máquina judiciária em primeiro e segundo graus nos estados e na esfera federal.

O melhor exemplo para confirmar essa assertiva vem do Superior Tribunal de Justiça (STJ). Em setembro de 2010, o Ministro Cesar Asfor Rocha, ao fazer um relatório de sua gestão na Presidência do Superior Tribunal de Justiça, enfatizou que o STJ foi o primeiro tribunal do mundo a implantar **o processo judicial totalmente eletrônico,** o que não só agilizou a tramitação dos recursos como também encurtou distâncias e democratizou o acesso ao tribunal. Hoje, 33 tribunais de segunda instância de todo o Brasil estão enviando recursos por meio eletrônico. Em 2008 e 2009, o STJ recebeu 457.532 processos e julgou 657.689, sendo 171.161 em sessão e 486.528 decididos monocraticamente.

A Justiça do Estado do Rio de Janeiro há alguns anos vem seguindo esse caminho e já obteve resultados surpreendentes. Criou um Fundo Especial destinado a cobrir as despesas operacionais e de investimentos do Judiciário, o que permitiu, mediante administração séria e competente dos recursos assim obtidos, construir dezenas de novos foros e recuperar outros tantos, instalar centenas de novas varas e juizados especiais por todo o estado, informatizar toda a justiça, no primeiro e no segundo grau, de sorte que o acompanhamento de todo e qualquer processo, em curso na mais distante comarca ou no tribunal, pode ser feito pela internet de qualquer parte do País.

No que diz respeito à produtividade, os resultados são também surpreendentes. Dos 83.285 processos autuados no Tribunal de Justiça do Rio de Janeiro em 2003 (recursos e processos originários), foram julgados 83.498, isto é, 100,25%, em um tempo médio de 143 dias entre a autuação e o julgamento. Não obstante o expressivo aumento de recursos a cada ano, o tribunal melhorou o seu desempenho, como mostram os números que seguem. Em 2005 foram recebidos 115.388 processos e julgados 111.531; em 2006 o número de processos aumentou para 129.070 e foram julgados 126.972 (98%), em um tempo médio de 106 dias entre a autuação e o julgamento; em 2007, novo aumento de processos recebidos: 138.587 e julgados 145.039 (105%), com redução do tempo de julgamento para 103 dias. Em 2009, novo aumento de processos e mais um recorde de julgamento: 165.058 recebidos e 164.028 julgados, tempo de julgamento de 92 dias.

Esses resultados são ainda mais expressivos porque havia tribunais de outros estados com cerca de 500 mil processos esperando distribuição por mais de 4 anos.

No primeiro grau, os resultados da Justiça fluminense são também satisfatórios. Em 2005, entraram (tombadas) 955.137 ações e foram julgadas 953.608; em 2006, entraram 1.088.667, julgadas 1.071.481; em 2007, entraram 1.137.715, julgadas 1.035.534; em 2008 entraram 1.275.669, julgadas 996.201; em 2009 entraram 1.270.066 novas ações e foram julgadas 1.674.797, compensando a redução de produtividade do ano anterior. Entre janeiro e novembro de 2018, 1.684.875 novos processos. O número representa alta de 2,5% em relação aos 1.641.458 processos recebidos no mesmo período de 2017.

As **causas funcionais** diziam respeito ao deficiente sistema recursal brasileiro, cuja reforma era realmente imprescindível para viabilizar o funcionamento do Supremo Tribunal Federal e do Superior Tribunal de Justiça. Temos hoje praticamente quatro instâncias, o que torna o tempo dos processos nos tribunais muito superior ao tempo de andamento em primeiro grau e tira a relevância da sentença ali prolatada. Essa reforma processual, na opinião do ex-Ministro Carlos Mário Velloso, externada quando Presidente do Supremo Tribunal Federal,[8] devia incluir a **súmula vinculante** para as decisões dos Tribunais Superiores e a **arguição de relevância**, para impedir que enxurradas de ações banais continuem abarrotando os tribunais.

A **súmula vinculante** obrigaria a justiça de primeiro grau a aplicar a jurisprudência do tribunal superior sobre determinadas questões. Isso evitaria liminares, desnecessárias, sentenças contraditórias entre juízes, repetição interminável de ações em torno de matérias já julgadas e recursos protelatórios.

Pesquisa realizada no final de 1995 revelava dados inquietantes: no período de outubro de 1988 a março de 1995, 68,32% dos acórdãos proferidos pelo STF foram repetitivos. Não obstante a enorme resistência à adoção da **súmula vinculante**, ao argumento de que atuaria contra a liberdade de julgar do juízo, ela foi introduzida em nossa Constituição (art. 103-A) pela Emenda Constitucional n. 45, conforme vimos no tópico 25.3. A partir da sua implantação pelo Supremo Tribunal Federal, vem se revelando um poderoso instrumento processual para evitar decisões contraditórias em juízos e tribunais e a repetição interminável de ações em torno de matérias já julgadas e recursos protelatórios.

O instituto da **repercussão geral**, por sua vez, que foi criado pela Lei n. 11.418, de 19.12.2006, acrescentando o art. 543-B ao Código de Processo Civil de 1973, e incorporado pelo art. 1.036 no CPC/2015, foi outro notável instrumento processual para evitar os recursos repetitivos. Quando há **multiplicidade de recursos** com fundamento em idêntica controvérsia, cabe ao tribunal de origem selecionar um ou mais recursos representativos da controvérsia e encaminhá-los ao Supremo Tribunal Federal, ficando sobrestados os demais até o pronunciamento definitivo da Corte. Negada a existência de repercussão geral, os recursos sobrestados serão considerados automaticamente não admitidos.

---

[8] *O Globo*, 29.08.2000.

Graças à ampla aplicação do filtro da **repercussão geral**, em 2009 houve uma redução de 38,6% no total de processos distribuídos para o Supremo Tribunal Federal em comparação com 2008. Os recursos extraordinários e os agravos de instrumento representavam 91,11% do total dos processos em curso no Supremo em 2008. Em 2009, representaram 85,36%, o que significa uma redução de 6% dessas classes processuais em apenas um ano. A diferença é ainda mais marcante na comparação com 2007; a redução foi de 63,7%.

Desde que as regras da **repercussão geral** passaram a ser aplicadas, quase 60 mil recursos extraordinários foram descartados, pela negativa de seguimento diante da ausência da preliminar de repercussão geral.

A maior vantagem da exigência da repercussão geral é permitir que o Supremo Tribunal Federal exerça efetivamente seu papel constitucional de analisar questões de grande relevância para a sociedade.

Dados do Superior Tribunal de Justiça mostram os efeitos positivos da Lei de **Recursos Repetitivos**, da qual tratamos no item 25.3. O STJ anunciou que mais de 320 mil julgamentos e repetitivos marcaram 2009. Para o seu presidente à época, ex-Ministro Cesar Asfor Rocha, a Lei de Recursos Repetitivos livrou o STJ de um colapso iminente. A quantidade de processos distribuídos no tribunal descrevia uma curva ascendente a cada ano. A Lei de Recursos Repetitivos reduziu expressivamente o número dos recursos, impedindo que grandes prestadoras de serviço (bancos, empresas de telefonia, redes de varejo) organizassem batalhões de advogados para protelar durante anos o julgamento das ações.

Considerando todas as medidas tomadas pelo STF, entre as quais as citadas anteriormente, foi possível reduzir o total de acervo em 70% em 10 anos, considerando 2006 a 2016.

Para pôr um paradeiro às procrastinações do Poder Público, useiro e vezeiro em postergar o cumprimento de decisões judiciais, o ex-Ministro Celso de Mello, ex-presidente do Supremo Tribunal Federal, propôs a edição de **súmulas administrativas vinculante**s, como autorizado pela Lei Complementar n. 73/1993. Em conferência proferida na abertura do Fórum Nacional de Debates do Poder Judiciário, em junho de 1997, sua Excelência assim colocou a questão:

> *Devo observar, ainda, sem prejuízo da adoção de outras soluções processuais, que, se a causa real do congestionamento do aparelho judiciário reside – como efetivamente ocorre – na atuação processual compulsiva do Poder Público, muitas vezes agindo como improbus litigator, opondo resistência estatal injustificada e arbitrária a pretensões legítimas deduzidas por cidadãos de boa-fé, cumpre aplicar as disposições da Lei Complementar n. 73/93, inteiramente aplicáveis à União Federal e às suas autarquias (inclusive ao INSS), responsáveis, em grande parte, pelo excesso de litigiosidade recursal, que, hoje, virtualmente inviabiliza o Supremo Tribunal Federal e o Superior Tribunal de Justiça. Ora, a aplicação desse instrumento legal certamente refletir-se-á, de maneira po-*

*sitiva, na solução dos problemas gerados pelo congestionamento do aparelho judiciário, pois, nas questões objeto da jurisprudência iterativa dos tribunais – uma vez editada **a súmula administrativa vinculante** – a União Federal e as suas autarquias não mais insistirão em teses jurídicas rejeitadas pelo STF ou pelo STJ, permitindo, desse modo, em matéria de caráter administrativo, tributário ou previdenciário, que pretensões legitimamente manifestadas pela parte privada sejam atendidas, desde logo, até mesmo na própria instância administrativa.*

Entre as **causas estruturais** apontava-se a falta de um **Conselho Nacional de Administração da Justiça**, órgão nacional de planejamento e controle do Judiciário, dotado de estrutura leve, eficiente e com funcionamento permanente. Esse órgão, assessorado por técnicos de várias áreas, traçaria as políticas administrativa e financeira do Judiciário, aproveitaria as experiências bem-sucedidas de outros lugares, formularia alternativas administrativas, controlaria o bom funcionamento da atividade judicial, enfim, seria um centro de debates destinado a pensar e repensar continuamente o Judiciário.

Não obstante a resistência à criação do Conselho Nacional de Justiça (CNJ), ao argumento de que com ele se pretendia controlar as decisões judiciais, o que realmente constituiria um atentado ao princípio da autonomia dos poderes, o Conselho foi criado pela Emenda Constitucional n. 45/2004, que acrescentou o art. 103-B na Constituição Federal. Instalado no início de 2005, o CNJ começou a cumprir o seu papel – traçar as políticas administrativa e financeira do Judiciário, aproveitando as experiências bem-sucedidas de outros lugares, e controlar o bom funcionamento da atividade judicial. Merece destaque a denominada Meta 2, que consistiu em identificar os processos judiciais mais antigos e adotar medidas concretas para o julgamento de todos os feitos distribuídos até 31.12.2005 (em 1º e 2º graus e tribunais superiores). Até o final de 2009, foram julgados 2.394.648 processos em toda a Justiça.

O insigne jurista Eugênio Raúl Zaffaroni, um dos maiores nomes do Direito Penal na América Latina, em notável trabalho sobre o Poder Judiciário, crise, acertos e desacertos, faz algumas colocações que merecem ser transcritas no encerramento deste tópico:

Qualquer instituição deve cumprir determinadas funções e sua estrutura otimizada dependerá da clara atribuição prévia dessas funções, quer dizer, a estrutura otimizada de uma instituição será sempre a que a capacite para melhor desempenho do que a ela será cometido. Quando o que lhe é cometido não seja bem definido, ainda menos definidos serão seus modelos estruturais.

A relação entre a estrutura institucional e as funções (manifestas e latentes) é indissolúvel: a estrutura indicará a sua capacidade de desempenho das funções manifestas, e o grau de incapacidade para elas mesmas estará assinalando o cumprimento de funções latentes alijadas daquelas.

> Os direitos, de qualquer natureza, se fundam no tripé integrados por sua consagração legislativa, pela previsão dos meios para reclamá-los e pela estruturação do setor estatal que torne efetivas as reclamações. **Temos elaborado complexas teorias, frequentemente de alto nível, sobre os conflitos que comprometem direitos e sobre suas soluções e meios de preservá-las, mas existe uma notória disparidade entre este nível teórico e aquele que trata das instituições destinadas a efetivar essas soluções.**
>
> Em síntese, as estruturas judiciárias latino-americanas são inadequadas para assumirem as demandas de uma democracia moderna, na medida em que sua debilidade e dependência não lhes permitem desempenhar eficazmente a função delimitadora que requer a consolidação do espaço democrático. Na medida em que se amplia a distância entre a função latente ou real e as demandas sociais, aumenta o perigo para todo o sistema democrático.[9]

Enquanto não forem feitas as reformas necessárias, as deficiências infraestruturais do Judiciário fatalmente continuarão acarretando o retardamento dos julgamentos, a realização tardia dos objetivos da justiça ou até mesmo a sua ineficiência, o desprestígio e a perda de confiança no Judiciário por parte da coletividade e a busca de outros meios para se conseguir justiça, provocando, muitas vezes, a volta à justiça privada, feita pelas próprias mãos.

63.1. A ascensão institucional do Judiciário

Não obstante as suas deficiências e dificuldades, o Judiciário brasileiro vem conquistando uma ascensão institucional na última década por meio do ativismo judicial e da chamada judicialização.

Ativismo Judicial é uma expressão que se tornou usual para indicar a atuação do Judiciário em questões que, normalmente, não seriam de sua competência. Indica a jurisprudência progressista dos tribunais, principalmente da Suprema Corte, a respeito de políticas sociais e direitos fundamentais, de que são exemplos as decisões sobre direito à saúde, fornecimento gratuito de medicamentos, vedação do nepotismo, pesquisas com células-tronco embrionárias, liberdade de expressão e racismo, restrição ao uso de algemas, união homoafetiva etc.

Como bem observa Luís Roberto Barroso, Ministro do Supremo Tribunal Federal e seu atual Presidente, "a ideia de ativismo judicial está associada a uma participação mais ampla e intensa do Judiciário na concretização dos valores e fins constitucionais,

---

[9] ZAFFARONI, Raúl Eugênio. *O Poder Judiciário*: crise, acertos e desacertos. São Paulo: Ed. RT, 1995. p. 21, 22, 29 e 34.

com maior interferência no espaço de atuação dos outros dois Poderes. Em muitas situações, sequer há confronto, mas mera ocupação de espaços vazios".[10]

Na visão de Chaïm Perelman, *"Essa dialética, implicada pela busca de uma solução convincente, instauradora da paz judiciária, por ser ao mesmo tempo razoável e conforme ao direito, coloca o poder judiciário numa relação nova diante do poder legislativo. Nem inteiramente subordinado, nem simplesmente oposto ao poder legislativo, constitui um aspecto complementar indispensável seu, que lhe impõe uma tarefa não apenas jurídica, mas também política, a de harmonizar a ordem jurídica de origem legislativa com as ideias dominantes sobre o que é justo e equitativo em dado meio. É por essa razão que a aplicação do direito, a passagem da regra abstrata ao caso concreto, não é um simples processo dedutivo, mas uma adaptação constante dos dispositivos legais aos valores em conflito nas controvérsias judiciais".*[11]

Entre as inúmeras causas que justificam esse comportamento afirmativo do Poder Judiciário, de que resulta uma positiva criação jurisprudencial do direito, inclui-se a necessidade de fazer prevalecer a primazia da Constituição Federal, muitas vezes transgredida e desrespeitada por pura omissão dos poderes públicos.

Com efeito, a inércia do Congresso Nacional por vezes oferece riscos à democracia, o que torna necessário o ativismo judiciário como forma de "empurrar a história", na feliz expressão do Ministro Luís Roberto Barroso.

Práticas de ativismo judicial, modernamente desempenhadas pela Corte Suprema em momentos excepcionais, tornam-se uma necessidade institucional, quando os órgãos do Poder Público se omitem ou retardam, excessivamente, o cumprimento de obrigações a que estão sujeitos, ainda mais se estiver presente que o Poder Judiciário, tratando-se de comportamentos estatais ofensivos à Constituição, não pode se reduzir a uma posição de pura passividade.

Na realidade, o Supremo Tribunal Federal, ao suprir as omissões inconstitucionais dos órgãos estatais e ao adotar medidas que objetivam restaurar a Constituição violada pela inércia dos poderes do Estado, nada mais faz senão cumprir a sua missão constitucional e demonstrar, com esse gesto, o respeito incondicional que tem pela autoridade da Lei Fundamental da República.

A omissão do Estado – que deixa de cumprir, em maior ou menor extensão, a imposição ditada pelo texto constitucional – qualifica-se como comportamento revestido da maior gravidade político-jurídica, eis que, mediante inércia, o Poder Público também desrespeita a Constituição, ofende direitos que nela se fundam e impede, por

---

[10] BARROSO, Luís Roberto. Constituição, democracia e supremacia judicial: Direito e política no Brasil contemporâneo. *Revista da Associação Mineira do Ministério Público*, n. 25, ano 42, jul.-dez. 2011. p. 133-134.

[11] PERELMAN, Chaïm. *Lógica jurídica*. São Paulo: Martins Fontes, 1999. p. 116.

ausência (ou insuficiência) de medidas concretizadoras, a própria aplicabilidade dos postulados e princípios da Lei Fundamental.[12]

Bons exemplos de ativismo judicial são os casos polêmicos decididos pelo Supremo Tribunal Federal a partir de 2008 – fidelidade partidária; 2009 – demarcação de terras indígenas; 2011 – união homoafetiva; 2012 – aborto de anencéfalos; 2014 – doações eleitorais de empresas; 2016 – possibilidade da prisão após condenação em segundo grau, posteriormente revertida.

As objeções que se fazem ao ativismo, normalmente acadêmicas, são: a) temas que envolvem aspectos técnicos ou científicos de grande complexidade para os quais o juiz não está preparado; b) ausência de conhecimento para avaliar impactos e consequências da decisão sobre o segmento econômico ou a prestação de serviço público – às vezes a decisão para resolver um caso, e isso é mais comum no juízo de primeiro grau, cria problema maior para inúmeros outros casos; c) ausência de responsabilização do juiz sobre decisões desastradas – o político, quando faz uma escolha desastrada, paga o preço do voto, da não reeleição, enquanto o magistrado não tem essa responsabilização.

Judicialização é outra expressão modernamente utilizada para indicar a submissão ao Judiciário de questões relevantes do ponto de vista político, social ou moral em detrimento das instâncias políticas tradicionais, que são o Legislativo e o Executivo. Essa expansão da jurisdição e do discurso jurídico constitui, ainda na visão de Luís Roberto Barroso, uma mudança drástica no modo de se pensar e praticar o direito no mundo romano-germânico e tem por causa primeira o reconhecimento da importância do Judiciário forte e independente, como elemento essencial para as democracias modernas. A segunda causa envolve certa desilusão com a política majoritária, em razão da crise de representatividade dos parlamentos em geral. A terceira seria que os próprios atores políticos, muitas vezes, preferem que o Judiciário seja a instância decisória de certas questões polêmicas, em relação às quais exista desacordo moral razoável na sociedade. Com isso, evitam o próprio desgaste na deliberação de temas divisivos, como a demarcação de terras indígenas e a interrupção da gravidez de feto anencéfalo.

A questão que remanesce em relação a esses temas continua sendo a de encontrar a fórmula ideal, **o ponto de equilíbrio entre ativismo, judicialização e autocontenção dos tribunais**, principalmente em se tratando de demandas relacionadas a políticas públicas ou para corrigir o rumo de decisões políticas tomadas por outros poderes.

63.2. Limites da atividade criadora do juiz no Estado Democrático de Direito

Luís Roberto Barroso sintetiza a atividade criadora do juiz nesta belíssima lição:

> *O mundo do direito tem suas fronteiras demarcadas pela Constituição e seus caminhos determinados pelas leis. Além disso, tem valores, categorias e pro-*

---

[12] Trecho do voto do Ministro Celso de Mello no julgamento da união homoafetiva.

> cedimentos próprios, que pautam e limitam a atuação dos agentes jurídicos, sejam juízes, advogados ou membros do Ministério Público. Pois bem: juízes não inventam o direito do nada. Seu papel é o de aplicar normas que foram positivadas pelo constituinte ou pelo legislador. Ainda quando desempenham uma função criativa do direito para o caso concreto, deverão fazê-lo à luz dos valores compartilhados pela comunidade a cada tempo. Seu trabalho, portanto, não inclui escolhas livres, arbitrárias ou caprichosas. Seus limites são a vontade majoritária e os valores compartilhados.[13]

No mesmo sentido, mas com outras palavras, a lição de Antonin Scalia, renomado Juiz da Suprema Corte Americana. *"Se permitirmos que juízes federais vitalícios acrescentem direitos que não estão na Constituição a fim de responder por novas pressões sociais e políticas, então também permitiremos que eles subtraiam direitos que realmente estão na Constituição, por motivos semelhantes. Basta atentar para as muitas proteções na Declaração de Direitos para indivíduos acusados de crimes. (...) Os juízes federais que prestam muita atenção às mudanças nos ventos sociais e políticos estão tão propensos a superproteger quanto subproteger os destinatários das garantias constitucionais. (...) O que pode subir na invenção de novos direitos pode descer na diluição de direitos que realmente estejam na Constituição".*[14]

Por sua vez, o Professor Manoel Gonçalves Ferreira Filho, mestre consagrado, com o qual a mais nova geração de constitucionalistas teve as primeiras lições de Direito Constitucional, assim se posiciona sobre o tema.

> *Em suma, a judicialização é uma atualização do sistema de divisão funcional do poder – que autoriza o controle de atos dos poderes. Entretanto, na forma e nos limites da Constituição e da lei. Atende ao espírito da separação: é um sistema constitucionalizado, portanto, jurídico para coibir o abuso ou desvio de atos políticos.*
>
> *É preciso distinguir do ativismo a atuação legítima da justiça constitucional no âmbito da judicialização. Ela não incide em ativismo, quando atua, seja como legislador negativo, seja como controlador, nos termos e nos limites da Lei Suprema.*
>
> *É certo que suas decisões têm efeitos políticos, como sempre possuiu a fiscalização de constitucionalidade. Por este prisma, lhe pode ser reconhecido um*

---

[13] BARROSO, Luís Roberto. Constituição, democracia e supremacia judicial: Direito e política no Brasil contemporâneo. *Revista da Associação Mineira do Ministério Público*, n. 25, ano 42, jul.-dez. 2011. p. 142-143.
[14] SCALIA, Antonin. *O essencial de Scalia*: sobre a Constituição, os tribunais e o Estado de Direito. Editado por Jeffrey S. Sutton e Edward Whelan. Trad. Amauri Feres Saad. Campinas: Editora EDA, 2021. p. 29.

papel político, entretanto, esse papel político não importa num poder político, nem, necessariamente, numa politização.

O ativismo ocorre, quando na jurisdição constitucional, vai além da Constituição, vai contra a Constituição, ou fora da Constituição. Há nisso um evidente desvio de poder, um abuso de direito. Ocorre também, quando na jurisdição ordinária, desobedece à lei usando de pretextos, inclusive, constitucionais.

Tal ativismo é, certamente, uma ameaça ao constitucionalismo e à democracia, bem como hostil ao Estado de Direito.

A ocorrência do fenômeno ativista deve ser combatida, sem que se demonize a judicialização. Para tanto é preciso distinguir esta do ativismo que há de ser defrontado racionalmente.[15]

Por último, Humberto Theodoro Júnior, jurista de escol, enfrentou a questão dos limites da atividade criadora do juiz em todos os seus aspectos – jurídicos, políticos e sociológicos, razão pela qual vamos, a seguir, fazer uma síntese do seu pensamento na obra *Direitos do consumidor*.[16]

Se a vida humana se submetesse a uma cristalização, de modo que os atos sociais fossem sempre iguais, sempre os mesmos, a tarefa do juiz seria bem mais simples. Haveria uma padronização de conduta como a do matemático e a do físico, que sempre aplicam a mesma regra e chegam ao mesmo e exato resultado. No entanto, a vida em sociedade tem outras regras, está sujeita a constantes alterações, seus valores são reavaliados. Para vencer o longo espaço que muitas vezes se coloca entre a generalidade da lei e a concretude do caso trazido a juízo, cabe ao magistrado estabelecer um confronto entre aquele que o legislador programou e aquilo que realmente aconteceu na experiência concreta da vida. A programação do legislador, em uma palavra, terá que ser revivida pela obra e pelo engenho do juiz.

Em síntese, a solução do caso concreto não depende apenas da regra abstrata, da lei, mas também – e sobretudo – da análise do fato e da valoração deste em face da norma genérica. Além do mais, a previsão do legislador, com simples programa abstrato nunca consegue prever todas as nuances da infinita variabilidade da vida. Os fatos não se moldam restritivamente às posições legais; estas é que têm de ser adaptadas à riqueza multifária do comportamento humano. Então, por mais clara e detalhada que tenha sido a regra abstrata, o juiz jamais poderá omitir-se no dever

---

[15] FERREIRA FILHO, Manoel Gonçalves. O ativismo na justiça constitucional. Aspectos ideológicos e jurídico-políticos. In: ARRUDA ALVIM, José Manoel de; ARRUDA ALVIM, Eduardo; GALDINO, Flavio (coord.). *Uma vida dedicada ao Direito*: estudos em homenagem a Roberto Rosas. Rio de Janeiro: GZ Editora, 2020. p. 484 e 490.

[16] THEODORO JÚNIOR, Humberto. *Direitos do consumidor*. 5. ed. Rio de Janeiro: Forense, 2008. p. 291-297, 299-301.

de complementá-la e adaptá-la para chegar à norma concreta, qual seja, àquela que corresponderá à solução efetiva do litígio que as partes deduziram em juízo.

Nesse ponto a questão nodal é esta: **até onde poderá ir o juiz em sua função de criar a norma individual concreta?** Poderá desprezar a vontade abstrata da norma legislada? A resposta é uma só em face do Estado Democrático de Direito assentado sobre a repartição de poderes e o princípio da supremacia da lei. **A atividade criativa do juiz irá até o ponto próprio da atividade interpretativa, qual seja, aquela em que se descobre o melhor sentido para a regra abstrata traçada pelo legislador.** Esse melhor sentido será um dentre os diversos que o texto legal possa comportar. **Jamais poderá o julgador partir do nada, para enunciar a solução do conflito seguindo apenas, e tão somente, um critério pessoal de justiça.**

O juiz, então, pode valorar o contexto em que a lei foi concebida abstratamente, pode definir, de maneira criativa, nas novas circunstâncias em que o fato se concretizou, o melhor significado e alcance da norma legal; não lhe é dado anular simplesmente a vontade abstrata do legislador para substituí-la integralmente pela sua.

A vontade da lei sempre estará em um plano superior ao da vontade concretizada pelo juiz, embora a esta se reserve importante força criadora.

Assim, há de reconhecer-se, de um lado, que a tarefa do juiz na formulação da regra concreta encontra na regra abstrata da lei o limite máximo da verdade ou da falsidade de seu entendimento. De outro lado, impõe-se também reconhecer que a interpretação, sem a qual não se soluciona o caso concreto, terá de ser feita de maneira criativa pelo juiz, mas não será qualquer interpretação que a vontade arbitrária do julgador resolva lhe dar. Terá de ser aquela, dentre as interpretações possíveis, que permita a determinação da *norma in concreto*.

Nessa perspectiva, são poéticos e fascinantes os devaneios dos apologistas do *direito livre*, do *direito alternativo* ou *direito da rua*, que transformam o juiz no grande justiceiro do caso concreto, sujeito apenas ao seu próprio sentimento de justiça, sem nenhum compromisso com as regras traçadas pelo legislador.

Não se deve esquecer que foi com base na **teoria do direito livre**, isto é, na proclamação da liberdade do órgão judicial para decidir mesmo contra o texto expresso da própria lei, que a Alemanha nazista pôde impor, com certa facilidade, os seus desmandos e horrores, que culminaram por negar todos os sentimentos universais de justiça e direito.

O uso de **cláusulas gerais** propicia realmente ao juiz a oportunidade de procurar soluções com muita dosagem de justiça diante dos casos concretos. Cabe-lhe, nessas circunstâncias, uma força criadora do direito mais intensa para completar a regra oriunda do legislador.

De maneira alguma, entretanto, pode-se pensar que a cláusula geral é um cheque em branco que abre ao juiz ensejo a uma atividade arbitrária. Sua criatividade, repita-se, será maior, nunca, porém, totalmente livre. A conduta devida com que preencherá a norma vaga da lei deve ser alcançada de acordo com os valores da comunidade com os quais se definirão as condutas normalmente adotadas naquele lugar e naquelas circunstâncias. Qualquer que seja a solução criada na sentença, estará sempre submetida aos limites do ordenamento constitucional.

Em suma, assim como a lei só é legítima quando os agentes do poder político, na operação legislativa, atuam com estrita observância do sistema idealizado constitucionalmente, a sentença, ato do poder jurisdicional, somente será legítima se, dentro do devido processo legal, representar a aplicação da previsível vontade normativa traçada pelo poder político. Sem essa coerência não haverá segurança jurídica.

Estado de Direito é "um Estado de regras"; é aquele em que somente a lei obriga e no qual tanto as pessoas como o governante a ela se submetem, com a certeza e a confiança de que, agindo de acordo com ela, podem gerir suas vidas e seus negócios de maneira livre e segura. Não é de direito o Estado que confere aos seus agentes o poder subjetivo e autoritário de concretizar a solução dos conflitos seguindo critérios discricionários capazes de submeter as partes a regras e resultados que não poderiam conhecer e avaliar ao tempo dos negócios concluídos e praticados.

63.2.1. *Justiça Salomônica*

O sistema jurídico do Estado Democrático de Direito não convive com uma justiça do tipo salomônico, inspirada apenas na sabedoria, no equilíbrio e nas qualidades individuais do julgador. Se isso pode funcionar na maestria de um juiz de extrema sensibilidade, apresenta-se, todavia, como sério risco de arbitrariedade e insegurança diante do comum dos julgadores. Salomão existiu apenas um. Daí a inclinação dos ordenamentos contemporâneos por uma técnica de aplicação do direito que se vincula a elementos não subjetivos, a uma estrutura normativa que possibilita aos membros da sociedade que vão a juízo contarem com a mesma segurança no processo, quer estejam perante um superjuiz, dotado de inteligência, cultura e sensibilidade invulgares, quer estejam diante de um juiz comum, que não tenha sido agraciado com os mesmos predicados. O princípio da legalidade, tônica maior da vitória contra o Estado autoritário, repele a institucionalização de sentenças *contra legem*. A sujeição do juiz à lei, que não se traduz em culto servil às palavras desta, é impeditiva da livre invenção jurídica, tendo-se o **governo das leis** como inerência dos sistemas jurídicos em que vivemos e como imperativo axiológico da segurança jurídica.

Na tarefa de julgar, portanto, o juiz não é livre para fazer prevalecer o seu sentimento particular de justiça a ponto de extrapolar a moldura da lei ou de modificar os seus parâmetros. Deve consultar o seu sentimento ético com o cuidado de não se afastar dos sentimentos médios da sociedade em geral e da comunidade jurídica em particular. Ao mesmo tempo que procura interpretar a consciência social, deve dar eficaz aplicação à lei; terá que ser um canal de comunicação entre a sociedade e o mundo jurídico, órgão do Estado, mas também voz da sociedade. É nesse sentido que se diz ser o juiz um coautor com o legislador. Se o juiz abandonar esse cenário, pondo-se a emitir juízos totalmente desvinculados da ordem jurídica que lhe incumbe preservar, a sociedade não terá mais nem justiça nem liberdade, porque justiça e liberdade estarão limitadas ao juízo de valor de um juiz ou tribunal.

Em conclusão, o perfil do magistrado não deve ser avançado nem conservador, mas, sim, suficientemente flexível para ajustar a lei às condições concretas da sociedade, criando a justa regra jurídica para cada caso. *"Não pode a justiça dar respostas mortas a perguntas vivas, ignorando a realidade social subjacente, encastelando-se no formalismo, para deixar de dizer o direito."*[17] Nesse ponto, reportamo-nos ao que ficou dito no tópico 25.3 *in fine*.

---

[17] Ministro Sálvio de Figueiredo Teixeira, REsp. n. 4.983/91. Nesse ponto, reportamo-nos ao que ficou dito no tópico 25.3 *in fine*.

Capítulo 12
SISTEMAS DE ESCOLHA DOS MAGISTRADOS

Sistema eletivo. Sistema da nomeação. Sistema do concurso público. O sistema utilizado no Brasil. Aprimoramento do nosso sistema. Perfil da magistratura brasileira.

Dentro do tema examinado no capítulo anterior – Instrumentos Humanos de Realização da Ordem Jurídica –, há ainda duas questões importantes a serem abordadas. Nesta parte, trataremos dos sistemas de escolha dos magistrados e, na próxima, examinaremos as razões sociojurídicas das garantias constitucionais dos magistrados.

Acreditamos já ter ficado demonstrada a importância da função desempenhada pelo juiz: decidir as causas que são levadas à sua apreciação; dar a palavra final nos conflitos de interesse, fazendo valer o direito aplicável ao caso. Julgar, como tem sido dito, até com um pouco de poesia, é quase uma função divina, principalmente quando está em jogo a vida ou a liberdade de um ser humano.

Evidentemente, para o exercício de uma função pública assim tão relevante, é preciso alguém altamente qualificado, tanto no aspecto técnico como no moral. Além de conhecedor do direito, deve o juiz ser detentor de um caráter impoluto e de uma personalidade ajustável à função.

"Mais vale um juiz bom e prudente do que uma boa lei", diz o Código Geral da Suécia de 1734. *"Com um juiz mau e injusto, uma lei boa de nada serve, porque ele a verga e a torna injusta a seu modo".*

Expressa ainda a relevância do tema o pensamento do Magistrado François Gorphe, citado pelo Prof. Alcino Salazar: *"A justiça vale o que valem os juízes, pois na magistratura, mais que em outras instituições, o problema do pessoal condiciona os demais".*[1]

---

[1] Anais do *Primo Congresso Internazionale dei Magistrati*. Milão: Dott. A. Giuffrè, 1959. t. I. p. 65.

Em verdade, *a norma jurídica tornar-se-á boa ou má, produtiva ou prejudicial, elogiável ou iníqua, não tanto pelo seu conteúdo específico, porém antes e acima de tudo pela própria interpretação que o magistrado lhe imprimir.*[2]

Surgem, então, as questões: **como escolher o magistrado?** Qual o critério seletivo mais eficiente? Qualquer empresa de certo porte conhece a importância de se ter a pessoa certa no lugar certo e, por isso, gasta tempo e dinheiro na seleção e no treinamento do seu pessoal. Se até mesmo para o exercício das funções mais simples é indispensável ter certas qualificações profissionais e morais, sob pena de se instituir o absurdo, o que seria a função de julgar exercida por alguém que não conheça o direito ou que não tenha os inerentes requisitos morais?

Daí a importância sociológica das questões ora em exame, já que de uma boa seleção dependerão grandemente a eficiência, a independência e a dignidade da magistratura.

64. SISTEMA ELETIVO

Dentre os vários sistemas existentes e adotados por diferentes países para a seleção dos seus magistrados, há três que procuraremos destacar: o da eleição, o da nomeação e o do concurso público.

Pelo **sistema eletivo** os magistrados são escolhidos por meio de votação direta, tal como os membros do Legislativo. Costuma-se apresentar como sua principal vantagem o fato de ser democrático, rápido e pouco oneroso para os cofres públicos.

Democrático porque é o próprio povo, no exercício do soberano direito do voto, que escolhe os seus juízes, tal como os seus governantes e legisladores, recaindo a escolha sobre aqueles que mereceram a preferência popular. Rápido porque em um mesmo dia podem ser eleitos todos os juízes de um estado ou mesmo do país. Pouco oneroso porque as despesas com uma campanha eleitoral correm normalmente por conta do candidato ou do seu partido.

O sistema de eleição para a Magistratura está em pleno desuso no mundo inteiro. Os países da antiga cortina de ferro, que o adotavam, já não o fazem mais e têm se aproximado dos Estados da União Europeia, sobretudo da França e de Portugal, em busca de orientação sobre critérios de seleção e formação de magistrados.

Nos Estados Unidos, a Justiça Federal não adota o sistema eleitoral para escolha de seus juízes. E não são mais todos os 50 estados da Federação a adotarem o sistema de eleições diretas. Na verdade, lá existem quatro tipos de escolhas de juízes estaduais: *a)* nomeação pelo chefe do Executivo com prévia aprovação no Legislativo; *b)* nomeação pelo chefe do Executivo entre nomes constantes de lista formada por comissão independente de alto nível; *c)* eleição indireta pelo Legislativo; *d)* eleição popular.

---

[2] RUSSOMANO, Rosah. *Lições de direito constitucional.* Rio de Janeiro: José Konfino, 1970. p. 302.

É preciso lembrar que os juízes estaduais americanos não têm carreira: apontados ou eleitos para uma *county* (comarca), ali ficam até o final de seu mandato (que é variável), podendo ser reconduzidos ou reeleitos para o mesmo posto. Não há promoções ou remoções.

Duverger, referindo-se aos juízes eleitos, diz o seguinte: "*No século XIX e no começo do XX os partidos americanos tomaram frequentemente a forma de máquinas manipuladas por políticos desonestos que tratavam de assegurar a impunidade mediante a simultânea eleição do juiz, do chefe de polícia e dos administradores locais*".[3] Max Weber também recorda o baixíssimo nível técnico desses juízes e o maior prestígio dos juízes federais.

Em termos de Brasil, acreditamos que a eleição dos magistrados apresentaria graves inconvenientes, o que a torna totalmente desaconselhável. Com efeito, nem sempre se elegem os melhores, conforme já assinalado quando tratamos da escolha dos membros do Legislativo, em razão das graves distorções que ocorrem na execução de uma eleição direta. Além disso, os melhores nem sempre estariam dispostos a enfrentar os percalços de uma campanha eleitoral, ou teriam recursos para custeá-la, ou encontrariam apoio particular à sua candidatura.

Deve-se ainda levar em conta que a função de julgar é muito diferente da função política. Exige imparcialidade, independência, descomprometimento de toda a sorte. O juiz não pode procurar agradar a ninguém com suas decisões. Deve dar ganho de causa a quem tiver direito, e, com isso, desagrada muitas vezes os ricos e poderosos, tornando-se impopular. Entretanto, se o juiz necessitar de votos para se eleger ou reeleger-se, sempre que tiver que decidir questões relevantes e de repercussão social, estará sujeito a todo tipo de pressões do seu eleitorado ou em nome dele, sem falar nos compromissos que terá que assumir com pessoas e grupos para conseguir eleger-se, perdendo a imparcialidade e a segurança necessárias ao julgador.

Como bem argumenta Emílio Rabosa: "*Nos postos de caráter político, que são os que se conferem por eleições, a lealdade ao partido é uma virtude, mas no cargo de juiz, é um vício degradante*". O comprometimento econômico dos parlamentares para financiar suas onerosas campanhas eleitorais, é constantemente divulgado pela imprensa. Isso no Judiciário seria o caos.

65. SISTEMA DA NOMEAÇÃO

Em alguns países, os magistrados são escolhidos mediante livre nomeação do chefe do Executivo. Aponta-se como vantagem do sistema de nomeação o fato de ser rápido e pouco oneroso, visto que em um só listão podem ser nomeados tantos juízes quantos forem necessários. Há, todavia, tantos inconvenientes nessa forma de seleção que, se adotada em nosso país, geraria o caos.

---

[3] DUVERGER, Maurice. *Institutions politiques et droit constitutionnel*. Paris: Presses Universitaires de France, 1980. p. 203.

De todos é sabido que, quando vigora o critério da livre escolha pelo Executivo, só conseguem ser nomeados aqueles que possuem QI – "quem indique" –, amizades, conhecimentos etc. Disso resulta ser esse sistema antidemocrático, uma vez que não dá idênticas oportunidades a todos, beneficiando sempre os mesmos afilhados e apadrinhados. Por essas mesmas razões, nunca se consegue escolher os melhores, já que os apadrinhados são sempre aqueles que menos qualidades possuem, procurando vencer na vida sem fazer força.

Ainda que assim não fosse, quer dizer, mesmo que o chefe do Executivo estivesse empenhado sinceramente em escolher os melhores, dificilmente conseguiria porque, não sabendo quem são os melhores, teria que se valer da indicação dos seus assessores. E é evidente que, por mais fraco, incapaz e desqualificado que seja o pretendente, quem o indica sempre o apresenta como o melhor elemento do mundo – o mais honesto, inteligente, capaz, induzindo a erro o nomeante.

A tudo isso se sobrepõe o fato de o sistema da nomeação tirar a independência do juiz com relação àquele que o nomeou ou influenciou para a nomeação. Deixa o magistrado em uma situação de subserviência ou pelo menos no dever de reconhecimento, prejudicial à função de julgar. A sua nomeação custar-lhe-á bastante caro e ser-lhe-á cobrada com juros e correção monetária, devidamente lembrada sempre que necessário.

66. SISTEMA DO CONCURSO PÚBLICO

O ingresso na magistratura por este sistema se faz mediante concurso público de provas e títulos, preenchendo-se as vagas existentes com aqueles que melhor forem classificados.

Tem como desvantagem o fato de ser demorado e bastante oneroso: exige uma comissão de alto nível para realizar o concurso e muito tempo no processo de inscrição, exame da documentação de cada candidato, aplicação e correção das provas escritas e realização das provas orais. Entretanto, oferece vantagens que nenhum outro sistema apresenta, dentre as quais podemos destacar:

1) É um sistema democrático, pois oferece iguais oportunidades a todos. Desde que o candidato preencha os requisitos estabelecidos no regulamento do concurso, poderá inscrever-se e concorrer a uma vaga, seja ou não conhecido, de família ilustre, seja humilde.

2) Enseja a escolha dos melhores, tanto do ponto de vista técnico e intelectual, como do moral. Ao fazer a inscrição, deverá o candidato juntar documentos que provem o preenchimento dos requisitos estabelecidos no regulamento do concurso.

Além do mais, são solicitadas informações sobre o concorrente a pessoas conhecidas no mundo jurídico e aos próprios órgãos oficiais. A inscrição definitiva só será deferida depois do exame do preenchimento de todos os requisitos.

As provas escritas, elaboradas por examinadores de alto nível, especialistas em cada matéria, são corrigidas sem identificação, a fim de evitar qualquer protecionismo. Somente concorrem às provas orais aqueles que não forem eliminados nas escritas; os aprovados nas provas escritas e orais terão computados então os pontos obtidos nos títulos, sendo nomeados os melhores classificados no cômputo geral dos pontos obtidos nas provas e nos títulos.

Como se vê, com esse longo e rigoroso processo seletivo, é mais provável que se consiga escolher os melhores.

Em terceiro lugar, destacamos que o sistema do concurso público apresenta ainda a vantagem de assegurar ao magistrado a necessária independência para julgar. Não tendo a sua nomeação dependido do prestígio ou da influência de quem quer que seja, mas, sim, da sua própria capacidade, inteligência e esforço, não deve favores a ninguém, podendo decidir os conflitos de interesse que lhe vierem às mãos com total imparcialidade. Ninguém tem nada a lhe cobrar, mas muito a admirar, respeitar e confiar, em face da cultura que revelou possuir ao ser aprovado em rigoroso concurso seletivo.

O concurso público é o sistema utilizado nos principais países da Europa, ora como meio para ingressar na escola da magistratura, ora para ingresso direto na carreira.

Em Portugal, a seleção dos magistrados é feita por concurso público no excelente Centro de Estudos Judiciários, onde os aprovados são preparados por 23 meses, antes de assumirem a função judicante.

Na França, os candidatos a juiz ingressam por concurso na École Nationale de la Magistrature, onde recebem formação inicial de dois anos e sete meses.

Na Itália, os pretendentes à Magistratura fazem provas escritas e orais disputadíssimas e, depois, seguem um curso de tirocínio de no mínimo seis meses, em Frascati.

Na Espanha, com a sua pioneira Escuela Judicial, os aspirantes a juiz têm de se submeter a um concurso público de dissertação oral e, em seguida, fazem um curso de dois anos em Barcelona.

Na Alemanha, também não há eleição para juiz nem concurso público. As nomeações levam em conta os graus obtidos nos exames finais das faculdades de Direito.

Na Austrália, os juízes são escolhidos e nomeados pelo governador-geral (representante da rainha), assessorado na escolha pelo Conselho Federal, entre nomes de pessoas altamente qualificadas.

Deixando a Europa e indo para o Oriente, veremos que no Japão os futuros magistrados têm de vencer um vestibular rigorosíssimo no Instituto Jurídico de Treinamento, onde estudam por dois anos, após os quais, se aprovados, serão nomeados.

Na verdade, o que se vê pelo mundo afora é uma grande preocupação com a seleção dos juízes e, tendo em vista a peculiaridade da função judicante, não se recomenda o processo eleitoral, mas, sim, o concurso público, que é tão democrático quanto as eleições.

67. O SISTEMA UTILIZADO NO BRASIL

O ingresso na magistratura de primeira instância, por força de dispositivo constitucional, no Brasil faz-se mediante concurso público de provas e títulos, o que revela termos adotado o melhor sistema seletivo. A escolha dos magistrados integrantes dos tribunais superiores, entretanto, isto é, os Ministros do Supremo Tribunal Federal, do Superior Tribunal Militar, do Tribunal Superior do Trabalho e do Superior Tribunal de Justiça, é feita pelo Presidente da República, depois de aprovada pelo Senado Federal.

Temos, assim, um sistema misto, integrado por concurso público de provas e títulos para a seleção dos magistrados de primeira instância e por nomeação pelo chefe do Executivo para os ministros dos tribunais superiores.

Nos Tribunais de Justiça dos Estados, um quinto dos membros é também escolhido por nomeação do chefe do Executivo estadual (governador), mediante lista tríplice organizada pelo respectivo Tribunal de Justiça; metade das vagas decorrentes do quinto é para candidatos oriundos da OAB, isto é, advogados militantes, e a outra metade para membros do Ministério Público, cujos órgãos superiores encaminham ao Tribunal de Justiça uma lista sêxtupla para a elaboração da lista tríplice.

O objetivo do quinto é enriquecer os Tribunais de Justiça com elementos de destacada cultura jurídica e elevada envergadura moral, militantes dos quadros do Ministério Público ou da OAB, trazendo para os referidos tribunais uma mentalidade mais eclética, o que, lamentavelmente, nem sempre ocorre em face das influências políticas que se verificam no momento do preenchimento das vagas que ocorrem.

A nomeação dos ministros dos Tribunais Superiores pelo presidente da República, principalmente dos que vão integrar o Supremo Tribunal Federal, tem sido alvo de muitas críticas em razão das injunções políticas que nela se fazem presentes. A escolha depende de conhecimento prévio do presidente a respeito do escolhido, por conta de suas relações pessoais, profissionais ou das indicações do núcleo político palaciano. Alega-se que o sistema de nomeação não privilegia o critério da meritocracia, nem sempre possibilitando a escolha do melhor, mas, sim, daquele que tem maior prestígio ou apoio político, além de comprometer a independência do escolhido quando tiver que decidir questões de interesse do nomeante. Não é por acaso que há presentemente sete Propostas de Emenda à Constituição (PECs) em tramitação na Câmara propondo mudanças.

Nenhuma dessas propostas, entretanto, indica garantia de aperfeiçoamento em relação ao sistema atual nem se pode afirmar que o modelo vigente tenha gerado más escolhas. O que pode – e deve – ser feito para melhorá-lo é exigir do Senado maior seriedade e severidade quando da sabatina e aprovação do candidato, como normalmente ocorre no Congresso nos Estados Unidos, sempre equilibrado entre os partidos Republicano e Democrata. O efetivo bipartidarismo implica posicionamentos mais claros e maior possibilidade de transparência sobre o processo de escolha e o perfil dos indicados, o que não ocorre entre nós em razão da verdadeira "geleia" ideológica partidária existente (29 partidos políticos atualmente).

68. APRIMORAMENTO DO NOSSO SISTEMA

Embora o sistema do concurso público seja o mais recomendável, conforme já exposto, comporta alguns aprimoramentos para permitir a formação de um quadro de magistrados mais eficiente.

O juiz, na pureza desse sistema, tão logo aprovado no concurso e nomeado, assume imediatamente as suas funções e começa a despachar e decidir em centenas de processos, sem nunca dantes ter feito isso, encontrando uma série de dificuldades, perplexidades, dúvidas etc. Todos que já passaram por essa experiência sabem do que falamos. A experiência é ainda mais dolorosa quando o juiz, começando a sua carreira em uma comarca lá do interior, fica praticamente sozinho, isolado, sem ter a quem recorrer para uma troca de ideias.

Isso evidencia que, para o ingresso na magistratura, não é bastante o concurso de provas e títulos, que apenas apanha a formação cultural do candidato, mas não pode penetrar mais e aferir-lhe o pendor, a vocação, o interesse, a capacidade específica para judicar.

A função do juiz, por outro lado, envolve uma série de outras atividades, principalmente no interior, onde é a principal autoridade da comarca, para as quais não foi preparado. O juiz mantém relacionamento com autoridades políticas (prefeito, vereadores), policiais (delegado) e com povo em geral, precisando, em todos esses contatos, ser necessariamente hábil para, sem enfraquecer sua autoridade e sem se deixar envolver, portar-se com gentileza, educação, polidez.

Nada disso ele aprende em concurso ou nos livros de direito, razão pela qual entendemos que, após o concurso e a nomeação, deveria existir um estágio profissional de pelo menos quatro meses. O novo juiz, além de assistir a palestras sobre matérias ou questões relacionadas com os mais variados aspectos do exercício de sua profissão, começaria a exercer a judicatura como auxiliar, ao lado de outro juiz mais experiente na comarca da capital. Nos meses de estágio, o juiz passaria pelas principais varas (cível, criminal, família, juizados especiais) para adquirir certa experiência em todas as áreas do Direito e depois enfrentar a atividade sozinho em sua comarca.

Melhor do que isso, em nosso entender, seria uma escola judicial institucionalizada de âmbito nacional que estabeleceria diretrizes, programas, políticas de ensino e orientações a serem executadas por todas as escolas de magistratura estaduais e federais, com o que se conseguiria certa uniformidade na formação inicial dos magistrados do País. Essa escola nacional deveria também programar cursos de aperfeiçoamento para os magistrados mais antigos, como condição para a promoção por merecimento, cursos esses que poderiam ser ministrados nas sedes das escolas locais, a fim de facilitar a frequência e reduzir os seus custos.

A crescente expansão da atividade humana, a par de sua constante sofisticação, muito exige do juiz, a cuja decisão nenhuma parcela do complexo social é subtraída. É imperioso, portanto, que o juiz se especialize, adestre-se e se prepare. O aperfeiçoamento ressalta a posição da ciência jurídica moderna pela ampliação dos poderes jurisdicionais, pois a insaciável diversificação do fazer humano e seus requintes tornam inaprisionável por regras fixas e rígidas a atuação jurisdicional necessária à devida composição do litígio.

Se o Judiciário se torna essencial à convivência social, se o seu papel será cada vez mais importante neste século XXI, somente com juízes à altura dessa missão teremos o Judiciário que a sociedade espera e exige. Destarte, sobretudo quando os novos juízes são cada vez mais jovens no mundo do *civil law*, quando os sistemas jurídicos passam por profundas mudanças legislativas e uma nova mentalidade se reclama, torna-se imprescindível investir na seleção e no aprimoramento dos magistrados, criando-se boas escolas nos moldes das admiráveis e válidas experiências que o mundo civilizado vem presenciando.

O Congresso que reuniu magistrados em Roma, em 1958, concluiu pela recomendação de que se realizem promoções para aperfeiçoar o tirocínio judiciário, incentivando a pesquisa e o estudo, selecionando aptidões, estimulando a especialização técnica constantemente.

Necessário se faz assinalar que, no Brasil, após a Lei Orgânica da Magistratura (Lei Complementar n. 135, de 14.03.1979), timidamente começamos a dar os primeiros passos nesse sentido. Algumas das disposições (arts. 78, § 1º, 80, § 1º, II, e 87, § 1º) estabelecem que a lei poderá exigir dos candidatos, para a inscrição no concurso de ingresso à carreira, título de habilitação em curso oficial de preparação para a magistratura e condicionar a promoção por merecimento à frequência, com aprovação, em curso ministrado por escola oficial de aperfeiçoamento de magistrados. Timidamente, como se vê, pois a disposição legal não passou de uma simples sugestão para ser aplicada se, quando e onde for possível, já que nenhum recurso material ou dotação orçamentária foi criado para tal fim. A Constituição de 88 contém disposição idêntica no seu art. 93, II, c.

A Emenda Constitucional n. 45/2004 criou a Escola Nacional de Formação e Aperfeiçoamento de Magistrados (art. 105, parágrafo único, inciso I, da Constituição), que funcionará junto ao Superior Tribunal de Justiça, cabendo-lhe, entre outras funções, regulamentar os cursos oficiais para ingresso e promoção de carreira. A feliz iniciativa foi recebida com simpatia e apoio de todas as instituições relacionadas com o Judiciário e aos poucos está saindo do papel. A Escola Nacional de Magistrados está se estruturando para oferecer, de forma estável, cursos de formação e aperfeiçoamento.

Registre-se, por derradeiro, que muito se avançou nesse ponto no âmbito dos estados. A maioria já criou a sua Escola da Magistratura, em alguns estados com organização modelar e folha de serviços relevantes. A Escola da Magistratura do Estado do Rio de Janeiro (Emerj), por exemplo, mantém um curso de preparação para o concurso de ingresso na magistratura de alta qualidade teórica e prática, durante o qual o aluno pode também estagiar nos diversos órgãos julgadores (vara cível, criminal, família, juizados especiais, câmaras do Tribunal de Justiça), fazendo minutas de despachos, decisões, sentenças, e participando de audiências, sempre orientado por um magistrado. Aos novos juízes, tão logo nomeados, a Emerj ministra um curso de iniciação de quatro meses, com palestras e debates pela manhã, ministrados por magistrados e professores experientes, sobre os mais variados aspectos teóricos e práticos da função judicante; à tarde exercem a judicatura como juízes auxiliares em varas cíveis, criminais, de família e juizados especiais, um mês em cada lugar, sempre orientados pelos juízes titulares das respectivas varas. Desse modo, os novos juízes conseguem assimilar boa experiência antes de irem exercer a judicatura nas comarcas do interior.

Prossegue a atuação da Emerj no estágio de vitaliciamento, durante os vinte meses seguintes. Além de acompanhados e orientados por um Conselho de Vitaliciamento, os juízes vitaliciandos assistem na Emerj pelo menos um seminário por mês, de oito horas, sobre temas variados, jurídicos ou não, escolhidos por uma comissão de magistrados.

Por último, a Emerj ministra cursos de aperfeiçoamento aos magistrados em atendimento a uma resolução do Órgão Especial do Tribunal de Justiça que os instituiu como requisito à promoção ou à remoção por merecimento.

Dessa forma, a Emerj vem efetivamente participando da formação e do aprimoramento dos magistrados fluminenses, desde a preparação para o concurso até a chegada a desembargador.

68.1. Perfil da magistratura brasileira

Pesquisa realizada pela Associação dos Magistrados Brasileiros (AMB/Iuperj) em 1995, intitulada "O Magistrado e o Poder Judiciário – autoanálise para melhor servir", revelou que o sistema de concurso público democratiza a magistratura, permitindo que todos tenham as mesmas oportunidades e que se escolham os melhores. Eis os resultados: 56,4% dos juízes brasileiros (mais da metade) são oriundos de famílias simples, cujos pais só tinham o primeiro grau completo; 63,4% não têm nem mesmo promotores ou defensores na família; 52,2% são filhos de servidores públicos e 12,8% de funcionários de empresas, sendo 25,8% destes correspondentes a funções de baixa remuneração.

A participação da mulher vem crescendo. Em 1985, apenas 16,8% dos aprovados nos concursos eram mulheres; dez anos depois, o percentual subiu para 28,7%. Atualmente, a pesquisa intitulada "Quem somos – a magistratura que queremos", realizada pela AMB em 2019, revelou que o período de maior entrada das mulheres na magistratura aconteceu entre 1990 e 1999 e 2000 e 2009, quando as mulheres chegaram a representar, respectivamente, 38% e 41% do total de juízes ingressantes no 1º grau da carreira. Entre 2010 e 2018, o percentual de ingresso de mulheres caiu para cerca de 34%.

Uma das mais constantes críticas à magistratura é a **juvenilização** dos seus quadros. Alega-se que os juízes estão ingressando cada vez mais jovens na magistratura, sem a maturidade e experiência indispensáveis para o exercício do cargo. A Constituição exige (art. 93, I), além de ser bacharel em Direito, que o candidato tenha um tempo mínimo de três anos de atividade jurídica para se permitir a participação em concurso para juiz.

Não se nega que o juiz tem que ter maturidade e experiência para exercer a magistratura; o que se questiona, entretanto, é que essas qualidades sejam necessariamente atributos da idade ou do tempo de formado. Há velhos imaturos e formados há muitos anos sem experiência alguma. A questão da maturidade e da experiência pode ser superada com vantagem pelas Escolas da Magistratura por meio dos cursos de preparação e estágio de vitaliciamento, cursos de aperfeiçoamento e outras providências.

Por outro lado, as pesquisas revelam que a tal juvenilização não é assim tão grande. A pesquisa de 2019 da AMB revela que, entre os juízes de 1º grau, apenas 2,1% têm até 30 anos, 31% têm até 40 anos e 31,6% têm 51 anos ou mais, em um drástico envelhecimento com relação aos dados obtidos em pesquisas anteriores, como a realizada duas décadas antes, em que mais da metade dos magistrados tinham até 40 anos. O ingresso de jovens na magistratura tem como vantagem permitir ao juiz dedicar quarenta ou mais anos de efetivo trabalho à Justiça. A pesquisa realizada pela Emerj revelou que a magistratura é a classe de servidores públicos que trabalha mais tempo e se aposenta mais tarde. A idade média de aposentadoria dos juízes é de 60 anos (entre os desembargadores, 69 anos). O tempo médio de serviço dos juízes na época da aposentadoria é 41 anos (entre os desembargadores, 48 anos). Mais de 15% dos juízes têm tempo para se aposentar, mas continuam trabalhando normalmente; entre os desembargadores, 89% têm tempo para se aposentar, e, dos desembargadores que integram o Órgão Especial (os vinte e cinco mais antigos), 100% já poderiam estar aposentados.

Esses dados sublinham com veemência a integral e longa dedicação da magistratura ao serviço ativo, que não tem como projeto profissional a aposentadoria. Levando-se ainda em conta o número de juízes que têm curso de pós-graduação (52,7%), sendo 21,0% de mestrado, 5,7% de doutorado e 18,4% de especialização, conclui-se que a magistratura fluminense é também detentora de elevado padrão jurídico.

Em pesquisa divulgada pelo O Globo em 19.08.2000, o juiz brasileiro foi apresentado como tendo **perfil conservador**. Em outra pesquisa (O Globo, 17.08.2003), agora realizada pelo Instituto de Pesquisa Econômica Aplicada (Ipea), coordenada pelo Instituto de Estudos Econômicos, Sociais e Políticos de São Paulo (Idesc), o juiz brasileiro foi apresentado como tendo **perfil liberal**, uma vez que 78% dos magistrados preferem basear suas decisões em questões ligadas à justiça social em vez do respeito aos contratos. Entre os juízes com menos de 40 anos, 83,7% consideram que, mais do que respeitar contratos, a justiça social deve prevalecer em uma sentença; entre os magistrados de São Paulo, Rio de Janeiro, Rio Grande do Sul e Distrito Federal, o índice é de 70%. Esse perfil foi considerado pela pesquisa como prejudicial à economia porque deixa os investidores temerosos.

Quem tem razão? Ninguém, tudo dependendo do ângulo pelo qual os resultados são analisados. Para o investidor e os agentes da área econômica em geral, o juiz brasileiro é liberal porque contraria os seus interesses; para o sociólogo, esse mesmo juiz é conservador porque não adota integralmente os seus pontos de vista sobre a questão social. O certo, entretanto, é prevalecer o equilíbrio, a ponderação, a razoabilidade.

Está correta a magistratura quando privilegia a justiça social porque esta é a ideologia, os valores consagrados pela nova ordem jurídica brasileira: a eticidade, a socialidade e a efetividade. O nosso Direito, a partir da Constituição de 1988, seguida pelo Código do Consumidor e agora pelo novo Código Civil, não mais admite o uso abusivo do direito de forma contrária aos seus fins sociais e econômicos, à boa-fé e à equidade. Cláusulas contratuais abusivas não podem prevalecer.

Veja-se que, na pesquisa do Ipea, as áreas em que os juízes defendem prioritariamente a questão social em detrimento dos contratos são, realmente, as mais relevantes e necessárias: trabalhistas, 46,6%; meio ambiente, 54,6%; previdência, 42,1%.

Contudo, o juiz, por mais preocupado que esteja com a justiça social, não pode estar avançando a seu tempo nem pode fazer uma revolução social com a caneta.

Extremamente complexo é o processo de formação de uma decisão judicial. Não é apenas uma decorrência do conhecimento jurídico do magistrado. Circunstâncias pessoais, culturais, ideológicas, sociais, inclusive a opinião pública, influenciam, consciente ou inconscientemente, a formação da decisão judicial. O indivíduo, alertava Carlos Maximiliano, "*inclina-se num ou noutro sentido de acordo com o seu temperamento, produto do meio, da hereditariedade e da educação. Crê exprimir o que pensa; mas esse próprio pensamento é socializado, é condicionado pelas relações sociais e exprime uma comunidade de propósitos*".

É por isso que se diz não existir norma jurídica, senão norma jurídica interpretada. A mesma norma recebe tratamento diferenciado de juízes e tribunais porque a decisão judicial é, essencialmente, uma decisão humana. Logo, sendo uma decisão humana, pondera o Ministro Carlos Alberto Direito, "*ela não está, por inteiro, no domínio da ciência ou da técnica. O homem existe porque ele é razão e emoções, sentimentos, crenças. A decisão judicial é, portanto, uma decisão que está subordinada aos sentimentos, emoções, crenças da pessoa humana investida do poder jurisdicional. E a independência do juiz está, exatamente, na sua capacidade de julgar com esses elementos que participam da sua natureza racional, livre e social*".[4]

Se o juiz, como qualquer ser humano, está sob a influência condicionante de uma série de fatores subjetivos e objetivos que não podem ser evitados, até que ponto está subjugado ao ordenamento jurídico em função de suas concepções pessoais? Essa é a grande questão. Deve o juiz obediência à lei mesmo que esta seja injusta?

---

[4] DIREITO, Carlos Alberto Menezes. A decisão Judicial. *RDR*, n. 15, set.-dez. 1999.

Capítulo 13
RAZÕES SOCIAIS DAS GARANTIAS CONSTITUCIONAIS DOS MAGISTRADOS

A vitaliciedade: objetivo. A inamovibilidade. Irredutibilidade de vencimentos. O Ministério Público, a Defensoria Pública e o advogado. O ensino jurídico.

A revista *Veja*, de 16 de junho de 1976, sob o título "O caso Ceccaldi", publicou a seguinte reportagem:

> *Ao folhear o Diário Oficial francês do último dia 9 de maio, um domingo, o juiz Etienne Ceccaldi verificou, consternado, que acabava de ser transferido. Abandonando a ensolarada cidade mediterrânea de Marselha, onde se encontrava como juiz substituto, Ceccaldi deveria assumir as funções de procurador público em Hazebrouck, vila de 18.000 habitantes perdida nas brumas da Normandia, no extremo oposto da França. O juiz, simplesmente, resolveu que não iria. E, como o Ministério da Justiça insistisse, o caso acabou chegando aos jornais, que publicaram certos detalhes curiosos sobre os processos a cargo de Ceccaldi em Marselha.*
>
> *Tão curiosos, de fato – e envolvendo petróleo, corrupção e pressões políticas – que, na semana passada, em sinal de solidariedade a Ceccaldi, 1.300 membros do Sindicato da Magistratura cruzaram os braços, na primeira grande greve de juízes da história da França. A transferência de Ceccaldi, na verdade, começou em 1971, quando um certo Roger Bodourian, pequeno atacadista de óleo diesel para aquecimento domiciliar, foi à falência em Marselha. Bodourian não era nenhum paradigma de honestidade; seus cheques sem fundo assolavam regularmente a praça, e um de seus sócios seria preso mais tarde por tráfico de dólares falsos.*
>
> *Mas se Bodourian foi à falência, a culpa, segundo ele, teria sido das grandes companhias petrolíferas, cujos dirigentes se reuniam periodicamente para elevar preços, montar manobras de dumping, falsificar condições de concorrências públicas e outras falcatruas do gênero. Todas essas acusações, como*

constataria mais tarde uma comissão de inquérito do Ministério das Finanças, eram absolutamente verídicas. Mas ficaram por isso mesmo; apenas em 1973 o presidente Valery Giscard d'Estaing, então Ministro das Finanças, assinou um protocolo com as companhias petrolíferas, em que estas se comprometiam a mudar seus métodos para "salvaguarda da livre concorrência".

O problema é que, além de suas reclamações inúteis junto ao Ministério das Finanças, Bodourian tinha iniciado também um processo na Justiça marselhesa. E o caso foi justamente parar nas mãos de Ceccaldi. Casado, com quatro filhos, com 39 anos, ele já se notabilizara naquela época como competente, mas impermeável a certas sutilezas da vida política.

Logo no seu primeiro posto, por exemplo, condenou um influente político governista por fraude fiscal. Transferido para Lyon, examinou com tanta diligência um processo de prostituição, que acabou mandando prender dezenas de policiais – inclusive o delegado mais conhecido da cidade.

Em Marselha, com o caso Bodourian, sua atividade não seria mais tranquila. Para começar, Ceccaldi ignorou as inúmeras sugestões diretas e indiretas de seus superiores hierárquicos – várias delas misteriosamente fotocopiadas e reproduzidas nos jornais das últimas semanas – para que esquecesse numa gaveta qualquer o processo contra as companhias petrolíferas. E em 1974, chamado a Paris para uma reunião de doze horas no Ministério da Justiça, foi obrigado a entregar a seus superiores o processo – que logo depois, obviamente, se extraviou.

Para desgraça do Ministério, porém, os autos foram miraculosamente encontrados quatro meses depois. Pior ainda, voltaram às mãos do mesmo Ceccaldi, graças à intervenção do prefeito socialista de Marselha, Gaston Deferre. Ao mesmo tempo, continuando seu trabalho, Ceccaldi não tardou a convocar para depor 43 dirigentes das maiores empresas petrolíferas internacionais acusadas de abuso de poder econômico. Nessas condições, nada mais natural que um dia se visse transferido de Marselha para um outro lugar.

Obrigado na semana passada a aceitar a inédita humilhação de uma greve – inteiramente ilegal – dos juízes, o Ministro da Justiça, Jean Lecanuet, parecia inclinado a tentar uma solução de compromisso. Ceccaldi seria efetivamente removido de Marselha, mas poderia escolher a promoção que bem entendesse em qualquer lugar da França, inclusive Paris. Se não aceitasse, restaria apenas o recurso definitivo de ameaçá-lo com alguma remota possessão francesa de além-mar. Em qualquer hipótese, porém, as forças que pressionaram por seu afastamento terão triunfado.

O caso Ceccaldi coloca em destaque vários aspectos da função de julgar que merecem especial atenção. A justiça deve ser distribuída de forma imparcial, independentemente de quem esteja nos polos da relação jurídica processual, assegurando-se o pleno exercício de qualquer direito a todo aquele que efetivamente o tiver, de acordo com a ordem jurídica existente.

Acontece, entretanto, que nem sempre os pratos da balança da justiça têm peso igual. Às vezes, de um lado da demanda está alguém influente, política ou economicamente poderoso, capaz de forçar uma decisão favorável ainda que o direito lhe seja totalmente contrário. Evidente que, se essa pressão puder ser feita sobre o julgador, a justiça não passará de uma farsa e toda a ordem jurídica ficará comprometida.

Para que, ao interpretar e aplicar a lei, o juiz possa fazê-lo em sã consciência, indispensável é, portanto, que se ache liberto de qualquer pressão, que permaneça intocável a qualquer coação. Os demais poderes estatais não podem ter sequer a possibilidade de exercer uma atuação indevida na órbita em que o magistrado atua. Nenhuma autoridade ou potentado poderá ter meios de intimidá-lo ou de nortear, mesmo de longe e veladamente, a sua conduta.

Por outro lado, o Judiciário é um poder desarmado, sem aparato material para fazer cumprir suas decisões, muito embora tenham elas que prevalecer sobre a decisão de qualquer outra autoridade, ainda que seja o presidente da República ou o governador do estado.

Surge, então, a questão: como propiciar ao Judiciário as condições necessárias para julgar com imparcialidade e dar às suas decisões a força indispensável para que sejam cumpridas?

A independência dos juízes tem uma longa história. Nos Estados Unidos, a independência judicial foi definitivamente afirmada com o famoso caso de *impeachment* do juiz Samuel Chase da Suprema Corte, em 1805. Tratava-se de tentativa do então presidente Thomas Jefferson de obter domínio político sobre a Suprema Corte. O *impeachment*, que havia sido aprovado na Câmara dos Deputados, foi rejeitado no Senado. O célebre John Marshall, então juiz presidente da Suprema Corte, afirmou que o *impeachment* tinha por base o equivocado entendimento de que a adoção por um juiz de uma interpretação jurídica contrária à legislatura o tornaria susceptível ao *impeachment*. A recusa do Senado, mesmo pressionado pela Presidência, em aprovar o *impeachment* propiciou as bases da tradição de forte independência das Cortes norte-americanas, que é uma das causas da vitalidade da democracia daquele país.

No Brasil, passamos por experiência semelhante. O juiz Alcides de Mendonça Lima, do Rio Grande do Sul, ao presidir julgamento do júri no final do século XIX, recusou-se a aplicar lei estadual que eliminava o voto secreto dos jurados por colocá-los à mercê das pressões políticas locais. Contrariado, Júlio de Castilhos, então presidente do Rio Grande do Sul, solicitou a apuração de responsabilidade do "juiz delinquente e faccioso". O Tribunal de Justiça gaúcho culminou por condenar o juiz Alcides de Mendonça Lima pelo crime de abuso de autoridade.

Foi então que Ruy Barbosa, um dos fundadores da República e dos nossos maiores juristas, assumiu a defesa do juiz condenado, levando o caso ao Supremo Tribunal Federal. Produziu um dos escritos mais célebres do Direito brasileiro – "O Jury e a responsabilidade dos juízes". Sustentou que um juiz não poderia ser punido por adotar uma interpretação da lei segundo a sua livre consciência. Argumentou que a criminalização da interpretação do Direito, o assim chamado "**crime de hermenêutica**", faria da toga a mais humilde das profissões servis, pois submeter o julgador à sanção criminal por conta de suas interpretações representaria a sua submissão aos interesses dos poderosos e substituiria a consciência pessoal do magistrado, base de toda a confiança da judicatura, pelo temor que transforma o homem em escravo. Concluiu que não fazia defesa unicamente do juiz processado, mas da própria independência da magistratura, "alma e nervo da Liberdade". O Supremo Tribunal Federal acolheu o recurso e reformou a condenação, isso ainda nos primórdios da República, no distante ano de 1897.

A força do Judiciário no Brasil e sua independência como Poder vêm das garantias que a Constituição lhe confere. Essas garantias, consubstanciadas na **vitaliciedade**, na **inamovibilidade** e na **irredutibilidade de vencimentos**, não são para favorecer o juiz, privilégios ou regalias da magistratura como muitos pensam, mas, sim, para tornar independente, efetiva e eficiente a função de julgar. Visam, acima de tudo, pelo seu conteúdo e pela sua finalidade, fortalecer a independência funcional do Poder Judiciário, bem como a integridade do regime democrático.

Em sua aplicação na vida cotidiana, *"essas garantias traduzem a independência de ordem política que o juiz deve auferir. Esta independência, a seu turno, representa o alicerce sobre o qual se erige a independência jurídica do juiz, consoante a qual, no exercício de suas atribuições, ele não se deve submeter a nenhuma autoridade, não se deve subordinar a nenhum poder, salvo à força e ao prestígio da própria Lei".*[1]

69. A VITALICIEDADE

O juiz, em princípio, não pode perder o cargo a não ser por decisão judicial. Isso quer dizer que em hipótese alguma o chefe do Executivo federal, ou estadual (presidente da República ou governador) pode demitir um magistrado, muito embora possa fazer isso com relação a qualquer funcionário público, ainda que estável, desde que, neste último caso, a demissão seja precedida de inquérito administrativo para apurar falta grave.

Tratando-se de juiz, somente o tribunal a que ele estiver vinculado, ainda assim por decisão da maioria absoluta dos seus membros, poderá decretar a perda do cargo.

Após a Emenda Constitucional n. 7, de abril de 1977, e a Lei Orgânica da Magistratura,[2] a vitaliciedade ficou um pouco mais limitada, visto que passou a ser adquirida somente depois de dois anos de exercício da magistratura (estágio confirmatório) e as hipóteses de perda do cargo tornaram-se mais numerosas. De acordo com o art. 26, II, letras *a* e *c*, da referida Lei, o magistrado pode perder o cargo, ou ser aposentado compulsoriamente, em virtude do exercício de qualquer outra função, salvo

---

[1] RUSSOMANO, Rosah. *Lições de direito constitucional*. Rio de Janeiro: José Konfino, 1970. p. 304.
[2] Lei Complementar n. 35, de 14.03.1979.

um cargo de magistério superior; recebimento, a qualquer título, de percentagens ou custas nos processos de sua competência; e o exercício de atividade político-partidária. A Constituição de 1988 dispõe no mesmo sentido.[3]

69.1. O objetivo da vitaliciedade

A razão ou o objetivo da vitaliciedade é dar ao magistrado a segurança e tranquilidade necessárias para que possa julgar sem sofrer qualquer pressão quanto ao seu cargo. Seguro está o juiz de que, por julgar com imparcialidade e honestidade, seja a sua decisão contra quem for, jamais virá a perder o cargo. Ninguém poderá ameaçá-lo por ser correto e fiel no exercício da sua função.

A importância dessa garantia pode ser constatada, por contraste, no fato de certas autoridades dos mais elevados escalões, integrantes de outros poderes, submeterem-se a todas as ordens ou decisões dos seus superiores hierárquicos, por mais absurdas ou arbitrárias que sejam, simplesmente para não perderem o chamado "cargo de confiança". Se isso pudesse ocorrer com o Judiciário, voltaríamos aos tempos medievais e a justiça não funcionaria.

70. A INAMOVIBILIDADE

O juiz não pode ser removido compulsoriamente da sede de sua atividade (comarca e vara), salvo por motivo de interesse público e pelo voto da maioria absoluta dos membros do seu Tribunal ou do Conselho Nacional de Justiça.

Significa dizer que o magistrado, diferentemente de qualquer outro funcionário público, não pode ser transferido do lugar onde exerce as suas funções. Nem mesmo é obrigado a aceitar uma promoção que implique sua transferência. A remoção do juiz, salvo na hipótese de interesse público, só pode ocorrer com o seu assentimento expressamente manifestado.

Tal como a vitaliciedade, a inamovibilidade destina-se a garantir o exercício da função de julgar. Às vezes a transferência de uma cidade para outra, ou da capital para o interior, significa castigo tão violento quanto uma demissão. O juiz, normalmente, começa a sua carreira nas pequenas e longínquas comarcas do interior e passa anos e anos até chegar às comarcas de entrância mais elevada ou à capital. Se fosse possível pressioná-lo com uma transferência compulsória para que viesse a julgar dessa ou daquela forma, ou premiar outro com a remoção para um lugar melhor como meio de obter uma decisão favorável, acabariam a segurança, a tranquilidade e a imparcialidade do magistrado, com fatais sequelas para a sociedade. A justiça passaria a ser uma barganha de lugares, sempre ocupando os melhores e mais elevados postos os que mais dispostos estivessem a fazer tudo o que o "patrão" ordenar (e não a lei), como sói acontecer em alguns segmentos da Administração.

---

[3] CF, arts. 93, VIII, e 95, I.

71. A IRREDUTIBILIDADE DE VENCIMENTOS

Os vencimentos dos magistrados não podem ser reduzidos, muito embora estejam sujeitos aos impostos gerais e extraordinários. A partir da Constituição de 1988 os vencimentos do funcionalismo em geral passaram também a ser irredutíveis.

Com relação aos magistrados, a irredutibilidade tem por objetivo não sujeitá-los a qualquer tipo de pressão econômica, uma das formas mais eficazes de tirar a segurança e a independência de quem quer que seja. Todos os que exercem "função gratificada" sabem perfeitamente a que um servidor público se sujeita para não perder a gratificação, às vezes maior que os próprios vencimentos e que já passou a integrar o seu orçamento.

Nesse particular, entretanto, cumpre assinalar que a inflação pode fazer da irredutibilidade uma garantia totalmente irrisória, se os vencimentos dos magistrados não forem corrigidos monetariamente nos mesmos índices inflacionários. Em um país inflacionário como o nosso até bem pouco tempo, esperamos que não volte a sê-lo, bastará que não se corrijam adequadamente os vencimentos dos juízes para que em poucos anos estejam com os salários aviltados, em uma completa dependência econômica do Executivo.

Necessário se faz também, para que o juiz não sofra pressões econômicas, que seus vencimentos sejam compatíveis com as elevadas funções que exerce e a pesada responsabilidade que sobre ele pesa, pois, caso contrário, nada significará a irredutibilidade, simplesmente por ser ineficaz proibir reduzir o que já nasceu reduzido.

Resumindo todas as considerações anteriormente expendidas, poderíamos concluir com as palavras do Ministro Carlos Mário Velloso: "*O juiz brasileiro tem tudo para julgar de acordo com sua consciência, pois tem independência, inamovibilidade e irredutibilidade salarial. No Brasil, o juiz que se verga a interesses o faz não por falta de garantias, mas por falta de caráter*".[4]

Não se pode perder de vista, portanto, que as garantias constitucionais dos magistrados se destinam, em última instância, a assegurar a independência do Judiciário, sendo esta, por sua vez, uma necessidade da liberdade individual, condição indispensável à proteção dos direitos humanos e à integralidade do próprio regime democrático. O professor Dalmo de Abreu Dallari, em sua preciosa obra *O poder dos juízes*, acentua: "*Longe de ser um privilégio para os juízes, a independência da magistratura é necessária para o povo, que precisa de juízes imparciais para harmonização pacífica e justa dos conflitos de direito. A rigor, pode-se afirmar que os juízes têm obrigação de defender sua independência, pois sem esta a atividade jurisdicional pode, facilmente, ser reduzida a uma farsa, uma fachada nobre para ocultar do povo a realidade das discriminações e das injustiças*".[5] A isso acrescentou o jurista

---

[4] *O Globo*, 23.08.2000.
[5] DALLARI, Dalmo de Abreu. *O poder dos juízes*. São Paulo: Saraiva, 1996.

Raymundo Faoro quando ainda presidente da OAB: "*O maior risco à integridade do Judiciário será convertê-lo em organização burocrática, ainda que mantida a aparência de aparelhamento constitucional. Ele conservará a peculiaridade, mas perderá a autonomia e a proeminência arbitral, para representar interesses que essa própria estrutura organizacional lhe infundirá*".

A falta de independência da magistratura traz consequências desastrosas para a liberdade individual, para a proteção dos direitos humanos, enfim, para a integralidade do próprio regime democrático, como bem demonstram fatos ocorridos em países vizinhos.

Na Venezuela, a juíza María Lourdes Afiuni foi presa (dezembro de 2009) meia hora depois de conceder liberdade ao banqueiro Eligio Cedeño, um ex-aliado do governo acusado de fraudar o sistema de câmbio. "*Sou uma prisioneira de Hugo Chávez, declarou a juíza: Não tenho nenhum arrependimento de ter ditado a medida cautelar de liberdade de Elizio Cedeño. Havia um atraso no processo e a lei diz que, quando não há julgamento por culpa do sistema judicial, o acusado não pode ficar detido mais de 24 meses. Ele estava preso havia três anos (...)* **Dei a ordem de liberdade e meia hora depois estava presa.** *Ficou evidente que ele era um prisioneiro político, e agora eu sou mais uma (...) muitos advogados que vêm me visitar dizem que desde que fui presa, nenhum juiz quer tomar uma decisão por temor de represália*".[6]

Esse foi apenas o início, pois, a partir daí, o Judiciário venezuelano tornou-se um apêndice do Executivo, uma *organização burocrática, ainda que mantida a aparência de aparelhamento constitucional*, quer sob o comando de Hugo Cháves, quer sob o comando de Nicolás Maduro.

Outro exemplo vem do Equador. Em janeiro de 2011, quando anunciou a intenção de implementar profundas reformas no Judiciário, o então presidente do Equador, Rafael Correa, assegurou que pretendia "*colocar as mãos (no sistema judicial) para melhorar tribunais com os quais ninguém pode estar satisfeito*". Correa venceu uma consulta popular em maio e cumpriu à risca sua promessa: em 5 de setembro de 2011, o presidente decretou estado de exceção no Judiciário por 60 dias, prorrogáveis por mais 30. O governo equatoriano alegou que a medida permitiria agilizar o processo da reestruturação da Justiça. No entanto, na visão de congressistas da bancada opositora e de importantes analistas políticos do país, o verdadeiro objetivo de Correa era ampliar a concentração de poder em suas mãos e construir um Judiciário plenamente identificado com seu projeto de governo. "*Temos a sensação de que Correa está liderando um processo revolucionário, e não de aprofundamento da democracia*" – opina Simón Pachano, coordenador de Estudos Políticos da Faculdade Latino-Americana de Ciências Sociais (Flacso).[7]

---

[6] *Folha de S.Paulo*, 06.09.2010 – A10.
[7] *O Globo*, 08.09.2011.

Meses depois, em fevereiro de 2012, novos fatos revelaram a verdadeira finalidade da alegada reestruturação do judiciário. "*Liberdade de imprensa condenada no Equador. Tribunal renovado por Correa multa jornal em US$ 40 milhões e decreta prisão de donos por editorial que chamou presidente de ditador*".[8]

Prossegue a notícia. No Equador, "*injúria*" ao Presidente da República é punida com três anos de prisão para o jornalista e os donos do veículo que supostamente a cometeu, no caso do "El Universo", acrescida de multas de US$ 40 milhões. A sentença foi anunciada pelo tribunal superior empossado há apenas três semanas pelo presidente Rafael Correa, que reestruturou – leia-se domesticou – o Judiciário.

> *É o crime perfeito: pune-se pela via formal do Judiciário de forma a inviabilizar a empresa jornalística. E não cabe mais recurso aos tribunais. O ato serve de marco do início efetivo de um regime autoritário no país. Claramente a decisão judicial é a confirmação de que no Equador acabou a liberdade de imprensa, de que o Poder Judiciário está submetido ao presidente da República e de que o governo do Equador, que chegou ao poder por vias democráticas, se transformou em um governo não democrático* – reagiu Claudio Paolillo, diretor regional da Sociedade Interamericana de Imprensa (SIP).

Em contrapartida, o Judiciário brasileiro recebeu na Constituição de 1988 um poder e uma independência sem precedentes, que lhe permitem atuar com segurança e imparcialidade diante do Poder Público. Carlos Santiso,[9] em trabalho apresentado no VIII Congresso Internacional do Centro Latino de Administração para o Desenvolvimento (Clad), realizado no Panamá, reconhece que *a Constituição de 1988 estendeu um poder e uma independência sem precedentes para as autoridades judiciais brasileiras e que a credibilidade do Judiciário (brasileiro) e a confiabilidade de suas decisões decorrem em grande parte dessa independência diante do poder político.*

Na abertura do ano Judiciário de 2011, o Ministro Ari Pargendler, então Presidente do Superior Tribunal de Justiça, relatou que a Justiça brasileira atingiu um nível de prestígio internacional nunca desfrutado graças ao seu alto grau de independência e imparcialidade das decisões, conforme constatou em seminários e congressos internacionais dos quais participou. No entender do Ministro, "*a imagem do Poder Judiciário brasileiro no exterior é uma projeção da nossa Constituição e das leis do país.* **O Judiciário do Brasil é organizado sob os melhores princípios, aqueles que garantem ao juiz a independência e a imparcialidade.** *Para que esses valores sejam protegidos, os juízes brasileiros gozam de todas as garantias, e isso realmente se reflete na sua atuação e consequentemente na imagem que eles têm no exterior*".

---

[8] *O Globo*, 17.02.2012.

[9] Doutor em Economia Política Comparada pela Escola de Estudos Internacionais Avançados da Universidade Johns Hopkins, de Washington, Estados Unidos.

O melhor exemplo de que a Justiça brasileira pode funcionar de forma independente dos demais poderes é o trabalho que realizou nos **casos do mensalão** e da **lava jato**. Julgou com vigoroso e técnico debate, garantindo amplo direito de defesa, importantes figuras do campo político que se encontravam no poder. Condenou-se quando necessário, sem que isso representasse ameaça à estabilidade institucional.

72. O MINISTÉRIO PÚBLICO, A DEFENSORIA PÚBLICA E O ADVOGADO

Além dos magistrados, outros elementos humanos atuam na ordem jurídica, merecendo real destaque o Ministério Público, a Defensoria Pública e o advogado, sem os quais não se pode fazer uma boa e regular distribuição da justiça. O objeto desse singelo trabalho não comporta maiores considerações a respeito, razão pela qual nos limitamos a dizer que todas as questões levantadas em torno do Judiciário são também pertinentes aos demais instrumentos humanos que atuam na ordem jurídica e merecem idêntica atenção.

Com relação ao Ministério Público, basta lembrar que a sua função é altamente social, pois é o advogado da sociedade, o defensor dos seus direitos, quando não atua como fiscal da lei. Reveste-se, portanto, da maior importância social estabelecer as suas prerrogativas ou garantias legais, para que possa atuar também com segurança e independência, mesmo que contra os poderosos e influentes; a forma de selecionar os seus membros, para que sejam preparados, eficientes.

A Defensoria Pública é outra instituição da maior relevância para a boa aplicação do direito, cuja existência tem base constitucional.

Com efeito, o inciso LV do art. 5º da Constituição assegura o contraditório e a ampla defesa aos litigantes em geral, em processo judicial ou administrativo, com os meios e recursos a ela inerentes. Sem dúvida, a assistência judiciária está entre esses meios e recursos, razão pela qual, no inciso LXXIV desse mesmo artigo, a Constituição impõe ao Estado o dever de prestar assistência jurídica integral e gratuita aos que provarem insuficiência de recursos. Por fim, o art. 134 da mesma Constituição estipula que à Defensoria Pública, como instituição permanente, essencial à função jurisdicional do Estado, incumbem a orientação jurídica, a promoção dos direitos humanos e a defesa, em todos os graus, judicial ou extrajudicial, dos direitos individuais e coletivos, integral e gratuitamente, aos necessitados, na forma do art. 5º, LXXIV.

O estado do Rio de Janeiro foi o primeiro a organizar a Defensoria Pública, cuja estrutura administrativa tem servido de modelo para outros estados. A despeito da sua dificuldade orçamentária e da má vontade de alguns governos, a Defensoria Pública do Rio vem prestando extraordinário serviço às comunidades carentes, sem o que o funcionamento do Judiciário seria impossível em certas áreas e lugares. Nas comarcas do interior, cerca de 70% dos processos da área criminal e 50% das varas de família são patrocinados pela Defensoria Pública. Tem ela ainda importante atuação na defesa dos direitos humanos e dos consumidores, assistência a crianças e adolescentes, vítimas de maus-tratos, população carcerária.

73. O ENSINO SUPERIOR

Quanto ao advogado, temos como certo que uma das questões de maior relevância diz respeito ao seu preparo profissional. O ensino do Direito em nosso país tem sido duramente criticado nas últimas décadas; é até apontado como o grande responsável pelo rebaixamento do nível profissional das carreiras jurídicas. Já fiz parte desse grupo, mas hoje penso diferente. A crise é muito mais profunda.

Os resultados catastróficos do Exame Nacional de Ensino Médio (Enem) demonstram que, nas últimas duas décadas, pelo menos desde 2002, vivemos tempos sombrios na educação, principalmente no ensino médio. Com efeito, o resultado do Enem divulgado em novembro de 2002 reprovou o ensino médio no País. Dos 1,3 milhão de estudantes que fizeram o Enem, 74% tiveram notas abaixo de 40 em uma escala de 0 a 100. Menos de 1% dos alunos das escolas públicas conseguiu tirar mais de 70.[10] E o problema já vem do ensino fundamental. Ao concluir a 4ª série do ensino fundamental, 59% dos estudantes brasileiros não conseguem ler mais do que frases simples. Quando o assunto é Matemática, 52% deles mal conseguem decifrar uma operação simples de somar ou subtrair. Só 4,4% dos alunos estão no nível adequado para a série. Esse era o diagnóstico da educação brasileira apresentada pelo próprio Ministério da Educação (22.04.2003) com base em dados do Sistema de Avaliação do Ensino Básico desde 1995. Entre os estudantes de 4ª série, 98% dos que tiveram avaliações consideradas muito críticas estudavam em escolas públicas. Entre os que tiveram resultado adequado à sua série, 44% estavam em escolas privadas. No fim do ensino fundamental, 60% dos alunos com avaliação adequada estavam em escolas particulares e 98% daqueles com **resultados muito críticos** estudavam em escolas públicas.[11]

Esse baixo desempenho do nosso ensino fundamental e médio, principalmente nas escolas públicas, levou a outro resultado alarmante. O Brasil ficou em último lugar no Pisa 2000 (Programa Internacional de Avaliação de Estudantes), pesquisa feita entre os países-membros da Organização para a Cooperação e Desenvolvimento Econômico, que analisou o nível de compreensão leitora (letramento) de alunos secundaristas de 32 países. O Brasil, como já salientado, ficou em último lugar, atrás do México e da Letônia. Em resumo, a maioria dos jovens brasileiros entre 15 e 16 anos é **analfabeta funcional**: sabe ler as palavras, mas é incapaz de decodificar seus significados.

Na visão da doutora em educação Magda Soares, considerada uma das maiores autoridades do assunto na América Latina e Professora da Universidade de Minas Gerais, a formação deficiente dos professores é a principal causa desse vexame. "*A raiz do problema está na sala de aula, onde as coisas acontecem. É lá que os professores têm que desenvolver nos alunos as habilidades para compreender textos e utilizar conhecimentos adquiridos. O foco deve ser em cima dos responsáveis pela transmissão do conhecimento: os professores. Os fatores convergem para esse ponto comum. Deve-se investir na formação*

---

[10] *O Globo*, 13.11.2002.
[11] *O Globo*, 23.04.2003.

dos educadores, promover constantemente cursos de atualização e reciclagem, além de incentivar esses profissionais com o pagamento de salários dignos e justos".[12]

Lamentavelmente, nada mudou na última década; pelo contrário, até piorou em alguns aspectos. Os resultados do Índice de Desenvolvimento da Educação Básica (Ideb), divulgados em 05.09.2014 pelo MEC, com dados relativos ao ensino fundamental em 2013, mostrou um quadro preocupante na Educação. Há uma virtual estagnação dos indicadores, e até mesmo queda, na etapa final (6º ao 9º ano) desse módulo no ensino médio, este com índices ainda mais desanimadores. **O perfil do Ideb projeta a chegada às faculdades de um grande contingente de estudantes com graves deficiências no aprendizado.** As notas do Ideb caíram no ensino médio em 16 redes públicas estaduais de 2011 para 2013, de modo que o que já era ruim ficou ainda pior.[13]

Em 2015, dos quase 6 milhões de candidatos que fizeram o Enem, **529 mil tiraram nota zero na redação**, ou seja, são estudantes que concluíram o ensino médio, sabe-se lá Deus como, mas padecem dos males do analfabetismo funcional. São incapazes de raciocínios elementares. E mais, de um universo de quase 6 milhões de alunos, só 250 tiraram a nota máxima na redação.

Um dos mais graves problemas agora ressaltados pelo Ideb não é tanto a falta de recursos, mas, sim, **a má gestão da educação pública**, vítima, entre outros fatores, de uma descontinuidade na implementação de programas de ensino. Nos últimos 10 anos, tivemos cinco ministros da Educação, nem todos especialistas na área. Vale dizer, emana do próprio poder central, do MEC, um senso de descontinuidade, que se reflete também nos estados e nos municípios.

Estudo de analistas do Tesouro diz que a ineficiência de gestão compromete 40% das verbas para o ensino.[14] *"Melhorar a educação não é apenas uma questão de ter dinheiro, mas de saber como usá-lo. Os recursos devem seguir, não guiar (...) Recursos extras não melhoram automaticamente a qualidade do ensino"*, adverte Richard Murnane, economista e professor da Universidade de Harvard.[15] Tanto é assim que temos escolas no interior do País, em lugares extremamente pobres, que são modelos de qualidade na educação. Serve de exemplo o município de Comendador Levy Gasparian, com pouco mais de oito mil habitantes, no Centro-Sul Fluminense, que teve o melhor desempenho do estado do Rio de Janeiro no Índice de Desenvolvimento da Educação Básica (Ideb) para os anos iniciais do ensino fundamental (1º ao 5º). Levy Gasparian passou na prova com nota de 6,5 graças ao horário integral para alunos com problemas de aprendizado e ao planejamento de aulas,[16] o que contrasta com a grande maioria das escolas públicas, inclusive das capitais, que se enquadra na categoria das piores escolas do mundo.

---

[12] Entrevista ao jornal *A Tarde*, Salvador, 25.05.2003.
[13] *O Globo*, 09.09.2014.
[14] *O Globo*, 19.07.2013.
[15] *O Globo*, 04.11.2013.
[16] *O Globo*, 09.09.2014.

Tal discrepância levou o educador português José Pacheco, renomado internacionalmente por causa da experiência inovadora da Escola da Ponte, a dizer, com toda razão: "*O Brasil possui a escola do século XIX, o professor do século XX e o aluno do século XXI. No poder público, a educação brasileira está entregue a gente que não entende de educação: economistas, políticos, administradores, e não educadores*".[17]

Deploravelmente, **passamos seis anos construindo estádios padrão Fifa para a Copa do Mundo de 2014**, sem olhar a educação. O Distrito Federal não tem times que atraiam torcedores, mas construiu um estádio para 72 mil espectadores **no custo de R$ 1,6 bilhão**. Apenas com os recursos desse estádio **seria possível financiar a formação de mais de 10 mil professores de excelência, ou de sete mil médicos**, o que evitaria, com muita vantagem, a necessidade de importá-los de Cuba. Se considerarmos o custo dos 12 estádios da Copa, deixamos de formar cerca de 30.400 cientistas e tecnólogos da mais alta qualidade. Esses profissionais serviriam de base para o desenvolvimento científico e tecnológico do Brasil.

Indagariam os leitores: mas o que **o ensino fundamental e o médio têm a ver com o ensino jurídico?** Tem tudo a ver. O ensino superior é o acabamento de um processo educativo que começa na creche. Assim, como não se pode colocar telhado onde não há alicerce nem paredes, também não se pode ministrar um curso superior de alto nível a quem não tem sólida formação educacional média e fundamental.

"*A principal causa da baixa qualidade de nossas instituições de ensino superior é o baixo nível de reconhecimento ao redor delas e, em consequência, dos que entram nessas instituições*", afirma o senador Cristovam Buarque do alto de sua autoridade como educador e profundo conhecedor da questão. "*Em cada dez crianças apenas quatro terminam o ensino médio, no máximo duas delas com boa qualidade. Joga-se fora o potencial de conhecimento de seis em cada dez brasileiros. É como se, para cada dez poços de petróleo encontrados, tapássemos mais da metade. O potencial fica muito abaixo do nível que poderia ser atingido caso todos os alunos terminassem o ensino médio*".[18]

Prossegue o senador Cristovam Buarque: "Não podemos melhorar a educação superior sem uma educação realmente universal e de qualidade para todos. **Se a universidade é a fábrica do futuro, o ensino fundamental é a fábrica da universidade**. *Sem uma professora primária que lhe tivesse ensinado as primeiras letras e as quatro operações, Albert Einstein não teria se tornado cientista*".[19]

Na educação, conclui o senador, "**a base da qualidade está na qualidade da educação básica para todos**. *Esse é o segredo que se evita falar porque seus resultados são demorados, e somos um país viciado no imediatismo... fala-se em fechar cursos superiores por falta de qualidade, mas raramente fala-se que a única forma de melhorar a qualidade do ensino superior é universalizar a educação de base até o final do ensino médio com alta qualidade para todos*".

---

17   *O Globo*, 06.09.2014.
18   *O Globo*, 21.05.2008.
19   *O Globo*, 27.10.2007.

O fracasso do ensino médio e fundamental em nosso país prejudica a formação de todas as profissões que exigem nível universitário, mas principalmente o **magistério** e as **carreiras jurídicas** (Magistrados, Ministério Público, Procuradores, Defensores e Advogados). Mais que as outras, essas profissões dependem do completo domínio da língua, precisam ter tirocínio e raciocínio, capacidade de ler, compreender e usar aquilo que se lê. E a leitura e a escrita, segundo os técnicos em educação, são desenvolvidas entre os 4 e 10 anos, sendo muito difícil depois disso recuperar essa capacidade.

Logo, por melhor que seja o ensino jurídico, não se pode conseguir ótimos resultados se a formação do estudante no primeiro e segundo graus foi deficiente. Tanto é assim que, dos aprovados em concursos públicos, a maioria cursou o fundamental e o médio em boas escolas particulares. Para suprir a deficiência, muitos cursos de Direito incluíram em seus currículos o estudo do português jurídico (linguagem argumentativa que ensina a organizar o pensamento para, de forma lógica e coerente, dizer o que as coisas são), iniciativa da maior relevância, que tem produzido resultados satisfatórios.

No que diz respeito ao ensino do Direito, propriamente dito, entendemos ser necessária uma mudança metodológica, de forma que privilegie mais íntimo **entrelaçamento entre a teoria e a prática, pois o Direito, embora seja uma ciência teórica quanto ao modo de estudar e saber, é eminentemente prático quanto ao fim**. Como não há vantagem alguma em se usar um método exclusivamente prático nem outro predominantemente teórico, cumpre, pois, sempre que possível, harmonizar o ensino teórico com o prático.

O curso de Direito não visa preparar o rábula nem o jurista esotérico afastado da realidade: deve ser suficientemente teórico para insuflar no discente o conhecimento geral da ciência jurídica e suficientemente prático para que o bacharel, ao sair da faculdade, não se sinta perdido e incapaz de dar os primeiros passos na vida forense.

Com muita propriedade, acentuou o Prof. Caio Tácito:

> *Numa sociedade estável é compreensível que os professores de Direito se limitem a preparar os alunos mediante estudos sistemáticos dos institutos e normas existentes, dotados de um sentido de permanência.*
>
> *Quando, porém, se instaura um processo mais ou menos constante de revisão legislativa, exprimindo as alternativas de transformação da sociedade que o Direito disciplina, perde sentido o preparo, ainda que excelente, no Direito consagrado, de tal forma que se transmita uma cultura jurídica suscetível de ser revogada por uma lei nova.*
>
> ***O verdadeiro, senão único, objetivo válido da preparação científica e profissional do advogado (entendida a expressão em sentido amplo e não apenas forense) é o do relacionamento entre a lei e a realidade social, familiarizando o jurista com os pressupostos da norma jurídica e habilitando-o a solucionar e compor as controvérsias e os conflitos de interesses.***

Em suma, o alvo da educação atual deve ser a conquista do raciocínio jurídico, e não simplesmente o domínio do direito positivo e da doutrina jurídica; preparar o estudante para resolver problemas, fixar princípios por meio do exame de casos atuais, dando tratamento jurídico aos fenômenos sociais.

Dessa forma poderemos ter advogados competentes, preparados para enfrentar até mesmo o imprevisível em face da rapidez com que as normas jurídicas tendem a se modificar, e a justiça poderá ser distribuída de maneira mais eficiente, rápida e equilibrada.

Há um provérbio chinês, lembrado pelo Prof. Gabriel Lacerda, que vem a propósito de tudo aquilo que até aqui se afirmou: "*Dá um peixe a um homem e matarás a sua fome por um dia; ensina-o a pescar e o alimentarás para o resto da vida*".

Cremos que, por sua clareza, o provérbio dispensa maiores comentários. Não basta fornecer peixes aos alunos ou indicar-lhes o mar, mediante informações e conhecimentos, como vem fazendo o ensino jurídico tradicional. É preciso ensinar-lhes a pescar, mediante um ensino teórico e prático que os capacite efetivamente para o exercício da advocacia.

Capítulo 14
A OPINIÃO PÚBLICA

Concepção de opinião pública. O poder da mídia na formação da opinião pública. Importância da opinião pública. O sentimento coletivo de justiça. A opinião pública sobre o direito e sua utilidade social. A opinião pública sobre as instituições jurídicas.

Chegamos agora ao terceiro item da classificação proposta por Renato Treves para o objeto da Sociologia Jurídica: Estudo da Opinião Pública sobre o Direito e suas Instituições.

Cumpre desde logo assinalar que se trata de algo extremamente impreciso e mutável aquilo que se denomina **opinião pública**. A rigor, não existe uma opinião pública, mas, sim, diversas correntes de opiniões, concorrentes ou divergentes, coexistentes sem conflito ou contraditórias em graus diversos, compondo um universo de opiniões que se manifestam em determinado momento e lugar.[1] Essas correntes de opiniões, entretanto, apresentam certos traços gerais e algumas tendências uniformes, formando afirmações de natureza majoritária ou predominante.

74. CONCEPÇÃO DE OPINIÃO PÚBLICA

De forma simples e sintética, podemos afirmar que opinião pública é o pensamento predominante do grupo sobre determinada pessoa ou questão. É o juízo coletivo adotado e exteriorizado por um grupo.

Esse pensamento coletivo a que nos referimos não é a soma de todas as opiniões particulares, nem sua síntese, mas, sim, o resultado mais ou menos estabilizado e predominante dos processos sociais gerais.

Ocorre com a opinião pública algo semelhante ao que ocorre entre a sociedade e o indivíduo. Para Tarde, a sociedade não passa de mera soma de consciências

---

[1] ROSA, F. A. de Miranda. *Sociologia do Direito*. 7. ed. Rio de Janeiro: Zahar Editores, 1973. p. 157.

individuais, e, como soma, as parcelas e o resultado têm de ser da mesma natureza, já que só se pode somar quantidades homogêneas. A sociedade seria, pois, uma natureza de ordem psicológica, como os elementos de que se compõe. Se tirarmos os indivíduos da sociedade, indagava, o que restará? Ele próprio responde: nada.

A essa tese psicológica e nominalista se opunha Durkheim, ao propor a substituição da palavra **Soma**, da formulação de G. de Tarde, por **Síntese**, tomada de empréstimo à terminologia química. Os elementos componentes seriam de natureza psicológica, mas o seu conjunto, a sua síntese, daria um composto novo e diferente – o Social.

Embora a ideia de síntese não deixe de ser verdadeira, torna-se falha quando levada a exageros. Na química, a realização da síntese anula e faz desaparecerem os elementos componentes. Exemplo: na formação da água (H_2O), o oxigênio e o hidrogênio deixam de existir como substâncias isoladas a partir do momento da síntese, para darem lugar à água.

Ora, isso não ocorre na síntese social. Os indivíduos formadores da sociedade não desaparecem, apenas formam uma realidade nova – o coletivo. Salvo hipóteses excepcionais de massificação coletiva, o coletivo, no comum das circunstâncias, não anula a vida individual, que, em muitos casos, se conserva tão independente que pode assumir figuras variadas do antissocial, como no caso do delinquente, do gênio, do revolucionário etc.

Isso evidencia, portanto, que o coletivo não é a soma dos indivíduos nem é a síntese de todos: é um novo produto, uma nova realidade, um modo de ser adjetivo derivado da vida individual, resultado mais ou menos estabilizado dos processos sociais gerais.

Tudo que atrás ficou exposto pode ser claramente constatado mediante simples comparação entre o comportamento individual e o coletivo. Em razão de determinados processos sociais, o comportamento do indivíduo, quando em grupo, pode mudar profundamente, levando-o a fazer coisas de que jamais se imaginou capaz.

Se alguém estiver sozinho em casa e observar que algo está pegando fogo, normalmente se empenhará em apagá-lo buscando auxílio de outras pessoas. Entretanto, se estiver em um teatro ou cinema e escutar alguém gritar "fogo", imediatamente ocorrerá um tumulto tão grande e desesperado que acabará ferindo e matando mais gente atropelada e pisoteada do que queimada pelo próprio fogo. A multidão em tumulto é capaz de cometer os mais hediondos crimes, como o de amarrar um mendigo ao poste e matá-lo a pauladas, como aconteceu anos atrás em um subúrbio do Grande Rio, muito embora fossem todos os componentes do grupo pessoas pacatas e de comportamento, até então, irrepreensível.

É que o comportamento coletivo de qualquer tipo, nas palavras de Donald Pierson, implica que o comportamento de cada indivíduo que dele participa não está inteiramente sob controle individual; implica que cada um dos indivíduos em apreço responde, consciente ou inconscientemente, às influências dos demais.[2]

---

[2] PIERSON, Donald. *Teoria e pesquisa em sociologia*. São Paulo: Melhoramentos, 1945. p. 223-224.

Willems explica o mesmo fenômeno falando em reação circular, que é uma forma de estimulação recíproca pela qual a reação de um indivíduo reproduz o estímulo que recebeu de outro indivíduo, comunicando-lhe e intensificando o processo de estimulação que se repete. Trata-se, em última instância, de uma reciprocidade de estimulação que, ao determinar respostas também recíprocas, provoca uma espiral ascendente e de dimensões crescentes.[3]

Conforme já assinalado, coisa semelhante ocorre com a opinião pública: não é a soma nem a síntese da opinião de todos, é um novo produto, uma nova realidade, um modo de ser decorrente da opinião de cada indivíduo e das influências que cada um, consciente ou inconscientemente, exerceu e recebeu dos demais. Representa a tendência geral, mas não é necessariamente a opinião de todos os membros nem a opinião de qualquer pessoa em particular.

O cientista político Marcus Figueiredo ressalta que o que se define por opinião pública não representa necessariamente a visão de uma elite, mas reflete sempre um sentimento presente, em maior ou menor grau, na sociedade. Nem sempre a opinião pública representa o pensamento majoritário do povo, mas ela pode fazer que o povo mude de ideia.[4]

74.1. O poder da mídia na formação da opinião pública

Como se forma a opinião pública? Quais os instrumentos eficazes para esse fim? A formação da opinião pública, geralmente, é um processo lento de sedimentação da vontade popular. Ideias, condutas e informações são lançadas na coletividade, que se sensibiliza por algum motivo; começam os comentários no círculo primário (família, trabalho, escola etc.), transformam-se em conversação quase que diária, que vão se sedimentando, e, assim, vai se formando a opinião pública.

No que diz respeito aos instrumentos, a imprensa escrita e falada, a mídia, é o grande formador da opinião pública. Tal é a sua força que até é chamada de **quarto poder**.

O Poder tem várias formas: os poderes constitucionalmente instalados, que se exercem pelo Executivo, Legislativo e Judiciário, e os poderes de natureza econômica e sociológica. A mídia é, sem dúvida, um poder em sua concepção sociológica, não só porque o poderoso sistema de comunicação de massa possa eventualmente derrubar um mandatário político mas também – principalmente – porque tem o poder de **condicionar**.

Costuma-se dizer que existem três formas de poder efetivo: o poder de punir, o poder de premiar e o **poder de condicionar**. Punindo, que é a tarefa própria do Poder

---

[3] WILLEMS, Emilio. *Dicionário de sociologia*. Porto Alegre: Globo, 1950. p. 286.
[4] FIGUEIREDO, Marcus. Laboratório de Pesquisas em Comunicação Política e Opinião Pública do Iuperj.

Judiciário, pode-se fazer que alguém faça o que deve ser feito; premiando, também podemos levar as pessoas a fazer o que queremos; condicionando, podemos não somente fazer que os outros façam o que queremos mas também que eles pensem como pensamos – e ainda convencidos de estarem pensando por si próprios. Esse é o poder da mídia. Poder que penetra nas casas, no seio das famílias; que alcança palacetes e favelas, cultos e ignorantes, ricos e pobres, até os mais longínquos pontos do País, por meio de uma linguagem emocional, colorida, cativante, persuasiva, sem contestação.

A grande problemática é que a imprensa brasileira tem muitos outros interesses, além daquele estritamente jornalístico. Há até quem fale em **liberdade de empresa**, e não em **liberdade de imprensa**. A mídia sempre esteve próxima do poder estatal e econômico, e isso faz que a informação nem sempre seja fidedigna e confiável. No mínimo vem embalada da maneira que melhor atinja os interesses dos detentores do poder. Dessa maneira, a notícia acaba, muitas vezes, tornando-se mercadoria; é tratada de tal forma que já vem comentada, explícita ou implicitamente. A forma implícita é a mais grave porque o comentário acaba virando notícia.

Observa Ana Lucia Sabadell que a mídia, no que se refere à Justiça e ao seu funcionamento, "*dá particular destaque aos problemas e escândalos (exemplo: corrupção de juízes) e nunca noticia o cotidiano normal do sistema jurídico, o que contribui para a formação de uma opinião estereotipada e sensacionalista*".[5]

Entretanto, pode-se dizer que o jornalismo brasileiro evoluiu nos últimos dez anos e muito contribuiu para a fiscalização da gestão pública, cooperando decisivamente para que ela se torne cada vez mais transparente.

Em uma sociedade de massas não é possível desprezar a opinião pública, senso comum formado por um conjunto variado de vetores que a grande mídia, por maiores interesses particulares que expressa, sempre abriga.

75. IMPORTÂNCIA DA OPINIÃO PÚBLICA

"A opinião pública", escreve com propriedade Carneiro Leão, "*é a um tempo criadora e modificadora poderosa do comportamento social*".[6] Baseada na importância que dão todos à crítica, ao desejo inato de conquistar aprovação e simpatia, a opinião pública, nos países de livre manifestação de pensamento, constitui elemento decisivo de interação social. Daí a grande força que possui a imprensa escrita e falada, como órgão de informação e formação de opinião pública.

O efeito maciço de uma tomada de posição feita por milhares ou milhões de pessoas, agindo em caráter particular, pode atingir enormes proporções, como muito oportunamente lembrou K. Davis. A mudança de gosto público pode arruinar uma

---

[5] SABADELL, Ana Lucia. *Manual de sociologia jurídica*: introdução a uma leitura externa do direito. São Paulo: Ed. RT, 2002. p. 181.

[6] LEÃO, A. Carneiro. *Fundamentos da sociologia*. São Paulo: Melhoramentos, 1954. p. 175.

indústria ou enriquecer outra; pode derrubar do poder quem lá se encontra e colocar outro; pode fazer de um anônimo um herói ou do herói um vilão; pode dar início à guerra ou levar à revolução.[7]

Por isso, tanto as empresas como os políticos mantêm grupos cuja missão consiste em pesquisar e despertar a simpatia do povo para suas atividades, produtos ou empreendimentos. Os programas de televisão vivem fazendo pesquisa de opinião pública para saberem como agradar ao público e merecer a preferência de audiência. As empresas vivem oferecendo seus produtos por meio da publicidade mais atraente e sofisticada possível, para ser lembrada quando se vai às compras. Os políticos, quando as eleições se aproximam, vivem de olho nas pesquisas feitas sobre a preferência do eleitorado, porque sabem que, para chegarem ou se manterem no poder, precisam ter o apoio da opinião pública, ou pelo menos não a ter contra. Isso tudo evidencia que o conhecimento da opinião pública, tanto quanto possível aproximado da realidade e com previsões a respeito de suas tendências e da evolução provável, é indispensável ao estudo de qualquer ciência social.

De forma específica, tem a opinião pública especial importância para a Sociologia Jurídica porque age como um verdadeiro termômetro, revelando ao legislador e às demais autoridades que atuam na ordem jurídica a temperatura social em torno de questões sociais relevantes e indicando as mudanças que precisam ser feitas nas leis e nas instituições jurídicas.

Dúvidas não temos em dizer que nossa legislação é hoje tão ineficaz, e nossas instituições tão mal estruturadas e aparelhadas, porque, no Brasil, lamentavelmente, não se dá atenção à opinião pública no que diz respeito a tais questões.

76. O SENTIMENTO COLETIVO DE JUSTIÇA

No campo do Direito, a primeira verificação da opinião pública que se impõe realizar é no que concerne ao sentimento coletivo de justiça.

Há em todo indivíduo, fruto de condicionamentos sociais, um sentimento acerca do certo e do errado, do bom e do mau, do justo e do injusto. É em razão disso que, mesmo sem nunca ter estudado direito ou tocado a mão em um compêndio de leis, diante de determinadas circunstâncias, as pessoas afirmam com veemência: isso é uma injustiça, isso não é justo, não é certo etc.

Assim como há um sentimento individual de justiça, há um sentimento coletivo, no qual se baseia a sociedade para estabelecer seus padrões de comportamento. É aquilo que se tem chamado de **consciência jurídica** da população.

Com base nos resultados de diversas pesquisas feitas, sobretudo na Europa, é possível afirmar que o sentimento de justiça varia em suas manifestações, de tempo para tempo e de lugar para lugar, muito embora não estejam ainda suficientemente

---

[7] DAVIS, Kingsley. *A sociedade humana*. p. 85.

explicadas as relações motivadoras das diversas gradações ou formas em que esse sentimento se apresenta. Um crime grave, um escândalo financeiro ou político, faz que a opinião pública se incline no sentido de exigir uma justiça mais severa, repressiva, imediata. Fala-se até em pena de morte, prisão perpétua e outras penas mais severas, mas, passado o impacto, muda-se a opinião.

Ao legislador especialmente importa conhecer o sentimento coletivo de justiça, para que possa elaborar leis justas, adequadas aos interesses e aos sentimentos sociais. Frequentemente, fala-se em leis injustas, exatamente porque foram elaboradas ao arrepio dos interesses sociais, sem prévia consulta à opinião pública a respeito da matéria legislada. Nem sempre fazer justiça consiste na simples aplicação da lei, uma vez que nem tudo que é legal é justo. Leis injustas existem, principalmente no mundo econômico, porque afastadas do sentimento coletivo de justiça, cuja aplicação vem causando profundo desequilíbrio social. A correção dessas distorções, bem como o afastamento de outras no futuro, poderia ser conseguida mediante o prévio conhecimento do sentimento coletivo de justiça.

O exame do sentimento de justiça, escreveu Miranda Rosa, *"abrange necessariamente o das normas existentes, sua adequação ou não ao que é tido como justo, a aprovação social das sanções que o Direito estabelece, garantidoras da validez e eficácia das normas. Também abarca a maneira como a opinião do público se manifesta sobre o comportamento ilícito, ou a distância entre a desaprovação da norma jurídica acerca da conduta e a desaprovação que o consenso ético-social impõe à mesma forma de comportamento"*.

Tal conhecimento proporcionaria também ao legislador as condições adequadas para fazer as modificações necessárias na legislação vigente, já que, com as variações do sentimento coletivo de justiça de tempo para tempo, muitas normas existentes tornaram-se vazias de conteúdo social, perderam a razão de ser, ficando ineficazes, produtoras de efeitos negativos, conforme já demonstrado quando falamos dos efeitos negativos da lei.

Em suma, a norma deve ser vista com os olhos do seu tempo. A lei deve servir à sociedade, e não o contrário. A sociedade e seus valores se modificam, e a lei não está imune a esse fenômeno.

77. A OPINIÃO PÚBLICA SOBRE O DIREITO E SUA UTILIDADE SOCIAL

Outro aspecto da opinião pública de interesse sociojurídico é aquele que diz respeito à conveniência ou à utilidade social do Direito, ou ainda à sua correta aplicação como instrumento de ordem social. Nesse ponto, diga-se de passagem, existem posições conflitantes, conforme constatado por meio de pesquisas realizadas em vários países.

Com efeito, embora seja o Direito considerado e aceito como forma mais eficaz de controle social em sua organização e aplicação, sofre questionamento da opinião pública quanto à sua equidade. A sociedade global acredita no jurídico como algo indispensável à coesão e à sobrevivência grupal, mas, em âmbito interindividual, há descrédito subjacente na justiça. Creem os grupos que a justiça é fenômeno dependente, relativo às condições de classe social.

Para muitos, o Direito não passa de simples meio de se valerem os mais fortes da máquina estatal contra os oprimidos de todos os tipos. Outros entendem que ele se presta a manobras que o desvirtuam completamente, e que isso ocorre com grande frequência.

Por que tem o Direito uma imagem tão distorcida da realidade? Conhecendo as causas que levaram a opinião pública a se formar de modo tão averso ao verdadeiro objetivo do Direito, não seria possível eliminar algumas dessas causas e reconquistar a opinião pública?

O que anteriormente ficou dito é de fácil demonstração quando atentamos, por exemplo, para as normas que estabelecem a obrigação tributária. Se for feita uma pesquisa sobre a importância dos tributos e a necessidade de sua arrecadação, ver-se-á que a maioria do grupo entende necessário o pagamento dos impostos para a consecução de objetivos sociais. Todos compreendem que não é possível atender às despesas da Administração Pública com educação, saúde, segurança, estradas etc. sem a arrecadação dos tributos, pois o Estado, normalmente, não gera recursos, apenas os administra em prol da coletividade. Tudo o que ele pode fazer é tirar recursos de um e dar a outro. Por isso, o grande problema é aumentar a capacidade de produção, e não de consumo. Como consumir mais se não há produção? Se não há geração de recursos? Não obstante, na hora de pagar o tributo, ninguém gosta e procura esquivar-se.

Caberia, a nosso ver, uma pesquisa profunda da opinião pública em torno do assunto por parte do fisco, bem com um estudo minucioso das causas, a fim de se procurar modificar as coisas para o futuro, o que, sem dúvida, facilitaria o trabalho de arrecadação e fiscalização, podendo-se arrecadar mais com menos esforço.

Talvez o povo não esteja suficientemente esclarecido sobre o destino dado pela Administração Pública ao dinheiro arrecadado por meio dos tributos, o que seria evitado mediante amplo esclarecimento das obras realizadas, dos serviços executados etc. Talvez o povo não tenha confiança na Administração, não acredite que o dinheiro público esteja sendo honestamente empregado, o que poderia ser evitado mediante um esforço de reconquista da confiança pública. Talvez as leis tributárias sejam mesmo extorsivas, exigindo do contribuinte excessivo encargo tributário, muito além de sua capacidade, forçando-o a fraudar, o que poderia ser evitado mediante a reformulação do sistema tributário, em que se procurasse dividir de forma mais equânime as obrigações tributárias, de modo que não incidissem sempre sobre os mesmos, como no caso do imposto de renda, que, sabidamente, recai mais direta e pesadamente sobre os assalariados por sofrerem o desconto na fonte, facilitando a arrecadação.

O fisco deveria engendrar meios de alcançar com suas malhas os de maior capacidade econômica, de pescar também o peixe grande do comércio e da indústria, aliviando a sobrecarga dos assalariados.

Os inconvenientes de se deixar de contatar e esclarecer a opinião pública acerca de questões tributárias podem ser demonstrados com a chamada *taxa do lixo*. Do ponto de vista social, acredito que ninguém conteste a necessidade de tal taxa, eis que o lixo de uma grande cidade tem que ser recolhido diariamente e com eficiência, sob pena de se tornar impossível a vida. É evidente que, para a coleta desse lixo, é necessária uma estrutura empresarial, gente e material, bem como a realização de um serviço organizado e sistemático, sendo a taxa exatamente para tal fim.

Contudo, quando anos atrás a taxa começou a ser cobrada, houve uma tremenda reação do público, ensejando milhares de ações judiciais, o que em muito prejudicou a arrecadação. Em nossa maneira de ver, isso tudo poderia ter sido evitado se, antes do lançamento da taxa do lixo, a opinião pública fosse esclarecida a respeito de suas causas, necessidade, objetivos e critérios de fixação.

78. A OPINIÃO PÚBLICA SOBRE AS INSTITUIÇÕES JURÍDICAS

Aquilo que o público em geral pensa a respeito das instituições jurídicas é outro aspecto da opinião pública de interesse para a Sociologia Jurídica, pois, com base em tal opinião, é possível saber se as instituições estão ou não funcionando satisfatoriamente, a fim de alcançar seus objetivos sociais.

O resultado das pesquisas realizadas sobre o funcionamento do sistema judiciário não é nada animador. A população não tem bom conhecimento do sistema jurídico, tudo é justiça: a polícia, o Ministério Público, a Defensoria Pública, o sistema carcerário etc.; acredita que só pobre vai para a cadeia; não confia na justiça, ou confia muito pouco; tem uma imagem negativa de seus operadores.

Dois índices que monitoram as atividades do Judiciário no Brasil convergem para um cenário preocupante, revelando que o desempenho da nossa Justiça está aquém do esperado.

O Índice de Desempenho da Justiça (IDJus) mede o desempenho do Judiciário a partir do funcionamento interno dos tribunais, tendo como matéria-prima as informações disponibilizadas pelo CNJ. Sintetiza três dimensões das Justiças Federal, Estadual e do Trabalho: gestão orçamentária, alocação de recursos humanos e tecnológicos e gestão dos processos (considerando volume de demandas e tempo de resposta dos tribunais). O indicador mostra leve melhoria no desempenho nas três esferas, com a Federal exibindo melhor desempenho (60,9 pontos), seguida do Trabalho (51,2 pontos), tendo a Estadual *performance* mais baixa (49,5 pontos), mas com maior volume de processos tramitados – 52,7 milhões de processos.

Apesar de distante do ideal, a Justiça Federal serve de espelho para as demais esferas, especialmente quanto ao principal gargalo, que é a gestão de processos, em que sua produtividade subiu de 46,6 para 58,7 pontos em dois anos. Enquanto isso, a Justiça Estadual passou de 34,2 para 37,4, e a do Trabalho, de 27,2 para 28,8.

O IDJus traz também um *ranking* dos tribunais em termos de desempenho, sendo o mais bem colocado na Justiça Estadual o TJ-RS (60,5 pontos), seguido do TJ-MS (58,4) e do TJ-RJ (58). Figuram entre os tribunais com mais baixo desempenho o TJ-BA (42) e TJ-PE (40,5). Na Justiça Federal, o TR da 3ª Região (SP/MS) se destaca, com 69,4 pontos, e, no Trabalho, os TRTs da 8ª (AP/PA) e 2ª (SP) Regiões se destacam, com 54,5 pontos.

O Índice de Confiança na Justiça (ICJBrasil), da Fundação Getulio Vargas, mede a confiança que a população tem na Justiça, tendo como matéria-prima pesquisa de opinião conduzida com moradores de oito unidades da federação: AM, PE, BA, MG, RJ, SP, RS e DF. O índice traz a avaliação que os brasileiros fazem da Justiça e sua predisposição de buscar o Judiciário caso vivenciem situação de conflito passível de solução judicial. O ICJ totalizou 5,5 pontos em 2010, e 5,1 pontos na última edição, 2013, indicando que os brasileiros confiam pouco na Justiça. Isso se deve, principalmente, à percepção de que o Judiciário é lento (para 90% dos entrevistados), caro (para 81%) e difícil de utilizar (para 71%).

Onde a população melhor avalia o Judiciário é no RS, que obteve o melhor desempenho entre as Justiças Estaduais no IDJus. Já as piores avaliações estão entre os moradores de BA e PE – que estão entre os tribunais de desempenho mais baixo. A convergência de indicadores revela que a população não está alheia ao desempenho efetivo dos tribunais.[8]

Assume também grande relevância saber a opinião que predomina no que tange à imparcialidade dos órgãos judiciais, sua docilidade diante do poder, ou sua vulnerabilidade às influências dos mais bem atendidos na divisão da riqueza social. Há uma boa parcela da opinião pública que entende serem os tribunais ou os juízes influenciáveis pelos poderosos, ou passíveis de corrupção, e, portanto, parciais, assunto esse da maior gravidade e a merecer uma especial atenção, sob pena de um desprestígio cada vez maior da instituição.

Advirta-se, entretanto, que nem sempre deverão as instituições jurídicas submeter-se à opinião pública, principalmente quando esta se encontra manejada, ou dominada, por grupos de pressão que não traduzem os reais e efetivos propósitos da sociedade. Em artigo intitulado "STF foi permeável à opinião pública sem ser subserviente", Luís Roberto Barroso e Eduardo Mendonça, renomados constitucionalistas e professores, assinalaram:

> *O Judiciário deve ser permeável à opinião pública, o que não significa que deva ser subserviente. O diálogo de que se falou não pode se converter em um monólogo à moda de sermão, em que magistrados iluminados revelam ao povo a verdade do Direito. Por outro lado, tampouco se espera que eles decidam pensando nas manchetes do dia seguinte ou reagindo às do dia anterior, o que os transformaria em oficiais de justiça das redações de jornal. O que se tem, portanto, é um equilíbrio delicado e dinâmico, em que se alternam momentos de ativismo e contenção, bem como momentos de alinhamento e desalinhamento com a vontade majoritária.*

---

[8] Trechos do artigo dos professores Ricardo Morishita Wada e Fabiana Luci de Oliveira publicado no *O Globo,* 26.04.2014.

O papel dito antimajoritário ou contramajoritário, em especial das cortes constitucionais, não significa dever apenas de tutelar direitos das minorias perante risco de opressão da maioria mas também de enfrentar, em vez de críticas ditadas pelo interesse público, pressões impróprias tendentes a constranger juízes e ministros a adotarem interpretações que lhes repugnam à consciência. O dissenso hermenêutico faz parte da discutibilidade das questões jurídicas, na vida republicana. Pressões, todavia, são manifestações de autoritarismo e desrespeito à convivência democrática.[9]

O compromisso do magistrado é com o ordenamento jurídico, tal como foi programado pelo organismo social em momento de serenidade e reflexão. Os momentos de paixão e exaltação, que cercam a eclosão de certos acontecimentos, podem levar segmentos da sociedade a agir mais por instinto do que pela razão e pelos sentimentos nobres que presidiram a instituição da norma jurídica.[10]

Nunca o Judiciário brasileiro esteve submetido à maior pressão da opinião pública como nos casos do **Mensalão** e do **Lava Jato**, que ficarão conhecidos como **julgamentos para a História**. No primeiro caso, a maior pressão foi exercida sobre o Ministro Celso de Mello quando teve que decidir, em face do empate entre os ministros que já haviam votado, se eram ou não cabíveis os embargos infringentes, recurso que daria aos réus do mensalão a chance de novo julgamento em alguns crimes.

Eis alguns trechos do desabafo do Ministro:

> Eu imaginava que isso [pressão da mídia para que votasse contra o pedido dos réus] pudesse ocorrer e não me senti pressionado. Mas foi insólito esse comportamento. Nada impede que você critique ou expresse o seu pensamento. O que não tem sentido é pressionar o juiz. (...) Foi algo incomum. Em 45 anos de atuação na área jurídica, como membro do Ministério Público e juiz do STF, nunca presenciei um comportamento tão ostensivo dos meios de comunicação buscando subjugar um juiz. (...) Essa tentativa de subjugação midiática da consciência do juiz mostra-se extremamente grave e por isso mesmo insólita. É muito perigoso qualquer ensaio que busque subjugar o magistrado, sob pena de frustração das liberdades fundamentais reconhecidas pela Constituição. É inaceitável, parta de onde partir. **Sem magistrados independentes jamais haverá cidadãos livres.** (...) O juiz não é um ser isolado no mundo. Ele vive e sente as pulsões da sociedade. Ele tem capacidade de ouvir. Mas precisa ser racional e não pode ser constrangido a opiniões externas.[11]

---

[9] Ministro Cezar Peluso, ex-presidente do STF, no discurso de abertura do ano judiciário de 2012.
[10] THEODORO JÚNIOR, Humberto. *Direitos do consumidor*. 5. ed. Rio de Janeiro: Forense, 2008. p. 294.
[11] *Folha de S.Paulo*, 26.09.2013.

Em seu voto memorável, lição para toda a magistratura presente e futura, o Ministro Celso de Mello justificou o seu entendimento:

> *A Corte não pode se submeter a pressões do clamor popular para tomar decisões. Isso poderia resultar na violação do direito dos réus de ter um processo justo. A Corte deve se afastar das paixões exacerbadas das multidões. (...) O dever de proteção das liberdades individuais dos réus, de qualquer réu, representa encargo constitucional de que este Supremo Tribunal Federal não pode demitir-se, sob pena de perda de conquistas históricas, após séculos de lutas e reivindicações do próprio povo, na consagração de que o processo penal traduz instrumento garantidor de que a reação do Estado à prática criminosa jamais pode ser uma reação instintiva, arbitrária ou irracional. (...) Eu não posso sobrepor as minhas convicções individuais sobre o estatuto constitucional que protege as liberdades fundamentais de nosso país. Se isso ocorrer, haveria uma completa subversão do regime de liberdades públicas e aniquilação gravíssima dos direitos, garantias e liberdades essenciais que dão sentido, que dão significado e que conferem legitimidade material ao Estado democrático de Direito.*

Em conclusão, atentar para a opinião pública não é sucumbir às manifestações de momento de setores da comunidade, nem da chamada *sociedade do espetáculo* dominada pelos meios de comunicação, que substituem "o real por signos do real". Como já destacado, não há uma única opinião sobre as pessoas e os acontecimentos, e as várias opiniões não têm o mesmo peso. Será preciso avaliar cada caso antes de se tomar uma posição pró ou contra. O compromisso do juiz é com a justiça e, para tanto, tem que ser imparcial, independente e corajoso, para enfrentar todas as forças e pressões, honestas ou desonestas, que tentam conduzir a decisão para rumo diverso do planejado pelo ordenamento jurídico.

Capítulo 15
O MÉTODO DA SOCIOLOGIA JURÍDICA

Conceito de método. O método utilizado pela Sociologia Jurídica. A observação: nas sociedades contemporâneas do tipo moderno, nas sociedades contemporâneas do tipo primitivo e nas sociedades desaparecidas. A interpretação. A comparação.

Após estudarmos o objeto da Sociologia Jurídica, vamos agora dedicar este capítulo a um exame sucinto do seu método, pois, como do conhecimento geral, no estudo de qualquer ciência é indispensável estabelecer o seu objeto e definir o seu método.

Convém esclarecer, desde logo, que não vamos tratar aqui dos métodos adotados desde as formações doutrinárias e teóricas da Sociologia nem do chamado "método sociológico", abrangente, genérico, cujas regras foram enunciadas por Durkheim em celebrado estudo, mas, sim, para não fugirmos aos objetivos deste singelo trabalho, dos processos e técnicas empregados pela Sociologia Jurídica na investigação e realização do seu objeto.

Para tanto, torna-se necessário estabelecer, ainda que de forma sintética, um conceito de método.

79. CONCEITO DE MÉTODO

Método é o meio mais racional e eficiente para se atingir um fim desejado. É o caminho utilizado para a realização de um objetivo. São os meios, recursos, instrumentos e atividades, devidamente organizados e coordenados, de que dispõe uma ciência para realizar seu objeto. É o conjunto dos meios ou processos dispostos convenientemente para alcançar um fim e, especialmente, para chegar a um conhecimento científico, ou para comunicá-lo.

Trocando isso tudo em miúdos, podemos dizer que método é maneira eficiente de fazer as coisas; é modo racional de proceder; reunião dos meios que se empregam nas ciências para achar a verdade. Por isso, torna-se desnecessária qualquer discussão em torno do uso do termo "método", como têm feito alguns autores, suscitando debates por entenderem não ser próprio o vocábulo para descrever as operações intelectuais realizadas pelo investigador ainda na fase da observação propriamente dita, propondo, em lugar de "método", a palavra "processo". Hoje, pode-se afirmar, com segurança, que já está generalizado o uso do termo "método" para indicar os processos e técnicas empregados na investigação social.

Quanto à importância da utilização de um método, basta que se diga ser ele indispensável no desempenho de qualquer atividade que se propõe alcançar algum objetivo, desde a mais simples à mais complexa. Os simples serviços domésticos realizados pela dona de casa, se não forem executados com método, acabam se revelando deficientes. O estudante que não tem método nos estudos (deixa para estudar somente na hora das provas) nunca será um bom estudante; pode até tirar boas notas, mas pouco aproveitamento tirará dos estudos. Estuda para passar de ano, mas não para aprender.

A razão pela qual algumas pessoas, nas mesmas 24 horas do dia, conseguem fazer tanta coisa, e outras quase nada conseguem, está justamente no fato de as primeiras serem pessoas metódicas.

As empresas industriais e comerciais dos nossos dias, para conseguirem realizar os seus objetivos, levam muito a sério a questão relacionada com organização e métodos, que já fazem parte das matérias estudadas no curso de Administração.

Vê-se, pois, que não teria a Sociologia Jurídica condições de realizar os seus objetivos sem desenvolver as suas atividades de forma metódica.

80. O MÉTODO UTILIZADO PELA SOCIOLOGIA JURÍDICA

Segundo Lévy-Bruhl,[1] o método jurídico utilizado pelo jurista, tomado o termo em seu sentido mais amplo, não é muito diferente do utilizado nas ciências sociais em geral e pode ser resumido em três operações principais: observação, interpretação e comparação.

80.1. A observação

Consiste a observação na coleta de dados ou fatos sociais importantes para o estudo que se está realizando, os quais posteriormente deverão ser examinados, classificados e interpretados. Pode a observação ser realizada em diferentes tipos de sociedades, a saber:

a) sociedades contemporâneas de tipo moderno;
b) sociedades contemporâneas de tipo primitivo;
c) sociedades desaparecidas.

---

[1] LÉVY-BRUHL, Henri. *Sociologia do Direito*. São Paulo: Difusão Europeia do Livro, 1964. p. 97-114.

Nas sociedades contemporâneas de tipo moderno, a observação é bastante fácil, pois as fontes de informações são abundantes, superabundantes mesmo, a ponto de não se conseguir dominá-las completamente. As mais importantes fontes nessas sociedades são as escritas, dentre as quais podemos destacar:

a) os textos legislativos ou regulamentares, como códigos, leis etc.;

b) as coleções de jurisprudência, por meio das quais sabemos como as leis estão sendo aplicadas;

c) os documentos de caráter técnico, como processos, registros cartorários etc. Com base nesses documentos é possível, por exemplo, saber quantos casamentos, separações judiciais, divórcios etc., ocorreram no Rio de Janeiro no ano passado, pois todos esses atos ficaram devidamente registrados.

Na tarefa de coletar dados importantes para o estudo que se pretende fazer, pode o investigador lançar mão de vários métodos (tomada aqui a palavra em sentido estrito), como o inquérito, o estatístico etc.

Entende-se por inquérito a pesquisa ou processo de investigação feito muitas vezes por meio de questionário, a fim de conhecer a realidade social mediante suas manifestações concretas. Consiste em ouvir pessoalmente os indivíduos componentes de determinado grupo que se deseja estudar. Quem se propõe a realizar uma pesquisa define o seu objeto, conjectura uma solução provável, coleta os dados, sujeitando-se *a posteriori* verificação. Deve, entretanto, adotar uma postura de observador, isenta de qualquer juízo de valor.

Quem primeiro usou esse método cientificamente na Sociologia foi o francês Le Play, fundador da Escola de Ciência Social e do método monográfico. Em nosso século, a técnica do inquérito social foi altamente aperfeiçoada nos Estados Unidos, onde os estudiosos do problema criaram uma verdadeira Sociologia Experimental baseada no *survey* (inquérito). Há *survey* para todos os fins: publicidade, literatura, cinema, ciência, esporte, política etc. Foi criado o Instituto da Opinião Pública, cuja finalidade é lançar permanentes inquéritos no seio da comunidade a fim de conhecer-lhe a opinião a respeito dos principais problemas do mundo atual e avaliar a evolução dessa opinião.

O inquérito é geralmente realizado por uma equipe mais ou menos numerosa de pesquisadores e dirigido por um especialista mais experimentado, pois há uma técnica minuciosa a ser aplicada, aperfeiçoada nas últimas décadas. Antes de iniciar a pesquisa, é necessário estabelecer com clareza e precisão **o seu objetivo (o que perguntar)**, a fim de evitar perguntas confusas e ensejadoras de respostas dispersivas. Em outras palavras, é indispensável uma formulação preliminar das hipóteses a investigar, com a formação, a definição e a delimitação do problema. Na formulação dos quesitos, é preciso **saber perguntar (como perguntar)**, afastando perguntas capazes de induzir a resposta ou condicionar o raciocínio do entrevistado, devendo-se, para tanto, dar muita atenção à carga semântica variável de certos vocábulos ou de expressões idiomáticas, e outros detalhes. **A quem perguntar** é outra questão que deve merecer particular atenção, para que os dados coletados sejam realmente representativos de toda a sociedade ou da fração dela que se está investigando, pois, caso contrário, as conclusões finais serão um logro.

Ao longo do nosso estudo fizemos referência a dezenas de pesquisas sobre muitos temas, realizadas por vários institutos e entidades respeitáveis, o que evidencia a importância da pesquisa para a Sociologia Jurídica. É o seu método por excelência, que lhe permite chegar aos fatos, à realidade social, para dela extrair as conclusões necessárias ao seu estudo.

A estatística, por seu turno, enumera a frequência dos fenômenos sociais, pois é o agrupamento metódico dos fatos sociais suscetíveis de avaliação quantitativa. Assim sendo, entende-se por **método estatístico** o conjunto de processos que tem por objeto a observação, a classificação formal e a análise dos fenômenos coletivos ou de massa, bem como a indução das leis a que tais fenômenos globalmente obedeçam.

A importância da utilização da estatística em questões sociológicas foi muito bem assinalada por Lévy-Bruhl ao escrever: "*Tendo em vista que as instituições jurídicas são coisas coletivas, conclui-se que um dos principais instrumentos de trabalho a ser utilizado para conhecê-las é a estatística. Para apreciar o verdadeiro alcance de uma instituição e medi-la no tempo e no espaço, é preciso dispor de elementos numéricos exatos, tão exatos quanto possíveis, e levantados periodicamente*".[2]

O emprego da estatística no campo sociojurídico tem sido criticado por alguns autores, principalmente por falta de confiança nos dados fornecidos pelos órgãos oficiais. Há mesmo quem afirme ser a estatística o meio oficial de afirmar inverdades, em face da manipulação muitas vezes feita nos dados que lhe serviram de base, especialmente em questões econômicas e políticas – eleições.

Entendemos, todavia, que, mesmo não tendo absoluta confiança nas cifras publicadas e ainda que se apontem erros voluntários ou involuntários que se deixaram escapar, esses dados são preciosos, visto que contêm grande número de informações não encontradiças em outros lugares.

Em tese, caso houvesse um trabalho sério e organizado de coleta dos dados, não seria difícil e de alto custo o emprego da estatística no mundo jurídico, porque tudo ou quase tudo que nele se passa, pelo menos de mais relevante, fica devidamente registrado.

Quem não reconhece o quanto seria útil saber o número de casamentos, separações judiciais, divórcios, testamentos, reconhecimento de filhos naturais etc., nas diferentes cidades, estados ou regiões do País? Ou então: quem não vê a importância de saber o número e o tipo de crimes que ocorrem em diferentes meios, onde se verifica a sua maior incidência etc.? Tais dados permitiriam a adoção de uma série de medidas preventivas e repressivas. Sobre esses temas e muitos outros fatos jurídicos, a documentação existe, pois foram todos registrados, sendo mesmo, na maioria das

---

[2] LÉVY-BRUHL, Henri. *Sociologia do Direito*. São Paulo: Difusão Europeia do Livro, 1964. p. 99.

vezes, bastante acessível. No entanto, não foi ainda coligida e muito menos consultada, razão pela qual o incremento da estatística jurídica é, no plano científico, uma medida de grande urgência.

80.2. A observação nas sociedades contemporâneas de tipo primitivo

Nessas sociedades, à falta de escrita, a observação é feita *in loco*, mediante a presença física do pesquisador. Se o propósito é conhecer, por exemplo, a situação da família entre os nossos indígenas, não haverá outro meio de realizar tal pesquisa a não ser deslocando-se o pesquisador para esse meio para ali ver, ouvir e observar. Terá que se misturar com eles, ganhar sua confiança, participar de sua vida diária, assistir às suas festas e cerimônias, conhecer seus hábitos e costumes.

O conhecimento do direito de uma sociedade do tipo primitivo adquire particular importância quando é comparado com o direito de uma sociedade da mesma época, contemporânea, mas do tipo moderno. Pode-se, então, verificar com grande evidência as profundas diferenças existentes entre o direito de uma e de outra sociedade, por força de determinados fatores sociais, como a cultura, a economia, a política, a religião etc., conforme já exposto na parte em que tratamos dos fatores sociais da evolução do direito. Além disso, o direito primitivo apresenta traços particularmente interessantes e originais, a ponto de constituírem objeto de uma disciplina especial, a **Etnologia Jurídica**.

80.3. A observação nas sociedades desaparecidas

No que se refere, finalmente, às sociedades que deixaram de existir, a observação está naturalmente circunscrita aos vestígios que essas sociedades deixaram. Ter-se-á que recorrer aos documentos escritos, monumentos, pergaminhos porventura existentes, o que torna tremendamente penosa a tarefa do pesquisador.

Nesse ponto, a arqueologia tem contribuído grandemente para um melhor e maior conhecimento do direito de antigas civilizações, como a dos egípcios, caldeus, hebreus etc., por meio de suas inúmeras descobertas.

Pode-se ainda lançar mão de informações indiretas, que são as fornecidas por terceiros, como as que nos dá Heródoto sobre os persas, Possidônio sobre os trácios, Tácito sobre os germanos.

81. A INTERPRETAÇÃO

A interpretação, que, como registrado, é a segunda operação do método da Sociologia Jurídica, consiste no exame e na classificação dos fatos sociais coletados, extraindo-se deles as primeiras conclusões.

Nessa tarefa, pode-se utilizar vários métodos, como o dedutivo, que parte do geral para o particular (o que vale para o geral há de valer para o particular), e o indutivo, que segue caminho inverso, isto é, do particular para o geral, muito embora a aplicação de ambos no campo sociológico seja severamente criticada.

Com que espírito deve o pesquisador interpretar os dados postos à sua disposição?

A primeira regra – e mais fundamental – é considerar os fatos sociais como coisas. Quer isso dizer que os fatos sociais devem ser considerados realidades diversas das ideias, devendo o intérprete livrar-se das prenoções de que a vida social nos encharca o espírito com relação aos temas da sociedade. Em verdade, enfatiza Machado Neto, sobre as coisas nada sabemos antes da pesquisa cuja realização porventura empreendamos realizar. Se, sobre o social, antes mesmo de iniciarmos a pesquisa, já nosso espírito está cheio de noções prévias (prenoções) acerca de sua natureza e seu comportamento, Durkheim recomenda aos sociólogos o abandono desse conhecimento espúrio. Não tendo emanado da pesquisa, tal conhecimento somente pode ter sido fruto de prejulgamentos e prenoções. Tratar os fatos sociais como coisas é, pois, libertar o espírito desses prejulgamentos e dessas prenoções, uma vez que sobre as coisas não podemos ter prejulgamentos ou prenoções.[3]

Lévy-Bruhl, por sua vez, estabelece alguns princípios de interpretação que, por sua importância, merecem ser aqui destacados:

1) *O jurista e sociólogo deve dirigir sua atenção exclusivamente para os fatos jurídicos tais como tentamos defini-los, ou seja, como normas de conduta coletivas. Significa que deixará de lado a priori o que se revelar puramente descritivo, como o fato individual ou o anedótico.*

2) *Interessa-lhe, não o momento em que se verificaram materialmente os fatos, mas sim o momento em que exercem sua influência. Em outros termos, o que merece ser tomado em consideração não é o tempo astronômico, o tempo do calendário, mas sim o tempo social, a relação cronológica entre um fato e outro da mesma natureza. Somos levados a dar menor atenção ao aparecimento material de um fato ou ideia, e maior ao momento em que esse fato ou ideia começa a agir, a produzir seus efeitos sociais.*

3) *Tratando-se de documento escrito, interessam mais ao jurista os efeitos sociais produzidos pelo escrito do que o sentido original do texto, a sua pureza ou o seu teor verídico, como sói acontecer para o historiador. Um texto jurídico é, aos olhos do jurista sociólogo, algo diferente de uma peça de arquivo, cuja significação e importância continuam ligadas às circunstâncias que envolveram sua origem. É uma espécie de ser vivo destinado a produzir seus efeitos dentro de um ambiente em constante evolução, e que por isso mesmo evolui também incessantemente. Muda, portanto, constantemente de sentido, e sua significação inicial tem tão pouca importância para o jurista quanto os diferentes sentidos que adquiriu no decorrer do tempo. A noção de autenticidade chega a suscitar-lhe um interesse muito restrito.*[4]

---

[3] NETO, Machado. *Sociologia jurídica*. 2. ed. São Paulo: Saraiva, 1990. p. 71.
[4] LÉVY-BRUHL, Henri. *Sociologia do Direito*. São Paulo: Difusão Europeia do Livro, 1964. p. 106, 108 e 109.

82. A COMPARAÇÃO

Chegamos, finalmente, à última operação do método da Sociologia Jurídica – a comparação, que vulgarmente significa examinar simultaneamente duas ou mais coisas para lhes determinar semelhança, diferença ou relação. Do ponto de vista sociológico, o termo não foge desse sentido, sendo utilizado, portanto, para indicar o cotejo ou confronto das conclusões parciais obtidas na fase da interpretação, a fim de estabelecer as relações, as semelhanças e as diferenças entre elas existentes e chegar a outras conclusões, mais abrangentes e definitivas.

A comparação pode – e deve – ser feita em dois planos: o plano vertical, temporal ou histórico; e o plano horizontal, espacial ou geográfico.

No **plano vertical ou temporal**, comparam-se resultados de observações feitas em uma mesma sociedade, mas em épocas diferentes. Assim, por exemplo, se estamos estudando os problemas relacionados com a família brasileira, podemos comparar a situação da família na atualidade com a da época da República, do Império, da Colônia, e investigar as causas que os provocaram.

No **plano horizontal ou espacial,** a comparação é feita entre os resultados obtidos nas observações efetuadas em diferentes sociedades, mas todas contemporâneas, como no norte, leste e sul do Brasil, ou mesmo entre diferentes países. Por meio de tal comparação, é possível notar as diferenças existentes entre as normas do direito dessas sociedades contemporâneas, motivadas por fatores sociais e atuantes em cada região ou país.

É ainda possível verificar, mediante comparação nos planos vertical e horizontal, as origens de algumas instituições atuais, ou traços em comum entre elas, e certas instituições antigas, bem como o grau de aperfeiçoamento de instituições análogas de outras sociedades, o que poderá aumentar a nossa experiência e levar ao aprimoramento das nossas instituições.

Somente por meio do emprego judicioso do método (ou dos métodos) que acabamos de delinear, é possível ter um conhecimento profundo das instituições jurídicas, das suas funções sociais, da sua eficiência ou ineficiência, bem como das normas ou dos institutos jurídicos existentes – conhecimento indispensável para se fazerem as reformas, mudanças e alterações necessárias. Antes disso, qualquer mudança ou reforma será feita improvisadamente, praticamente no escuro, e jamais conseguirá atingir os seus objetivos sociais.

Foi o que aconteceu com a chamada **reforma do Poder Judiciário levada a efeito por meio da Emenda Constitucional n. 7/1977, que emendava a Constituição de 1967,** e da Lei Orgânica da Magistratura. Fizeram a tal reforma sem ouvir ninguém, no mais absoluto sigilo ou segredo de justiça, atuaram apenas dois ou três elementos que se julgavam donos da verdade, e os resultados aí estão. Mudou para pior. O que ela tem de bom não é novo e o que ela tem de novo não é bom.

Uma reforma de tal magnitude e necessidade, para atingir os seus objetivos, tinha que ser precedida de ampla coleta de dados mediante pesquisa da opinião pública, audiência dos órgãos e das instituições que atuam na ordem jurídica – Tribunais Federais, Estaduais, Juízes, Ministério Público, Ordem dos Advogados, o público em geral. Ter-se-ia que observar como vem funcionando o Judiciário em cada estado, nas capitais e no interior, quais as deficiências e dificuldades de cada lugar. Esses dados, por meio de técnicos especializados, deveriam ser examinados, classificados, interpretados, comparados, e só então teríamos uma descrição da realidade social do nosso Poder Judiciário. Com base nessa realidade poder-se-ia fazer uma reforma eficiente, eliminando as causas de suas deficiências, morosidade e emperramento.

Fala-se muito, atualmente, em reforma eleitoral e agrária. A menos que tais reformas sejam precedidas de um profundo conhecimento das aspirações do povo e da realidade brasileira, mediante pesquisa metódica e científica dessa realidade, nada será mudado para melhor. Teremos outra reforma casuística, motivada por interesses políticos e feita improvisadamente.

Capítulo 16
DIREITO, ANOMIA E DESIGUALDADE SOCIAL

Noção de anomia. Causas do comportamento anômico. O pensamento de Émile Durkheim. O pensamento de Robert K. Merton. Tipos de comportamento: conformistas, inovacionistas, ritualistas, de evasão e rebelião. Comportamentos de desvio. Igualdade na partida – educação.

Muitos outros temas de relevância para a Sociologia Jurídica poderiam ser ainda examinados caso o nosso programa comportasse. Não sendo possível fazê-lo, vamos nos limitar, ao encerrar este trabalho, a tecer algumas considerações sobre a *anomia e a desigualdade social*, por reputá-lo um tema da maior importância na atualidade, com perfeita adequação a tudo aquilo que ficou exposto nos capítulos anteriores.

83. NOÇÃO DE ANOMIA

A palavra tem origem grega. Vem de *a* + *nomos*, de onde *a* significa ausência, falta, privação, inexistência, e *nomos* quer dizer lei, norma. Etimologicamente, portanto, anomia significa falta de lei ou ausência de norma de conduta. Foi com esse entendimento que Durkheim usou a palavra pela primeira vez, em seu famoso estudo sobre a divisão do trabalho social, em um esforço para explicar certos fenômenos que ocorrem em sociedade.

Depois dele, diversos autores abordaram o conceito com variações quanto ao seu exato significado. Para Robert Bierstedt, notável sociólogo americano, o termo pode ser empregado com três sentidos diferentes, a saber:

1) **desorganização pessoal** do tipo que resulta em um indivíduo desorientado ou fora da lei, com reduzida vinculação à rigidez da estrutura social ou à natureza de suas normas;

2) **conflito de normas**, o que resulta em situações sociais que acarretam para o indivíduo dificuldades em seus esforços para se conformar às exigências contraditórias;

3) **ausência de norma**, ou seja, situação social que, em seus casos limítrofes, não contém normas; é, em consequência, o contrário de sociedade, como anarquia é o contrário de governo.

Entendemos, todavia, que, sociologicamente, a palavra pode ser usada em um quarto sentido, que é a síntese, ou pelo menos guarda perfeita correlação com os três primeiros, eis que em qualquer das variações do significado de anomia está presente a ideia da falta ou do abandono das normas sociais de comportamento. Assim sendo, **pode-se afirmar que anomia indica desvio de comportamento (ou comportamento desviante), que pode ocorrer por ausência de lei, por conflito de normas, ou, ainda, por desorganização pessoal.**

84. CAUSAS DO COMPORTAMENTO ANÔMICO

Em qualquer sociedade do mundo, por mais eficientes que sejam as suas normas de conduta e bem estruturadas e aparelhadas as suas instituições jurídicas, vamos encontrar comportamento de desvio, como um verdadeiro fenômeno universal. Pode variar de intensidade – em uma sociedade vamos encontrar maior incidência de comportamento anômico que em outra; vamos encontrar em algumas maiores incidências de um tipo de desvio –, mas o fenômeno sempre existirá. Por quê?

Se as leis são boas, bem elaboradas, adequadas aos interesses sociais, e se as instituições destinadas a manter a ordem jurídica são eficientes, e bem estruturadas, em princípio não deveria ocorrer comportamento anômico. Todos deveriam estar empenhados em manter um comportamento em harmonia com as normas de conduta social, de sorte que não exista desvio. Contudo, não é o que ocorre.

Muitos sociólogos têm se empenhado em encontrar as causas do comportamento anômico, existindo a respeito várias teorias, entre as quais vamos examinar a de Émile Durkheim e a de Robert K. Merton.

Antes, porém, é necessário distinguir **causa de fator**, coisas diferentes, mas que por muitos são confundidas. **Causa** é aquilo que determina a existência de uma coisa: a circunstância sem a qual o fenômeno não existe. É, pois, o agente causador do fenômeno social, sua origem, princípio, motivo ou razão de ser. Eliminada a causa, o fenômeno haverá de desaparecer.

Por sua vez, **o fator**, embora não dê causa ao fenômeno, concorre para a sua maior ou menor incidência. É a circunstância que, de qualquer forma, concorre para o resultado. Pode-se dizer, por exemplo, que a pobreza é um fator de criminalidade, porque, segundo as estatísticas, 90% ou mais da população carcerária é constituída de pessoas provenientes das classes sociais mais humildes. No entanto, não é certamente a causa de crime porque há um imenso número de pobres que não se envolve com o crime. Pode-se dizer, igualmente, que o analfabetismo é outro fator de criminalidade, porquanto, na mesma população carcerária, encontramos 85% de pessoas analfabetas ou portadoras apenas de instrução primária. Entretanto, não é causa de criminalidade porque há milhões de analfabetos no Brasil que não se enveredaram pelos caminhos do crime.

Como já ficou dito, preocupa-se o estudo da anomia com as causas, e não apenas com os fatores, que são inúmeros, mesmo porque de quase nada adianta combater os fatores sem eliminar as causas. É tentar secar a árvore daninha arrancando-lhe simplesmente as folhas, sem lhe cortar a raiz.

85. O PENSAMENTO DE DURKHEIM SOBRE A ANOMIA

Em sua famosa obra – *Da divisão do trabalho social* –, Durkheim, que, como já assinalamos, foi o primeiro a usar a palavra "anomia" em uma tentativa de explicação de certos fenômenos sociais, assim desenvolveu seu pensamento:

a) *a sociedade moderna, para poder atingir os seus fins, inclusive de produção e sobrevivência, precisa organizar-se;*
b) *a organização impõe divisão de trabalho ou tarefas;*
c) *a divisão de tarefas produz especialização;*
d) *a especialização ocasiona isolamento dentro do grupo, motivando, por sua vez, um enfraquecimento do espírito de solidariedade do grupo global;*
e) *o enfraquecimento desse espírito de solidariedade acarreta uma influência dissolvente e, por via de consequências, o comportamento de desvio.*

Para o eminente sociólogo francês, portanto, uma vez que a divisão do trabalho social supera certo grau de desenvolvimento, o indivíduo, debruçado sobre suas tarefas, isola-se em sua atividade especial, não mais sentindo a presença dos colaboradores que trabalham a seu lado na mesma obra, perdendo mesmo, a partir de certo ponto, a ideia dessa obra comum. Durkheim invocou palavras de Comte no sentido de que as separações das funções sociais tendem espontaneamente, ao lado de um desenvolvimento favorável do espírito de minúcia, a abafar o espírito de conjunto, ou pelo menos a entravar seriamente o seu desenvolvimento. Citou também Espinas, ao afirmar que divisão significa dispersão.

O pensamento durkheimiano, embora criticado por alguns, não deixa de possuir certa razão, principalmente no que diz respeito às sociedades superdesenvolvidas e, por isso mesmo, superorganizadas. Nessas sociedades, são visíveis as inegáveis vantagens que a divisão do trabalho representa como recurso imposto pela própria complexidade crescente da vida social. Sendo uma marca de progresso da sociedade, permite uma maior especialização e qualificação dos indivíduos no trabalho, o que se traduz em uma via de realização pessoal. Contribui para o aumento da força produtiva e para a habilidade no trabalho, assim como permite o rápido desenvolvimento intelectual e material das sociedades. Além disso, promove a coesão e a organização social, mantendo o equilíbrio da sociedade.

Todavia, por outro lado, a divisão do trabalho social conduz a uma diminuição da consciência coletiva, a uma excessiva especialização e à desagregação por meio do enfraquecimento dos laços sociais.

A especialização, é forçoso reconhecer, limita a visão social do indivíduo, fazendo--o perder a visão global ou de conjunto da atividade social. Com essa perda de visão da obra comum e do seu sentido, ocorre também um enfraquecimento do sentimento de solidariedade grupal. O indivíduo se isola dentro do grupo e se junta a outros indivíduos de sua especialidade formando grupos menores, às vezes até com interesses antagônicos aos interesses do grupo global.

O fenômeno não é novo e até foi explorado por Charlie Chaplin como tema do filme *Tempos Modernos*, no qual se destacou, entre outras coisas, a influência dissolvente da personalidade que sofre o operário que passa o dia todo apertando parafusos em uma fábrica de automóveis.

De fato, se a tese de Durkheim apresenta muitos pontos verdadeiros no que diz respeito às sociedades superdesenvolvidas, não é verdadeira no que se refere às sociedades subdesenvolvidas, onde se observa que o maior índice de desvio, principalmente no que tange à criminalidade, verifica-se justamente entre os menos especializados ou mesmo sem nenhuma especialização; por essa razão a tese foi contestada e preterida por muitos, em prestígio da tese de Robert K. Merton.

86. O PENSAMENTO DE ROBERT K. MERTON SOBRE A ANOMIA. METAS × MEIOS

Em 1938, Robert K. Merton, sociólogo americano, escreveu um artigo famoso de apenas dez páginas, que teve o mérito de estabelecer os fundamentos de uma **teoria geral da anomia**. O artigo foi posteriormente revisto e aumentado pelo autor, transformando-se em parte da sua obra clássica *Sociologia: teoria e estrutura*.

Partindo de uma análise da sociedade americana, Merton sustentou que em toda sociedade existem **metas culturais** a serem alcançadas, entendendo-se como tais os valores socioculturais que norteiam a vida dos indivíduos. Para atingir essas metas existem os **meios**, que são os recursos institucionalizados pela sociedade, aos quais aderem normas de comportamento. De um lado, portanto, **metas socioculturais** e, de outro, **meios socialmente prescritos** para atingi-las.

Ocorre, entretanto, que os meios existentes não são suficientes nem estão ao alcance de todos, acarretando, assim, um desequilíbrio entre os meios e as metas. Quer isso dizer que, enquanto todos são insistentemente estimulados a alcançar as metas sociais, na realidade nem todos conseguem por não terem ao seu dispor os meios institucionalizados.

Merton ilustra isso tomando como exemplo a meta mais importante da sociedade americana, qual seja, o sucesso na vida, nisso incluindo fortuna, poder, prestígio, popularidade, conforto, prazer etc. Contudo, quantos realmente têm condições para atingir essa meta? Apesar de erigida em objetivo da vida de todos, muitos não podem alcançá-la em face da escassez dos meios institucionalizados, concentrados nas mãos de pequena parcela da sociedade. Disso resulta um desajustamento, um descompasso entre os fins sugeridos a todos e insistentemente estimulados e os recursos oferecidos pela sociedade para alcançar aqueles objetivos.

O desequilíbrio entre meios e metas ocasionaria o comportamento de desvio individual (ou em grupo), eis que o indivíduo, no empenho de alcançar as metas

que lhe foram sugeridas e não dispondo de meios para tal, buscaria outros meios, mesmo que contrários aos interesses sociais.

Modernamente, compartilhou desse entendimento Zygmunt Bauman,[1] um dos mais influentes acadêmicos europeus. No seu modo de ver, os distúrbios ocorridos em Londres em julho/agosto de 2011, quando milhares de jovens saquearam e queimaram lojas de roupas e artigos eletrônicos, "foi um motim de consumidores excluídos".

Em entrevista ao *O Globo*,[2] Zygmunt afirmou:

> *(...) as imagens de caos na capital britânica nada mais representaram que uma* **revolta motivada pelo desejo de consumir, não por qualquer preocupação maior com mudanças na ordem social. Tais explosões são uma combinação de desigualdade social e consumismo.** *Não estamos falando de uma revolta de gente miserável ou faminta ou de minorias étnicas e religiosas reprimidas. Foi um motim de consumidores excluídos e frustrados.*
>
> *Estamos falando de pessoas humilhadas por aquilo que, na opinião delas, é um desfile de riquezas às quais não têm acesso.* **Todos nós fomos coagidos e seduzidos para ver o consumo como uma receita para uma boa vida e a principal solução para os problemas. O problema é que a receita está além do alcance de boa parte da população.**
>
> *O que me parece é que as classes mais baixas querem é imitar a elite. Em vez de alterar seu modo de vida para algo com mais temperança e moderação, sonham com a pujança dos mais favorecidos.*
>
> *A busca da felicidade não deve ser atrelada a indicadores de riqueza, pois isso apenas resulta numa erosão do espírito comunitário em prol de competição e egoísmo. A prosperidade hoje em dia está sendo medida em termos de produção material e isso só tende a criar mais problemas em sociedade em que a desigualdade está em crescimento, como no Reino Unido.* (grifos nossos)

86.1. Tipos de comportamento identificados por Merton

Examinando o descompasso existente entre as aspirações culturalmente prescritas e o caminho socialmente estruturado para atingi-las, Merton classificou os comportamentos socialmente relevantes em cinco tipos diferentes, a saber:

1) conformista;
2) inovacionista;

---

[1] Zygmunt Bauman foi um sociólogo e filósofo polonês, professor emérito de Sociologia das universidades de Leeds e Varsóvia, autor de várias obras sobre sociologia, entre as quais a *Modernidade líquida*.

[2] 13.08.2011.

3) ritualista;
4) de evasão;
5) de rebelião.

Conformista é a conduta que busca atingir as metas sociais mediante os meios institucionalizados. Os adeptos desse comportamento estão de acordo com os meios e as metas sociais, respeitando, assim, as normas fixadas pela sociedade, podendo-se dizer a respeito deles que são positivos (+) quanto aos meios e também positivos (+) quanto às metas. É a conduta seguida pela grande maioria das pessoas na sociedade, inclusive pelos estudantes em geral, que buscam adquirir cultura etc. por meio de estudo regular.

Inovacionista é a conduta que está de acordo com as metas sociais, mas, percebendo que os meios são insuficientes e que não estão ao seu alcance, inova, buscando realizar as metas mediante outros meios. Em outras palavras, o inovacionista está de acordo com as metas sociais, sendo positivo (+) quanto a elas, mas está contra os meios, sendo, pois, negativo (−) nesse ponto. Os inovacionistas adotam a filosofia de que os fins justificam os meios, ainda que não sejam socialmente aprovados. Procuram vencer na vida a qualquer preço.

Ritualista é aquele que se conduz de forma justamente inversa ao inovacionista. Percebendo que as metas sociais são mui elevadas e os meios existentes insuficientes para atingi-las, o ritualista abdica das metas, apegando-se aos meios com tal importância que os transforma em fins. Há aqui uma verdadeira inversão de valores, pois as metas perdem a sua importância, passando os meios para o primeiro plano. As normas de comportamento social são cumpridas pelos ritualistas a todo preço e em qualquer circunstância, porque encontram nelas uma forma de realização pessoal, ainda que já estejam totalmente vazias de sentido, significado ou interesse social. É o caso de certas pessoas que se gabam de terem servido 30 ou mais anos na mesma repartição, nunca havendo se atrasado ou faltado ao serviço; mas, por outro lado, nada mudou por lá nem se registrou nenhum progresso funcional em sua vida.

Quem já leu *O Pequeno Príncipe*, recorda-se, por certo, do **acendedor de lampião** encontrado em um daqueles pequenos mundos que percorreu. Causou estranheza ao nosso personagem o fato de que, mal o lampião era aceso, momento em que o acendedor dizia "boa-noite", voltava a ser apagado, quando era dito "bom-dia". E nessa rotina passava ele o tempo todo, acendendo e apagando o lampião e dizendo "boa-noite" e "bom-dia".

Quando perguntado pela razão dessa sua conduta, o acendedor de lampião explicou: antigamente o meu mundo girava bem devagar, de forma que eu acendia o lampião ao anoitecer e o apagava ao amanhecer. Depois, entretanto, ele começou a girar mais rápido e cada vez mais rápido, de modo que hoje, mal eu acendo o lampião ao anoitecer, tenho que apagá-lo porque amanheceu, mas continuo a cumprir a minha tarefa... E enquanto falava ia acendendo e apagando o lampião, repetindo sempre "boa-noite" e "bom-dia".

Essa é a perfeita imagem do ritualista. Abandona as metas, perde de vista os fins, os objetivos, os valores sociais, e se apega às normas como se fossem sagradas, imutáveis, fazendo delas fins. E, ainda que já estejam elas velhas, arcaicas, ultrapassadas, destituídas de qualquer valor ou utilidade social, continua a aplicá-las ou a observá-las como se nada houvesse mudado na sociedade, embora se encontre esta em outra era, há mais de duzentos quilômetros por hora.

Pode-se representar o ritualista como sendo positivo (+) quanto aos meios, mas negativo (–) quanto às metas.

Comportamento de evasão é aquele que se caracteriza pelo fato de abandonar as metas e os meios sociais. É negativo (–) quanto às metas e negativo (–) quanto aos meios. Percebendo que as metas sociais são muito elevadas e os meios escassos, foge da sociedade, renunciando a tudo o que ela oferece ou determina. Os adeptos desse comportamento estão na sociedade, mas não são dela; vivem no meio social, mas a ele não aderem, ou dele retiram a adesão antes dada. Exemplo típico desse comportamento era o dos *hippies*, que consideravam todos os valores sociais irrelevantes ou incapazes de realizar o bem-estar humano.

O *comportamento de rebelião*, tal como na evasão, também está contra as metas e os meios sociais, podendo ser caracterizado como sendo negativo (–) quanto aos meios e negativo (–) quanto às metas. Não para, porém, aí a inconformidade do comportamento de rebelião. Ao mesmo tempo que se opõe às metas e aos meios sociais por julgá-los excessivamente elevados e insuficientes, propõe o estabelecimento de novas metas com a institucionalização de novos meios, razão pela qual, ao mesmo tempo que é negativo (–) quanto aos meios e metas, é positivo (+). O propósito do comportamento de rebelião, portanto, é a derrubada dos meios e metas existentes, e o estabelecimento de novas metas, mais simples e ao alcance de todos, bem como de novos meios, mais abundantes e mais bem distribuídos na sociedade. Objetiva, em síntese, uma nova estrutura social.

Faremos, a seguir, o quadro de classificação dos tipos de comportamento anteriormente descritos, usando os próprios símbolos de positivo (+) e negativo (–) utilizados por Merton.

Tipos de comportamento	Meios	Metas
1) Conformista	(+)	(+)
2) Inovacionista	(–)	(+)
3) Ritualista	(+)	(–)
4) De evasão	(–)	(–)
5) De rebelião	(–)	(–)

86.2. Comportamentos de desvio

O primeiro comportamento, o **conformista**, não é de desvio, uma vez que os seus adeptos buscam as metas culturalmente prescritas mediante os meios institucionalizados para atingi-las e com respeito habitual às normas para isso fixadas pela sociedade. É o tipo modal de comportamento, graças ao intenso condicionamento social exercido sobre o indivíduo, em especial nos grupos familiar e profissional.

Já os outros quatro tipos de comportamentos são não modais, contrários de algum modo aos padrões de metas culturais e de meios institucionalizados para atingi-los: portanto, comportamentos de desvio.

O **ritualista** se caracteriza como comportamento de desvio por apresentar abandono das metas sociais e inversão de valores quanto aos meios que são elevados ao primeiro plano. O indivíduo abandona e virtualmente rejeita os alvos estabelecidos pela sociedade em razão do fracasso efetivo ou em potencial, do medo do insucesso, do desencanto e desestímulo decorrentes do desajuste entre os processos socialmente aprovados para alcançar as metas culturais. Enfim, por julgá-los inatingíveis, os fins sociais perdem a sua importância.

Como bem observou Miranda Rosa, "*a conduta ritualista passa a ser, então, um valor em si mesmo, pois o cumprimento dos ritos estabelecidos pelos processos institucionalizantes adquire a dimensão e a importância de valor sociocultural. Cumprir de qualquer maneira os regulamentos ou as ordens recebidas, sem indagar da sua adequação àqueles valores e àquelas metas, é assim a conduta observada. Embora na aparência seja esse um comportamento conformista, porque ajustado aos tipos de conduta socialmente recomendados ou aprovados, ocorre no caso inconformismo quanto à manutenção dos alvos socialmente prescritos*".[3]

O ritualismo torna-se grandemente prejudicial à sociedade quando se trata do comportamento adotado pelos homens públicos do país (administradores, legisladores etc.), que se recusam a fazer mudanças ou reformas sociais necessárias, mantendo velhas e arcaicas instituições ou disposições legislativas já sem nenhuma adequação às novas realidades sociais.

No **comportamento de evasão,** também há desvio, porque ocorre a rejeição das metas culturais e dos valores que as sustentam, considerados todos irrelevantes ou incapazes de realizar o bem-estar humano, com a recusa de conformidade aos comportamentos socialmente estabelecidos. Prevalece, quanto às metas culturais, a atitude de que elas não valem a pena de coisa alguma; e, quanto aos comportamentos sociais aprovados, despidos daquela motivação, não merecem observância. Os adeptos desse tipo de comportamento são um peso morto na sociedade.

O **comportamento de rebelião** é o mais extremado de todos, pois, como vimos, pretende a derrubada de todos os meios e metas sociais, substituindo-os por outros de maneira total e revolucionária; não se limita a aperfeiçoar instrumentos ou instituições,

---

[3] ROSA, F. A. de Miranda. *Sociologia do Direito*. 17. ed. Rio de Janeiro: Zahar Editores, 2004. p. 87.

quer substituição total de todos os instrumentos e instituições com o fim de realizar uma mudança completa na sociedade. Normalmente, manifesta-se nos momentos de grandes crises sociais, quando o desequilíbrio entre os meios e as metas se torna muito grande e insustentável. Assim foi na França, assim foi na Rússia, assim foi em Cuba, e assim continua sendo em nossos dias, em menor escala, com os movimentos dos **sem-terra, sem-teto** e outros.

Sem dúvida alguma, o *inovacionista* é o comportamento de desvio de maior frequência na sociedade, razão pela qual deixamos a sua análise para o final. De certa forma, como bem observou Merton, a própria sociedade concorre para isso ao deixar de proporcionar, com a mesma generalidade com que estabelece as metas, os instrumentos prescritos ou admitidos para atingi-las; cria, assim, condições específicas para estimular o abandono ou a burla das normas socialmente fixadas para atingir as metas culturalmente estabelecidas. Dessa maneira, a conduta divergente quanto aos meios torna-se, no pensamento mertoniano, uma reação normal a uma situação social definida e determinada. As normas são abandonadas ou contornadas, em um esforço do indivíduo para superar os obstáculos institucionais ou instrumentais e atingir os alvos culturalmente estipulados por todo o sistema.

Nesse desvio de comportamento estão retratadas todas as formas de delinquência, desde a juvenil até a mais grave criminalidade, bem como as faltas disciplinares, a inobservância das regras de conduta social etc.

Há, entretanto, um **aspecto positivo no comportamento inovacionista**, que deve ser ressaltado. Referimo-nos àqueles casos de inovações que visam criar novos meios, mais eficientes para a realização dos objetivos sociais. Graças a esse espírito inovador, temos hoje a luz elétrica, o motor a explosão e milhões de outras invenções que tantos benefícios trouxeram à sociedade e nos permitiram chegar ao estágio atual de desenvolvimento científico.

Portanto, nem todo comportamento inovacionista é necessariamente contrário à ética existente no grupo social, permitindo-nos, assim, fazer distinção entre **conduta inovadora-criadora e conduta inovadora antissocial**.

A **inovação** deve ser uma das principais qualidades dos homens públicos, que têm nas mãos o destino da sociedade. Devem eles possuir um espírito inovador (e não ritualista) para realizar as reformas sociais necessárias para tornar as **metas** mais acessíveis e os **meios** mais bem distribuídos, ao alcance da maioria. É preciso fazer as reformas necessárias nas instituições, nas leis, na ordem econômica; promover políticas públicas eficientes voltadas para a melhor distribuição de renda, eliminação da exclusão social, ações afirmativas e assim por diante.

87. EDUCAÇÃO É O MEIO MAIS EFICIENTE PARA ALCANÇAR AS METAS SOCIAIS

Nenhuma teoria, em nosso entender, esgota o tema da anomia, porque ela tem causas múltiplas. O desequilíbrio entre metas e meios, núcleo da teoria de Merton, é, sem dúvida, a causa remota da anomia, que, por sua vez, provoca uma reação em cadeia de comportamentos anômicos de diferentes gravidades. É esse desequilíbrio entre metas e meios, cada vez maior, que gera a tremenda **desigualdade social** existente em nosso país.

Como diminuir o desequilíbrio entre metas e meios? Como reduzir a desigualdade? A questão nodal, portanto, é saber qual ou quais as inovações, quais as mudanças que deverão ser implementadas para se atingir esse desiderato.

Fala-se em reforma agrária, em saneamento básico, em redução do déficit de moradia, em diminuição do desemprego, em desenvolvimento econômico sustentável etc. Tudo isso, inquestionavelmente, é importante e necessário, mas como conseguir?

É aí que entra a **educação**. James Heckman, prêmio Nobel de Economia de 2000 e professor da Universidade de Chicago, em visita ao Rio, assim sintetizou o seu pensamento: "*A questão central, que temos de fazer hoje, é a seguinte – qual é a maneira mais efetiva de se promover grandes realizações e reduzir a desigualdade? E a resposta é basicamente uma só, sejam quais forem as iniciativas a serem tomadas;* **é preciso educar no sentido completo, fundamental (...)**, *é preciso fazer mais do que mandar crianças para a escola a partir dos 6 anos de idade. Enquanto não se der maior atenção à primeira infância – de 0 a 3 anos – em especial nas famílias carentes, as desigualdades continuarão se perpetuando*".[4]

E conclui o ilustre Professor Heckman: "*Em geral se aceita o conceito de que pobreza é falta de renda. E, por isso, há governos que acham que dar mais dinheiro aos pobres resolve o problema. O essencial, a esta altura, é perceber a necessidade de se fazer mais do que isso:* **é preciso educar**".[5]

Aí está, também em nosso modesto entender, a única solução duradoura e definitiva para o grande problema do desequilíbrio entre metas e meios e da desigualdade social. Não é o decolar da economia, como muitos pregam, nem "deixar crescer o bolo para depois dividi-lo", como se falou durante duas décadas. Achava-se que, para um país ter futuro, bastava educar uma elite, um pequeno conjunto de profissionais superiores a serviço da economia, e deu no que deu. A economia cresceu, mas a desigualdade também; não houve divisão do bolo.

Outro é o caminho correto. **Educação de qualidade é o meio mais eficiente para alcançar as metas sociais, é o ativo que mais facilmente pode ser distribuído, sem tirá-lo de ninguém**, e que, ao mesmo tempo, mais contribuirá para a consolidação da democracia e para crescimento econômico duradouro e sustentável. A educação de qualidade é o pilar que sustenta em harmonia a sociedade.

Não faltam exemplos que comprovam essa verdade. **A Finlândia** – o país do Papai Noel – esteve sob o domínio da Suécia durante 650 anos, depois, por igual período

---

[4] James Joseph Heckman é um economista estadunidense. Em 2000, Heckman dividiu o Prêmio Nobel de Ciências Econômicas com Daniel McFadden, por seu trabalho pioneiro em econometria e microeconomia.

[5] *O Globo*, 20.12.2009.

e de forma bem mais violenta, sob o jugo da Rússia. Assim, a sua independência é relativamente recente. Hoje é um país superdesenvolvido, onde não existe corrupção – pesquisa de um organismo da ONU colocou a Finlândia em primeiro lugar, com nota 10 – nem analfabetos, líder em telecomunicações.

Como aconteceu esse fenômeno de crescimento tão acelerado no país escandinavo, então presidido por uma mulher – Tarja Halonen? Foi a escolha acertada dos caminhos do seu desenvolvimento – o cuidado devotado aos seus jovens e às suas crianças. Relata Arnaldo Niskier – Membro da Academia Brasileira de Letras – que, em visita à Finlândia, ouviu o ministro de Transportes e Comunicação daquele país (Olli-Pekka Heinonen) explicar de forma solene, no encontro dos ministros das comunicações, que o *seu país soube escolher as prioridades com as quais trabalharia nestas últimas décadas: 1º Educação; 2º Educação; 3º Educação.*[6] Também o Brasil tem que acordar para a única grande verdade: **a educação ainda é o primeiro, o segundo e o terceiro grande desafio. Contudo, ela (educação) ainda não é a grande prioridade nacional.**

Outro exemplo é **a Coreia do Sul.** Há 50 anos, a renda *per capita* do brasileiro era praticamente o dobro da coreana. Em 2007, último dado disponível para comparação, a situação se inverteu com ampla margem em favor da Coreia. Nos anos recentes, a renda brasileira representa apenas 30% da coreana. O que levou o Brasil a ficar para trás? A resposta vem do professor da PUC Luiz Roberto Cunha: *investimento maciço em tecnologia e educação.*[7] Na qualidade de ensino, a diferença entre a Coreia e o Brasil é ainda mais gritante. A tabela da Pisa de 2006, coloca a Coreia em 4º e o Brasil em 54; a Coreia está em 1º em leitura e o Brasil em 49º.

Hoje o ensino na Coreia do Sul é apontado como modelo para o mundo. As crianças sul-coreanas passam, em média, um mês a mais nas escolas anualmente do que as crianças americanas.

Em 1945, com o fim da colonização japonesa, apenas 22% da população coreana eram alfabetizados. Hoje, o índice de alfabetizados é superior a 98%; 97% dos estudantes completam o ensino médio e 60% dos jovens, entre 25 e 34 anos, estão na universidade.

O que operou tamanha transformação? A prioridade absoluta com que a Coreia do Sul abraçou a ideia *educar para crescer, que ficou conhecida como* a *"febre educacional.*

Lastimavelmente, extremamente diferente é a realidade brasileira, conforme demonstrado no tópico 73, ao qual nos reportamos. **O Brasil ficou em último lugar no Pisa 2000** – Programa Internacional de Avaliação de Estudantes –, segundo pesquisa feita entre os países-membros da Organização para a Cooperação e Desenvolvimento Econômico, que analisou o nível de compreensão leitora (letramento) de alunos secundaristas de 32 países. Os resultados catastróficos do Enem demonstram que, nas últimas duas décadas, pelo menos desde 2002, vivemos tempos sombrios na educação, principalmente no ensino médio. E o problema já vem do ensino fundamental. Ao

---

[6] *Revista do Tribunal de Contas do Município do Rio de Janeiro*, n. 42, set. 2009. p. 31-33.
[7] *O Globo*, 16.08.2009.

concluir a 4ª série do ensino fundamental, 59% dos estudantes brasileiros não conseguem ler mais do que frases simples. Só 4,4% dos alunos estão no nível adequado para a série. Entre os estudantes de 4ª série, 98% dos que tiveram avaliações consideradas muito críticas estudavam em escolas públicas. Entre os que tiveram resultado adequado à sua série, 44% estavam em escolas privadas. No fim do ensino fundamental, 60% dos alunos com avaliação adequada estavam em escolas particulares e 98% daqueles com **resultados muito críticos** estudavam em escolas públicas.[8] Em resumo, a maioria dos jovens brasileiros entre 15 e 16 anos é **analfabeta funcional** – sabe ler as palavras, mas é incapaz de decodificar seus significados.

Lamentavelmente, nada mudou nos últimos anos; pelo contrário, até piorou em alguns aspectos. O Programa Internacional de Avaliação de Estudantes (Pisa), com base nos resultados da avaliação de 2015, constatou que **o Brasil está estacionado há dez anos entre os países com pior desempenho**. O Pisa mediu o conhecimento dos estudantes de 72 países em Leitura, Ciências e Matemática. Nas três áreas, a média dos estudantes brasileiros ficou abaixo da obtida pelos demais países. Em Matemática, o País apresentou a primeira queda desde 2003, início da série histórica da avaliação, e constatou que sete em cada dez alunos brasileiros, com idade entre 15 e 16 anos, estão abaixo do nível básico de conhecimento.

Em 2015, dos quase 6 milhões de candidatos que fizeram o Enem, **529 mil tiraram nota zero na redação**, ou seja, são estudantes que concluíram o ensino médio, sabe-se lá como, mas padecem dos males do analfabetismo funcional. São incapazes de raciocínios elementares. E mais, de um universo de quase 6 milhões de alunos, só 250 tiraram a nota máxima na redação.

Deploravelmente, é forçoso repetir, **passamos quase seis anos construindo estádios padrão Fifa para a Copa do Mundo de 2014**, sem olhar a educação. Se considerarmos o custo dos 12 estádios da Copa, dizem os especialistas que deixamos de formar cerca de 30.400 cientistas e tecnólogos da mais alta qualidade. Esses profissionais serviriam de base para o desenvolvimento científico e tecnológico do Brasil.

88. EDUCAÇÃO E PRODUTIVIDADE

Que diferença faz isso na produtividade? O educador Claudio de Moura Castro mostra que um cidadão que tem o ensino fundamental ganha o dobro de outro sem escolaridade, e os que têm ensino médio completo recebem cerca de 1/3 a mais do que quem possui apenas o fundamental. Os que são graduados recebem 3,5 vezes mais do que os que só têm o ensino médio.

Os economistas Fernando de Holanda Barbosa e Samuel Pessôa, ambos do Instituto Brasileiro de Economia (Ibre) da Fundação Getulio Vargas, mostram que cada ano de escolaridade aumenta a produtividade do trabalho nos Estados Unidos em cerca de 8%.

---

[8] *O Globo*, 23.04.2003.

Ninguém questiona que a educação de qualidade, em razão dos avanços tecnológicos, seja hoje o mais importante fator para o sucesso no mercado. Há 30 anos, cada trabalhador brasileiro produzia cerca de 25% do que um americano. No entanto, em 2013 caiu para 20%. Na China, Índia, Taiwan e Coreia do Sul ocorreu o oposto. Eles melhoraram sua eficiência. Na China essa relação subiu de 5% para 20% nesse período.

Os dados foram apresentados pelo economista José Alexandre Scheinkman, professor das universidades americanas Columbia e Princeton, ao participar de evento organizado pela revista *Exame*, em São Paulo. Aduziu o professor: *"O Brasil está se distanciando dos países de mais elevada eficiência na capacidade de produzir nas últimas três décadas. Isso está limitando o crescimento na economia e os avanços da qualidade de vida dos brasileiros. A pouca educação (técnica) dos trabalhadores explica parte dessa perda de competitividade"*.[9]

Ainda pior, o mais recente *ranking* sobre produtividade, feito pela Fundação Getúlio Vargas, revela que a inferioridade brasileira é indiscutível: o País, em uma relação de 68 economias, está em 50º lugar.[10]

Lamentavelmente, ainda não faz parte de nossas ideias o entendimento de que a economia do futuro depende do conhecimento técnico e científico capaz de aumentar a produtividade; **que não há como distribuir renda que ainda não existe, nem criá-la sem educação de qualidade para todos. O aumento da renda nacional depende da educação de alto nível para elevar também a produtividade.** Sem isso, não tem como distribuir renda. **Nosso principal calcanhar de aquiles continua sendo a educação de qualidade.**

89. GERAÇÃO PERDIDA

É bem verdade que o Brasil cresceu nas últimas décadas com a implantação de um projeto econômico a partir do Plano Real, o que possibilitou um círculo virtuoso de medidas: controle da inflação, busca do equilíbrio fiscal, melhor distribuição de renda e pequena redução da desigualdade. Contudo, em relação à educação, não fez seu dever de casa. "*O Brasil precisa de um Programa de Aceleração do Crescimento, um PAC da Educação*", defende o presidente do movimento Todos Pela Educação, Mozart Neves Ramos. Para ele, a educação é essencial para um novo salto de qualidade na vida dos brasileiros. O desenvolvimento só é sustentável com uma boa educação.[11]

Com efeito, não obstante os avanços econômicos, 50 mil jovens brasileiros anualmente chegam aos 15 anos analfabetos. Ainda pior, aqueles que estudam aprendem muito menos do que deviam. Pela conclusão da Prova Brasil, um estudante de oitava série do ensino fundamental tem conhecimentos correspondentes ao que é exigido

---

[9] *Folha de S.Paulo*, 14.08.2014.
[10] *O Globo*, 16.02.2018.
[11] *O Globo*, 25.12.2009.

dos estudantes da quarta série em outros países. Por causa desse déficit, não consegue fazer operações simples de matemática nem identificar a intenção do autor do texto. Já o aluno da quarta série acha difícil, por exemplo, ler as horas em um relógio de ponteiros, realizar cálculos com dois algarismos ou compreender um texto curto e simples.

As conclusões da Prova Brasil não representam nenhuma novidade. Um estudo encomendado pelo jornal *O Estado de S. Paulo* em 2019 demonstrou que estudantes pobres têm menos chances de se darem bem no Enem. De acordo com a pesquisa, 1 a cada 600 conseguem boas notas na prova, enquanto, entre os estudantes de classe média, esse número passa para 1 a cada 4.

Os alunos passam anos indo à escola e não aprendem sequer a ler e a escrever o básico. A culpa não é dos alunos. O desempenho deles denuncia a incompetência do sistema educacional. Os estudantes fazem o investimento pessoal, vão ao colégio, persistem anos a fio, mas a escola não consegue transferir o conhecimento. São vítimas de um grande estelionato educacional – finge-se que ensina.

Um estudo do Banco Mundial (Bird) mostra um cenário desalentador para a juventude do País. Com um sistema educacional falho e pouco conectado com as necessidades do setor produtivo, 52,2% dos jovens brasileiros, entre 15 e 29 anos, perdem interesse pelos estudos e correm o risco de não conseguirem se inserir no mercado de trabalho.[12] A política de educação está tão distante de ser realizada em condições adequadas, é tão baixa a infraestrutura, os professores são tão mal remunerados que o próprio sistema vai excluindo o aluno. Vai gerando uma escola desinteressante, penosa, e empurrando o aluno para fora.

90. A CULTURA DA ESCASSEZ

Há solução para tão gravíssimo problema?

A cultura da escassez faz que toda a ineficiência dos serviços públicos seja debitada à falta de verbas. A primeira e única alternativa que se apresenta para melhoria costuma ser a reivindicação de mais verba, maior orçamento. A educação é um exemplo. Houve grande mobilização política para a aprovação do Plano Nacional de Educação com a dotação, até 2022, de 10% do PIB para a educação. Não se lembraram, entretanto, que não há relação direta entre gasto e melhoria de ensino. A injeção de mais recursos na educação – sempre bem-vindos – não funcionará como um elixir, conforme bem revela a experiência de outros países.

Estudo da Organização para a Cooperação e Desenvolvimento Econômico (OCDE), em que estão os países industrializados, comparou o quadro educacional em dezenas de países e comprovou não haver relação direta entre mais dinheiro e melhor aprendizado.

---

[12] *O Globo*, 08.03.2015.

O Brasil aparece no estudo com uma despesa média de US$ 18 mil por aluno na faixa de 6 a 15 anos de idade, um gasto quase 45% superior ao realizado pela Turquia. Entretanto, este país, no exame do Pisa (Programa Internacional de Avaliação de Alunos), está, na média, 52 pontos acima do Brasil.

Há vários outros casos. Como os de Luxemburgo, Noruega, Suíça e Estados Unidos, onde se gastam mais de US$ 100 mil por estudantes, porém com resultados aquém dos obtidos na Coreia do Sul, Finlândia, Hong Kong e Xangai, província da China, em que os investimentos são bem inferiores.[13]

O melhor exemplo de que não há necessária relação direta entre mais dinheiro e melhor aprendizado vem do nosso próprio país. Entre as mais de 40 mil escolas públicas do Brasil, em 82 escolas de áreas carentes o ensino é de primeiro mundo. Essas escolas se destacam pela excelência em meio à pobreza; atendem alunos que estão entre os 252 mais pobres do País e conseguem atingir no Ideb, principal avaliação federal de qualidade do ensino, média igual ou superior a 6, considerada pelo MEC como de nações desenvolvidas.

Com a ajuda do economista Ernesto Martins Faria, da Fundação Lemann, *O Globo*[14] identificou essas superescolas que realizam excelente trabalho pedagógico em localidades improváveis, como no interior amazonense – Eirunepé, a 1.200 quilômetros de Manaus –, Coruripe, uma das cidades mais pobres de Alagoas, no sertão do Ceará etc. Nessas escolas, é notável o esforço da direção e dos professores em não deixar que nenhum aluno fique atrás e de corrigir deficiências na aprendizagem e os problemas de frequência assim que eles são detectados.

91. IGUALDADE NA SAÍDA

A educação desempenha múltiplas funções, mas duas merecem destaque: igualar as oportunidades e permitir o avanço pessoal. Propiciar educação fundamental e média de boa qualidade é o melhor que o Estado pode fazer para igualar as oportunidades e reduzir as desigualdades. Boa educação é a única forma de se propiciar a igualdade na partida. Pouco adianta procurar igualar na chegada.

Educação de qualidade, reiteramos, é o meio mais eficiente para alcançar as metas sociais, é o ativo que mais facilmente pode ser distribuído, sem tirá-lo de ninguém, e que, ao mesmo tempo, mais contribuirá para a consolidação da democracia e para o crescimento econômico duradouro e sustentável.

Atrasos educacionais explicam 100% das desigualdades de renda entre diferentes regiões do Brasil. A conclusão é do economista Alexandre Rands, pesquisador da Universidade Federal de Pernambuco, que tem uma vasta produção acadêmica sobre o tema. *"O meu entendimento hoje, com base nos estudos que tenho visto para alguns*

---

[13] *O Globo*, 08.07.2012.
[14] 08.07.2012.

países, como os EUA, e nos meus próprios estudos para o Brasil, é que é possível explicar 100% das desigualdades só pelas diferenças em **capital humano.** *Se for corrigido o nível médio de instrução da região Nordeste em relação à região Sudeste, será corrigida a desigualdade entre essas regiões*".[15]

Logo, se a escola pública fundamental e média é deficiente, não cumpre as suas funções. Os alunos dessas escolas, em regra os mais pobres, já sofrem desigualdade na partida, e o sistema educacional amplia a desigualdade ao longo dos anos; ou seja, os mais pobres já chegam à escola em desvantagem. "Oferecer *igualdade na partida* é uma função essencial do Estado".[16]

Em conclusão, ou o Brasil educa todos, a partir da mais tenra idade, ou a desigualdade continuará. A falta de educação de base funciona como uma imensa bola de chumbo amarrada na perna de cada criança pobre, aumentando a desigualdade. Só o pleno desenvolvimento do imenso potencial da energia intelectual dos brasileiros permitirá derrubar o muro do atraso e o muro da desigualdade.

Um ensino público de qualidade, abrangente e com valorização dos professores é sonho antigo no País. Em 28 de março de 1932, *O Globo* publicou uma matéria sobre o Manifesto dos Pioneiros da Educação Nova no Brasil, assinado por intelectuais como Anísio Teixeira, Lourenço Filho, Roquette-Pinto, Cecília Meireles, entre outros. Ao voltarmos os olhos para o passado e vislumbrarmos as demandas dos educadores que confeccionaram o Manifesto pela Educação Nova, constatamos que o Brasil perdeu o bonde da História ao nunca dar prioridade à educação.

A última palavra é *do senador Cristovam Buarque:*

> *Se no futebol a bola é redonda para todos, e os filhos das classes pobres alcançam o topo de carreira, uma escola igual para todos pode derrubar o muro da desigualdade que há séculos se perpetua no Brasil. E se os milhões de brasileiros que jogam futebol nos tornaram campeões mundiais, milhões de escolas com máxima qualidade nos tornarão também campeões na ciência e tecnologia e na economia de amanhã. (...) o capital do futuro está no conhecimento, criado em centros de pesquisas que surgem nas universidades, mas nascem na educação de base com qualidade para todas as crianças. (...) não haverá futuro para a economia se o Brasil não se tornar um grande produtor de conhecimento.*[17]

---

[15] *Folha de S.Paulo,* 17.07.2013.
[16] Carlos Alberto Sardenberg, *O Globo,* 09.12.2010.
[17] Trecho da crônica do senador Cristovam Buarque: *Angustiado, despertei. O Globo,* 13.10.2007.

BIBLIOGRAFIA

AGUIAR Júnior, Ruy Rosado de. O novo Código Civil e o Código de Defesa do Consumidor (pontos de convergência). *Revista da Emerj*, v. 6, n. 24, 2003.

BARCELLOS, Ana Paula de. *Curso de direito constitucional*. 3. ed. Rio de Janeiro: Forense, 2020.

BARROSO, Luís Roberto. Constituição, democracia e supremacia judicial: Direito e política no Brasil contemporâneo. *Revista da Associação Mineira do Ministério Público*, n. 25, ano 42, jul.-dez. 2011.

BARROSO, Luís Roberto. *Interpretação e aplicação da Constituição*. 5. ed. São Paulo: Saraiva, 2003.

BETTI, Emílio. *Teoria geral do negócio jurídico*. Coimbra: Coimbra Editora, 1970.

BUARQUE, Cristovam. *Angustiado, despertei*. O Globo, 13.10.2007.

CALAMANDREI, Piero. *Eles, os juízes, vistos por um advogado*. São Paulo: Martins Fontes, 1996.

CARREIRO, C. H. Porto. *Introdução à Ciência do Direito*.

CARVALHO, Nelson de. *E no início eram as bases*. Rio de Janeiro: Revan, 2003.

CHAMOUN, Ebert. *Instituição de direito romano*. 4. ed. Rio de Janeiro: Forense, 1962.

COMPARATO, Fábio Konder. Juízes independentes ou funcionários subordinados? *Revista da AMB*, n. 4, ano 2, 1998.

COUTURE, Eduardo J. *Introdução ao estudo do processo civil*. Buenos Aires: Depalma, 1949.

DALLARI, Dalmo de Abreu. *O poder dos juízes*. São Paulo: Saraiva, 1996.

DANTAS, San Tiago. *Conflito de vizinhança e sua composição*. 2. ed. Rio de Janeiro: Forense, 1972.

DAVIS, Kingsley. *A sociedade humana*.

DIREITO, Carlos Alberto Menezes. A decisão Judicial. *RDR*, n. 15, set.-dez. 1999.

DURKHEIM, Émile. *Leçons de sociologie*. Paris: PUF, 1950.

DUVERGER, Maurice. *Institutions politiques et droit constitutionnel*. Paris: Presses Universitaires de France, 1980.

FACHIN, Luiz Edson. *Elementos críticos do direito de família*. São Paulo: Renovar, 1999.

FAGUNDES, Miguel Seabra. *O controle dos atos administrativos pelo Poder Judiciário*. 5. ed. Rio de Janeiro: Forense, 1979.

FERREIRA FILHO, Manoel Gonçalves. O ativismo na justiça constitucional. Aspectos ideológicos e jurídico-políticos. In: ARRUDA ALVIM, José Manoel de; ARRUDA ALVIM, Eduardo; GALDINO, Flavio (coord.). *Uma vida dedicada ao Direito*: estudos em homenagem a Roberto Rosas. Rio de Janeiro: GZ Editora, 2020.

GOMES, Joaquim Barbosa. *Ação afirmativa e princípio constitucional da igualdade*. São Paulo: Renovar, 2001.

GOMES, Orlando. *Introdução ao direito civil*. 3. ed. Rio de Janeiro: Forense, 1971.

GRECO, Nordi. *Sociologia jurídica*. Buenos Aires: Atalaya, 1949.

GURVITCH, Georges. *Sociologia do Direito*. Trad. Djacir Menezes. Rio de Janeiro: Kosmos, 1946.

JORION, Edmond. *De la sociologie juridique*: essai. Bruxelles: Université Libre de Bruxelles, 1967.

KING, Martin Luther. *Why we can't wait*. New York: Harper & Row, 1963.

LASSALLE, Ferdinand. *¿Qué es una Constitución?* Buenos Aires: Siglo Veinte, 1946.

LEÃO, A. Carneiro. *Fundamentos da sociologia*. São Paulo: Melhoramentos, 1954.

LÉVY-BRUHL, Henri. *Sociologia do Direito*. São Paulo: Difusão Europeia do Livro, 1964.

LIMA, HERMES. *Introdução à Ciência do Direito*. 12. ed. Rio de Janeiro: Livraria Freitas Bastos, 1969.

MENEZES, Paulo Lucena de. *Ação afirmativa no direito norte-americano*. São Paulo: Ed. RT, 2001.

MIRANDA, Jorge. *Manual de direito constitucional*. 3. ed. Coimbra: Coimbra Editora, 2004. t. IV.

MONTORO, André Franco. *Introdução à Ciência do Direito*. 23. ed. São Paulo: Ed. RT, 1995.

MOREIRA NETO, Diogo de Figueiredo. *Legitimidade e discricionariedade*: novas reflexões sobre os limites e controle da discricionariedade. Rio de Janeiro: Forense, 2002.

NADER, Paulo. *Introdução ao estudo do direito*. 21. ed. Rio de Janeiro: Forense, 1997.

NETO, Machado. *Sociologia jurídica*. 2. ed. São Paulo: Saraiva, 1973.

NOGUEIRA, Ruy Barbosa. *Curso de direito tributário*. 10. ed. São Paulo: Saraiva, 1990.

PERELMAN, Chaïm. *Lógica jurídica*. São Paulo: Martins Fontes, 1999.

PIERSON, Donald. *Teoria e pesquisa em sociologia*. São Paulo: Melhoramentos, 1945.

REALE, Miguel. *Filosofia do direito*. 4. ed. São Paulo: Saraiva, 1965. t. X.

REALE, Miguel. *Lições preliminares de direito*. 12. ed. São Paulo: Saraiva, 1985.

REALE, Miguel. *O direito como experiência*. São Paulo: Saraiva, 1961.

ROSA, F. A. de Miranda. *Sociologia do Direito*. 7. ed. Rio de Janeiro: Zahar Editores, 1973.

ROSA, F. A. de Miranda. *Sociologia do Direito*. 17. ed. Rio de Janeiro: Zahar Editores, 2004.

RUSSOMANO, Rosah. *Lições de direito constitucional*. Rio de Janeiro: José Konfino, 1970.

RUGGIERO, Roberto de. *Instituições de Direito Civil*. São Paulo: Saraiva, 1971.

SABADELL, Ana Lucia. *Manual de sociologia jurídica*: introdução a uma leitura externa do direito. São Paulo: Ed. RT, 2002.

SALDANHA, Nelson Nogueira. *Sociologia do Direito*. São Paulo: Ed. RT, 1970.

SCALIA, Antonin. *O essencial de Scalia*: sobre a Constituição, os tribunais e o Estado de Direito. Editado por Jeffrey S. Sutton e Edward Whelan. Trad. Amauri Feres Saad. Campinas: Editora EDA, 2021.

SICHES, Luis Recaséns. *Tratado de sociologia*. Porto Alegre: Globo, 1965.

SILVA, João Calvão da. *Responsabilidade civil do produtor*. Coimbra: Almedina, 1990.

SILVA, José Afonso da. *Aplicabilidade das normas constitucionais*. 7. ed. São Paulo: Malheiros, 2007.

TELLES, Inocêncio Galvão. *Introdução ao estudo do direito*. 9. ed. Lisboa: Livraria Petrony, 1994.

TENÓRIO, Oscar. *Lei de Introdução ao Código Civil brasileiro*. Rio de Janeiro: Borsoi, 1955.

THEODORO JÚNIOR, Humberto. *Direitos do consumidor*. 5. ed. Rio de Janeiro: Forense, 2008.

TREVES, Renato. *Sociologia del diritto*: origini, ricerche, problemi. Torino: Einaudi, 1993.

VANNI, Icilio. *Lezioni di Filosofia del Diritto*. 3. ed. Bolonha: Nicola Zanichelli, 1904.

WILLEMS, Emilio. *Dicionário de sociologia*. Porto Alegre: Globo, 1950.

ZAFFARONI, Raúl Eugênio. *O Poder Judiciário:* crise, acertos e desacertos. São Paulo: Ed. RT, 1995.

ÍNDICE ALFABÉTICO-REMISSIVO

(Os números referem-se aos itens.)

A

Abuso do Direito – 11.4
Ações Afirmativas – 59.2, 59.7
Anencefalia, 63.1
Anomia
 – causas próximas e remotas, 87
 – noção, 83
 – teoria de Durkheim, 85
 – teoria de Merton, 86
 – tipos de comportamento, 86.1
Arbitragem
 – Lei da, 11.1
Atividade
 – criadora do juiz, 63.2
 – de concorrência, 7.2
 – de cooperação, 7.1
Ativismo judicial, 63.1, 63.2
Automóvel
 – Código de Trânsito, 48.2

B

Boa-fé
 – três funções, 28.2

C

Ciência do Direito
 – diferença da Sociologia Jurídica, 28.1
Ciências Sociais
 – importância, 35
 – progresso científico, 33, 34
Cláusulas Gerais
 – o que são, 25.3 *in fine*
Código Civil
 – princípio da boa-fé, 28.2
 – reação ao liberalismo, 28.2
Código do Consumidor – 59.1
 – concepção social do contrato, 59.3
 – efeitos positivos, 47.2
 – lei principiológica, 28.2
 – reação ao liberalismo, 28.2
Código de Trânsito
 – omissão na aplicação, 48.2
Companheira
 – situação antes da união estável, 51.2, 51.4
Composição
 – critérios de composição de conflitos, 11, 11.3
 – função compositiva do Direito, 10
Conciliação
 – forma de composição, 11.1
Concorrência
 – atividade, 72
Concurso Público
 – sistema de escolha de magistrado, 66, 68

Conflito
- critérios de composição de conflitos, 11, 11.3
- de interesses, 8
- função compositiva do Direito, 10

Constituição
- características da Constituição de 1988, 50.1
- democrática, 50
- função educativa, 47.2
- sentido sociológico, 49

Consumidor
- concepção social do contrato de consumo, 59.2
- efeitos positivos do CDC, 47.2
- finalidade do Código do Consumidor, 59
- responsabilidade objetiva do fornecedor, 59.1

Contrato
- função social no Código do Consumidor, 59.2.2

Cooperação
- atividade, 7.1

Costumes
- conceito e elementos, 24
- distinção da lei, 26.1
- espécies, 24.3
- lei e costume – sistema preferido, 26.2
- origem e expansão, 24.1
- papel, 24.2
- relação com a jurisprudência, 25.5

Cotas Raciais – 59.6, 59.8

Criança e Adolescente
- ver Estatuto da Criança e do Adolescente – ECA

Criminalidade
- colarinho-branco, 54
- crime organizado, poder paralelo, 53
- crimes econômicos, 55

Cultura
- da escassez, 90
- fator da evolução do Direito, 19, 19.1

Curso
- curso de aperfeiçoamento de magistrados, 68
- curso de iniciação de magistrados, 68

D

Defensoria Pública
- origem e função, 72

Delinquência
- macrodelinquência, 55

Desarmamento
- Estatuto, 20.2, 48.3 *in fine*

Desenvolvimento Científico
- efeitos, 31, 32

Desigualdade e educação – 87

Dever-Ser e Ser, 30

Dignidade
- da pessoa humana, 28.2

Direito
- abuso do direito, 11.4
- alternativo, 25.3 *in fine*
- conceito sociológico, 12, 16
- concepção marxista, 5.1
- concepção racionalista, 3.1
- concepção sociológica, 6.1
- fatores da evolução, 17, 20.2
- função compositiva, 10
- função preventiva, 9
- função social, 7 a 11.3
- função social do Direito na atual ordem jurídica, 11.4
- influência sobre a sociedade, 41
- natural, origem, 1, 11
- objetivo e subjetivo, 1
- penal, 52
- relação com a sociedade, 6.1

Divórcio
- evolução na legislação brasileira, 51.3, 51.4, 51.6

E

Econômico
- fator de evolução do Direito, 17

Educação
- e desigualdade, 87
- e produtividade, 88

Efeitos
- conservador, 47.3
- de controle social, 47.1
- educativo, 47.2
- falta de estrutura, 48.3
- ineficácia, 48.1
- negativos, 48
- omissão da autoridade, 48.2
- positivos da lei, 45, 47
- transformador, 47.4

Eficácia
- da lei, 29, 29.1, 46
- ineficácia, efeitos negativos, 48.1
- noção, 44

Eleição
- dos legisladores, 60.1
- dos magistrados, 64

Ensino jurídico
- metodologia, 73

Escola
- Escola da Magistratura do Estado do Rio de Janeiro (Emerj), 68
- Escola Nacional da Magistratura, 68
- histórica, 4
- jusnaturalista, 1, 1.1
- marxista, 5, 5.1
- pluralista, 14.2
- racionalista, 3, 3.1
- sociológica, 6, 6.1
- teológica, 2, 2.1

Estatuto
- da Criança e do Adolescente, reforma, 48.3
- da Pessoa Idosa 59.4
- do Desarmamento, 20.1, 48.3

Estrutura
- infraestrutura do Judiciário, 63

Evolução
- fatores da evolução do Direito, 17, 20.2

F

Fato Social
- acontecimentos da vida, 6.1
- teoria tridimensional, 28, 28.1

Filhos
- situação dos filhos ilegítimos antes e depois da Constituição, 51.2, 51.5, 57.4

Filosofia do Direito
- diferença com a Sociologia Jurídica, 28.2

Fontes do Direito
- as mais importantes, 23, 25.5
- conceito e espécies, 21
- materiais ou de produção, 22

Função social
- do Direito, 7 a 11.3
- na atual ordem jurídica, 11.4

Fundamento
- da norma, 29.3

G

Grupos Organizados
- *lobby*, 20.2

H

Homicídio
- Estatuto do Desarmamento, 18

Homossexuais
- união de pessoas do mesmo sexo, 51.5
- união estável, 29.3

I

Inamovibilidade
- garantia dos magistrados, 70

Infoseg
- Sistema Nacional de Informações, 48.3

Instituto Carlos Éboli
- falta de estrutura, 48.3

J

Judicialização, 63.1, 63.2

Judiciário, 61
- controle externo, 63
- crise do Judiciário – causas, 62.5, 63
- desempenho, 62.5
- estrutura do Judiciário brasileiro, 62
- função prevalente, 61
- infraestrutura, 63
- Justiça Especial, 62.3
- Justiça Estadual, 62.1
- Justiça Federal, 62.2
- perfil da magistratura, 68.1
- reforma do Judiciário, 62.5
- Superior Tribunal de Justiça, 62.4
- Supremo Tribunal Federal, 62.4

Juiz
- papel criador do Direito, 25.3 *in fine*
- perfil da magistratura, 68.1

Juizados Especiais
- grande procura no estado do Rio de Janeiro, 47.2
- origem e competência, 62.1

Jurisprudência
- conceito, 25
- jurisprudência transformada em lei, 25.4
- papel criador do juiz, 25.3 *in fine*
- papel em Roma, 25.1
- papel nas sociedades modernas, 25.2, 25.3
- perfil da magistratura, 68.1 *in fine*
- relação com o costume, 25.5

Jusnaturalismo
- escola, 1, 1.1

Justiça
- crise do Judiciário, 62.5, 63
- Justiça fluminense, 62.6
- morosidade – causas, 62.5
- papel desempenhado pela Justiça Eleitoral, 60.2
- Salomônica, 63.2.1
- sentimento coletivo, 76

L

Legislativo
- eleição dos legisladores, 60.1
- estrutura do Poder Legislativo, 60
- fidelidade partidária, 60.1
- papel da Justiça Eleitoral, 60.2
- voto distrital misto, 60.1

Lei
- costume e lei – sistema preferido, 26.2
- Cotas Raciais, 59.6, 59.8
- distinção do costume, 26.1
- Ficha Limpa, 60.3
- fonte do Direito, 26
- Maria da Penha, 59.5
- protetiva dos mais fracos, 59
- Seca – efeitos, 55.1

Lobby, 20.2

M

Magistratura
- aprimoramento do sistema de escolha de magistrados, 68
- concurso público, 66
- eleição, 64
- garantias constitucionais, 69, 71
- nomeação, 65
- perfil da magistratura, 68.1
- sistema de escolha de magistrados, 64
- sistema utilizado no Brasil, 67

Metas sociais
- forma de alcance, 87

Método
- comparação, 82
- conceito, 79
- da Sociologia Jurídica, 79
- interpretação, 81
- observação, 80.1, 80.3

Mídia
- poder sobre a formação da opinião pública, 74.1
- quarto poder, 74.1

Milícias – 53.1

Ministério Público
- instrumentos humanos, 72

Misoneísmo, 48.1

Moral
- distinção do Direito, 13.1

N

Norma de Direito
- características das normas de conduta, 12, 13.2
- obrigatoriedade, 13.1
- origem das normas de conduta, 14, 14.2
- provisoriedade e mutabilidade, 15
- regra de conduta, 28.1, 28.2
- teoria tridimensional, 28, 28.2

O

Opinião Pública
- concepção, 74
- direito e sua utilidade, 77
- importância, 75
- instituições jurídicas, 78
- poder da mídia, 74.1
- sentimento coletivo de justiça, 76

P

Pessoa Idosa
- Estatuto da 59.4

Planejamento Familiar, 48.2

Pluralismo Jurídico, 14.2

Poder Judiciário
- ver Judiciário

Poder Legislativo
- ver Legislativo

Poder Paralelo
- crime organizado, 53, 48.3

Polícia Judiciária
- falta de estrutura, 48.3

Polícia Pacificadora – UPPs – 53.2

Político
- fator da evolução do Direito, 18

Prevenção
- função preventiva do Direito, 9

Princípios
- valores éticos, 28.2

Progresso
- científico, 33, 34

R

Responsabilidade
- objetiva do fornecedor de produtos e serviços, 59.2.1

Revolução
- fator da evolução do Direito, 18

S

Sanção, 13.2

Segurança
- insegurança decorrente do crime organizado, 48.3

Ser e Dever-Ser, 30

Socialidade
- concepção social do contrato no Código do Consumidor, 59.2.2
- fonte de produção do Direito, 22
- ver função social do Direito, 11.4

Sociedade
- influência sobre o Direito, 41
- presença do Direito na sociedade, 7
- relação com o Direito, 6.1

Sociologia Jurídica
- autonomia como ciência, 27
- diferença da Ciência do Direito, 28.1
- distinção da Filosofia do Direito, 28.2

- distinção da História do Direito, 31
- importância do estudo, 31, 36
- método, 79, 82
- objeto, 37, 42
- relação com outros ramos do Direito, 32

Súmula
- administrativa, 62.6
- vinculante, 62.6

Superior Tribunal de Justiça
- composição e competência, 63.4

Supremo Tribunal Federal
- composição e competência, 63.4

T

Teoria Tridimensional
- do Direito, 28

Trabalho
- efeitos sociais das leis trabalhistas, 58, 58.1

Trânsito
- Código de Trânsito – efeitos, 48.2

Tributário
- efeitos sociais das leis tributárias, 57

U

União Estável
- de homossexuais, 29.3
- evolução da legislação brasileira, 51.1, 51.5
- união de pessoas do mesmo sexo, 51.6

Unidades de Polícia Pacificadora – UPPs – 53.2

V

Validade
- noção, 43

Valor
- elemento moral do direito, 28.2
- teoria tridimensional, 28

Vencimentos
- irredutibilidade – garantia dos magistrados, 71

Vigência
- da lei, 29 e 29.2

Violência
- urbana, 53

Vitaliciedade
- garantia dos magistrados, 69, 69.1

Voto
- sistema distrital misto, 60.1